"十四五"职业教育国家规划教材

职业教育"岗课赛证"一体化教材

餐饮企业流程管理

（第三版）

CANYIN QIYE LIUCHENG GUANLI

主　编　刘　艳

副主编　李刘峰　梁　瑜

　　　　唐丽娟　马一芒

新形态
教材

本书另配教学资源

中国教育出版传媒集团

高等教育出版社·北京

内容提要

本书是"十四五"职业教育国家规划教材。

本书围绕餐饮企业经营管理实际流程进行编写,强化"岗课赛证"融通。内容包括餐饮企业组织管理、餐饮企业定位与选址、餐厅设计布局、菜单的筹划设计、采购与储藏管理、厨房管理、餐饮营销管理、零点服务管理、宴会组织管理、服务质量管理十个项目。为利教便学,部分学习资源(如微课视频)以二维码形式提供在相关内容旁,读者可扫码学习;此外,本书另配有教学课件、教学大纲等教学资源,供教师教学使用。

本书可作为职业本科院校、高等职业院校旅游管理、酒店管理等相关专业的课程教材,也可供社会从业人员自学使用。

图书在版编目(CIP)数据

餐饮企业流程管理 / 刘艳主编. —3 版. —北京:
高等教育出版社,2023.8(2025.1 重印)
ISBN 978 - 7 - 04 - 057320 - 6

Ⅰ.①餐… Ⅱ.①刘… Ⅲ.①饮食业-企业管理-高等职业教育-教材 Ⅳ.①F719.3

中国版本图书馆 CIP 数据核字(2021)第 277355 号

策划编辑 毕颖娟 刘智豪 责任编辑 毕颖娟 刘智豪 封面设计 张文豪 责任印制 高忠富

出版发行	高等教育出版社	网　　址	http://www.hep.edu.cn	
社　　址	北京市西城区德外大街 4 号		http://www.hep.com.cn	
邮政编码	100120	网上订购	http://www.hepmall.com.cn	
印　　刷	上海叶大印务发展有限公司		http://www.hepmall.com	
开　　本	787mm×1092mm　1/16		http://www.hepmall.cn	
印　　张	18.5	版　　次	2014 年 8 月第 1 版	
字　　数	450 千字		2023 年 8 月第 3 版	
购书热线	010-58581118	印　　次	2025 年 1 月第 3 次印刷	
咨询电话	400-810-0598	定　　价	42.00 元	

本书如有缺页、倒页、脱页等质量问题,请到所购图书销售部门联系调换

第三版前言

本书是"十四五"职业教育国家规划教材。

党的二十大报告指出："培养造就大批德才兼备的高素质人才,是国家和民族长远发展大计。"新时代背景下,旅游业的发展,离不开高水平人才的培养;餐饮服务业专业的高质量发展,需要教学方法以及教材的创新。我们坚持把实现人民对美好生活的向往作为现代化建设的出发点和落脚点,为了满足人民群众对美好生活的需要,培养大批年轻的、高素质的餐饮企业经营管理人员乃至优秀的职业经理人是我们的重要使命。

"餐饮企业流程管理"是高等职业院校酒店管理专业的核心课程之一,是学生将来从事餐饮服务与管理工作的必修课程。本书根据餐饮企业管理和职业院校学生的特点,充分吸取了其他教材之所长,注重实践性和系统性。本书具有如下特点:

1. 依据专业标准,强化职业认同

本书遵循"以服务发展为宗旨,以促进就业为导向"的教育理念,依据高等职业学校专业教学标准的要求,突出体现"以职业能力为本位、以实际应用为目的"的职业教育特色。本书以具体业务案例为依托,让学生在专业学习的过程中掌握岗位应具备的能力,全面贯彻党的教育方针,落实立德树人根本任务,注重培养学生的专业精神、职业精神和爱岗敬业精神,强化职业认同感。

2. 产教深度融合,校企双元合作

本书的编者都是具有餐饮行业一线工作经验的"双师型"教师,兼具业务能力与教学能力。本书中,"流程管理"强调餐饮企业经营管理实际流程,引进行业、企业工作流程和先进经验,将知识传授与企业工作实践有机结合。在本书编写过程中,我们邀请沈阳华府酒店总经理李刘峰参与编写,沈阳国际皇冠假日酒店培训部经理高昕和华府酒店餐饮总监崔娇参与审定,从而确保教材的实用性。

3. 项目任务驱动,体现职教特色

本书根据餐饮企业工作流程设计教学内容,积极推进教学项目与工作项目的有机融合,以岗位工作能力为依托,设计模块化、项目化的教学内容,重构课程教学体系。每个项目设立了"项目导入""知识储备""项目实施""项目回顾""项目测试""案例分析""项目延展"七个模块。从相关项目情境导入,在知识储备和项目实施模块进一步强化学习,最后通过项目回顾、项目测试、案例分析巩固所学内容。在保证教学体系完整的同时,本书还设计了项目延展模块,旨在培养学生的综合职业能力,满足学生职业生涯发展的需要。

4. 岗课赛证融通,助力全面发展

本书中"零点服务管理""宴会组织管理"项目对标全国职业院校技能大赛餐厅服务赛项中的"餐厅服务"内容,将大赛规则融入教学体系,辅以丰富的教学资源,强化认知,做到"以赛促学、以赛促教"。同时,教材对接"1+X"餐饮服务管理职业技能等级证书相关内容,积极推进教学改革。

5. 支持混合式教学,资源全面丰富

本书应用了教材的新形态,配套建设了丰富的线上教学资源。为利教便学,部分学习资源(如微课视频、在线题库)以二维码形式提供在相关内容旁,读者可扫码获取,旨在打造"可听、可视、可练"的学习体验;此外,本书另配有教学大纲、教学课件、教学案例库等教学资源,供教师教学使用。

本书由辽宁经济职业技术学院刘艳担任主编,沈阳华府酒店总经理李刘峰、辽宁现代服务职业技术学院梁瑜、辽宁经济职业技术学院唐丽娟和马一芒担任副主编,郑春梅参与编写。主要分工如下:项目一、项目二、项目三、项目九由马一芒编写;项目四、项目六、项目七由唐丽娟编写;项目八、项目十由郑春梅编写;项目五由郑春梅和梁瑜共同编写。刘艳、李刘峰提出具体规划、设计体例、制作样章并组织人员进行统稿修订。

本书内容紧贴工作实际,可作为职业院校旅游管理、酒店管理等相关专业的课程教材,也可供酒店管理职业经理人、餐饮管理人员自学和培训使用。在本书的编写过程中,我们参阅了大量的书籍和网络相关资料,这些资料给予了编者极大的启发与帮助,在此向相关作者表示衷心的感谢。同时,向高昕经理、崔娇总监表示真挚的谢意。

由于编者能力有限,书中错漏之处在所难免,恳请广大读者批评指正。

编　者

2023 年 8 月

目　录

资源导航

项目一

餐饮企业组织管理

学习目标

1. 了解餐饮产品特点,熟悉不同餐饮企业类型。
2. 设计企业组织结构,掌握不同部门岗位职能。
3. 热爱餐饮行业工作,具备餐饮从业服务素质。

典型任务

1. 归纳餐饮企业性质,描述我国餐饮产品的特点。
2. 比较餐饮企业类型,理解组织结构和部门职能。
3. 依据岗位服务职责,总结工作内容和素质要求。

【项目导入】

"网红"餐厅"赵小姐不等位",如今真的不用等位了。现在,最后一家苦苦支撑的门店也处于歇业状态,"赵小姐不等位"终于没有位置留给食客等了。这家餐厅于2013年异军突起,上海拥有6家"网红"门店,然而如今全部关闭。在"赵小姐不等位"最火爆的时候,人们在上海的各个商圈都能看到这家以盐烤、猪油菜饭为特色产品的餐厅。不过,虽然店名尤其突出"不等位",但人们在这家餐厅门前常常能看见顾客大排长龙的景象。

"赵小姐不等位"在多个商圈开设了多家分店,甚至还在餐厅旁开了名为"吃完成的吃点甜的"的甜品店。一些分店还被冠以"胖姐做梦店""木头人店""叮咚店"等俏皮的店名,装修风格也颇为清新。最火爆时,每家店门口的队伍规模相当夸张。这家被网友戏称为"第一批网红"的餐厅,为何这么火爆?原来,店名中的"赵小姐"指的是某电视台前主持人,开店的是其丈夫。名人效应带动了一大批影视圈的主持人、艺人前来捧场,上海食客也纷纷闻声而动。不过好景不长,虽然这家餐厅创意主打上海菜,但餐厅的菜品却没能让本地食客满意:招牌产品"灵魂猪油拌饭"被人称为"只有价格直击灵魂",盐烤蛏子"咸到令人发指",店员服务态度极差,这些事情都惹人诟病。很多网友指出,这家店名声在外,高期待带来的落差也间接地放大了食客的失落感。

"网红餐厅"为何总是昙花一现?作为一名未来的餐饮企业管理者,我们需要了解哪些知识?

【知识储备】

一、餐饮业的含义与性质

(一) 餐饮业的含义

餐饮业是利用设备、场所,营造一定的消费环境,为外出就餐的客人提供餐饮产品和用餐服务的生产经营性服务行业。

餐饮业历史悠久。从古至今,其为客人提供外出就餐服务的职能并没有改变。但是,随着社会生产的高速发展和生活水平不断提高,人们在政治、经济、商贸、旅游等方面的交流日益频繁,家务劳动社会化程度日益提高,现代餐饮业正朝着"设备舒适、环境优美、产品风味突出、服务质量优良"的方向发展。

餐饮业的市场范围十分广泛。海内外各行各业人士都能成为餐饮企业的接待对象。与此相适应,餐饮业的经营类型十分复杂,高档酒楼、便民饭店、餐馆、快餐店以及各种类型的宾馆等都从事餐饮经营。无论经营类型多么复杂,餐饮企业都必须以目标市场为对象,以产品质量和服务质量为中心,以生产经营活动为主体,以提高经济效益为目的,努力使自身的等级规格、用餐环境与接待对象相适应,满足人民群众对美好生活的向往。

（二）餐饮业的性质

1. 经济属性

经济属性是指餐饮业的经营以追求经济效益为主要目的。经济属性是餐饮业的本质属性。它要求企业必须遵循市场经济法则，在市场竞争中求生存、求发展；必须自主经营、独立核算、自负盈亏、自我发展、自担风险。

2. 社会属性

社会属性是指餐饮业是为社会公众提供外出就餐服务的，该行业内的企业都是公共消费场所。这种属性要求餐饮业必须以客源为中心，将客人作为衣食父母和希望所在，将其视作经济效益的重要来源。因此，餐饮业必须坚持"宾客至上、服务第一、质量优先"的经营宗旨。餐饮业只有始终以优良的消费环境、优质产品、优良服务与合理价格来不断满足客人的物质、精神需求，才能获得良好的经济效益，达到经济效益与社会效益的统一。

3. 文化属性

文化属性是指餐饮业是餐饮文化最典型、最集中的展现形式。餐饮业的文化属性主要通过三个方面表现出来。一是消费环境的建筑装修文化，它通过建筑与装修设计、环境装饰与美化形成餐厅的特色与风格，体现特定的文化底蕴，对目标市场的客人产生强烈的吸引力。二是餐厅服务文化，它通过服务人员的服装服饰、服务态度、礼仪规格、服务操作和质量标准来体现不同餐厅的民族文化特色和地方文化色彩，提供具有浓郁文化氛围的特色服务。三是烹饪文化，它通过对烹调技术的传承与发展，在菜点名称、营养搭配、烹饪艺术、食雕造型、餐具选用、用餐方式等方面来营造具有不同特色的文化氛围。消费环境的建筑装修文化、餐厅服务文化和烹饪文化相结合，构成了餐饮业的文化氛围。它可以使客人切身感受到现代餐饮业所呈现的文化特色、风俗习惯和民族情调，增强对目标客户群体的吸引力。

4. 生产服务属性

生产服务属性是指餐饮经营既具有生产性质，又具有服务性质。前者指餐饮经营是利用食品原材料，经过加工切配、烹饪制作生产出不同的餐饮产品；后者指生产出的产品必须现场提供给客人消费。因此，餐饮经营是一个完整的供、产、销过程。其表现是"边生产、边消费"；厨房生产，餐厅消费；生产、消费和服务在时间和空间上都是同步进行的。餐饮业的生产服务属性要求餐饮管理必须重视厨房生产过程和餐厅服务过程的组织，一边抓厨房生产和产品质量，一边抓餐厅销售和服务质量，将两者紧密结合，保证餐饮质量和经济效益。

二、餐饮产品的特点

一般来说，餐饮经营必须具备三个条件：有一定的生产（供应）食品、饮料的设施和空间;以公众为服务对象,提供有形产品和无形产品;以营利为目的,追求合理的利润。餐饮产品的特点主要包括生产特点、销售特点和服务特点。

(一) 餐饮产品生产特点

餐饮产品可分为有形的实物产品(如各种美味佳肴和酒水)和无形的服务产品(如温馨的氛围和热情周到的接待服务等)。因此,其生产特点不同于一般产品而独具特色。

1. 种类多、批量小,技术要求高

餐饮产品有各种不同的风味,在长期历史发展中形成了各种菜式。在一个餐厅中,为客人提供的食品、饮料的品种多达几十种甚至数百种,但客人需要的数量较少,而且大多数产品不能成批生产。从技术要求看,餐厅每一个品种的原料选择和烹饪方法各不相同,产品质量取决于厨房的设施档次和厨师的技术水平,这一特点给餐饮产品质量的维持带来很大的困难。因此,我们在生产中应严格按照标准菜单操作,保证产品生产成本的一致性,把产品质量的误差减小到最低。

2. 生产时间短,管理难度高

餐饮生产在时间上有其特殊性,它必须在客人进餐厅点菜后才可以进行,客人从点菜到烹饪、服务、消费、结账等一系列活动所花费的时间很短促。生产过程中,面点制作、造型与刻花、名师的名菜名点等都具有独特的技艺与规程,大多借助手工操作来完成,这给餐饮产品的生产带来了一定的困难。因此,我们应当不断加强技术培训,提高厨师技艺和熟练程度,对某些制作费时的菜点应提前充分准备,以便缩短客人的等餐时间,增加单位时间内的营业收入。

3. 生产量难以预测,随机性强

餐饮产品生产量的随机性很强。每日进餐客人的数量不一,消费品种各不相同,消费量也各不相等,故其生产量一般很难预测,这给餐饮生产的计划性带来很大的影响。要保持相对稳定的客源并不断吸引新的客人,除了提供物美价廉的菜肴和优质的服务外,我们还要进行积极的产品促销,扩大销售渠道、实行优惠供应、延长销售的高峰时间,从而增加销售额。

4. 原材料不易保存,控制难度大

餐饮产品生产的全过程包括采购、制作与销售服务,业务环节很多,任何环节出现差错都会影响产品质量,给餐饮生产过程的管理带来困难。产品原材料,除各种粮食和调味品外,还有鱼、肉、禽、蔬菜等副食品。其中,最为常见的是极易腐烂变质的各种鲜货原料。因此,在购买原料之前,我们一定要以精心设计的菜单为纲本进行控制,根据菜单分析、研究菜点的销售、成本和利润情况,从而购买相应的原料,避免因浪费而造成成本规模的扩大。此外,还需要进行有效的管理,不断改善生产、经营和服务状况,充分发挥人、财、物的积极作用,提高质量,扩大收入,增加利润。

餐饮数字化

（二）餐饮产品销售特点

餐饮产品的销售是与生产、消费同步进行的，因此餐饮产品的销售与其他产品的销售相比更具特色。

1. 销售量受营业空间和就餐时间的限制

饭店的餐厅面积、餐位数量直接影响进餐客人的数量；每一位客人的消费量也有一定的限度；客人一日三餐的进餐时间大致相同；这些因素使餐厅的经营规模受到很大限制。因此，要提高餐厅的销售量，就必须提高服务效率和水平，提高座位周转率和人均消费额。

2. 商业利润高，资金周转快

一些餐厅由于装修豪华、环境高雅、服务周到，餐饮产品的毛利率通常在 50％左右，比较高的商业利润弥补这一过程中的人力、物力耗费。此外，餐饮部的产品大多都是现场生产、现场销售的，故购买原料的资金一般在 2～3 天即能收回，资金周转较快。

3. 硬件投资与日常费用较大

餐饮业的硬件投资较高，不仅需要支付昂贵的房屋租金和装修费用，各种餐厨设备、餐具酒具也都价格不菲。餐饮部的业务环节多，各种原材料的需求量较大，所需劳动力成本较高，水、电、燃料等能源消耗较多，故日常费用支出较大。

（三）餐饮产品服务特点

餐饮服务是餐饮产品的重要组成部分。相较于其他产品，餐饮服务具有如下特点。

1. 无形性

餐饮服务的质量只能通过就餐客人购买、消费、享受服务之后所得到的亲身感受来衡量，服务之前无法展示，服务过程中无法量化，服务之后无法储藏。餐饮部要增加销售额，就要不断追求高标准的服务质量，特别要提高厨师的制作水平和餐厅服务员的服务水平，使就餐客人愿意购买有形产品并享受无形服务。

2. 一次性

餐饮服务只能使用一次，当场享受，只有在客人进入餐厅后，服务才能进行，无法储存。餐饮服务的"一次性"特点要求餐饮部接待好每一位客人。劣质产品可以调换，劣质服务却无法挽回。当客人在精神和物质方面的需求都得到满足后，他们才会多次光临，良好的服务也起到宣传作用。

3. 同步性

很多产品的生产、销售、消费是分别进行的，而餐饮产品的生产、销售、消费几乎是同步进行的。服务质量会直接影响酒店的形象和声誉，因此，餐饮服务对餐饮部的物质条件、设备、工艺技术、人员素质及服务质量等提出了更高、更直接的要求。

4. 差异性

餐饮服务的差异性,一方面指餐饮从业人员由于年龄、性别、性格、素质和文化程度的不同,为客人提供的餐饮服务也不尽相同;另一方面指同一服务员在不同的场合、不同的时间或面对不同的客人时,其服务态度和服务方式也会存在一定的差异。为了缩小差异,餐饮企业要制定餐饮服务质量标准,还要经常对员工进行职业道德教育和业务培训,使他们保持服务方式的规范化、服务质量的标准化、服务过程的程序化。

【项目实施】

任务一　认识餐饮企业的类型

一、餐饮企业的类型

餐饮企业的类型有很多,主要包括以下几种。

(一)高档酒楼、会所

高档酒楼、会所是以高端消费者为主要客户群体的餐饮企业。商务宴请、私人盛宴往往是此类酒楼的主要业务。酒楼的硬件设施通常富丽堂皇,提供的餐饮产品和服务也极富特色,消费标准较高。

(二)酒店(宾馆)餐厅

酒店(宾馆)餐厅是设在酒店(宾馆)内的用餐场所。酒店餐饮经营形式多样,通常包括:咖啡厅、中餐零点餐厅、西餐零点餐厅、中西餐宴会厅、其他餐厅(因酒店不同而不同)等。这种餐厅的消费对象一般为酒店所在地的行政机关、企事业单位的工作人员及其客人和暂住酒店的中外宾客等。酒店餐饮的硬件设施庄严大气、高档正式,提供的餐饮产品和服务十分规范,总体氛围高档、温馨,消费标准一般较高。

(三)家庭餐馆

家庭餐馆是以私人或家族为主要经营管理主体,以普通大众为主要消费对象的餐饮企业。此类餐饮企业多以中档及中档偏下的消费群体为市场目标,菜肴质量良好,价格适中,环境舒适、整洁。

(四)火锅店

火锅店是主营用燃料加热锅具内的汤汁,使之沸腾,再放入食品原料涮食的餐饮企业。中式火锅店的经营场所面积在几十平方米至上千平方米不等,火锅的口味千差万别,但以辣为主,尤以巴蜀风格的火锅店受欢迎。火锅店经营的产品比较单一,经营管理与服务相对简单,价格也能为大众所普遍接受,其发展扩张多以连锁经营形式实现。

1

（五）快餐和食街

快餐和食街是为急于吃饭的过客提供餐食服务的餐饮场所,通常位于人流量大的地方,如车站、码头、机场以及主要商业街区,其提供的餐食力求简洁、方便,价格适中,其产品基本是预先制作的食品。

食街等经营场所一般位于主要商业街区或市中心的商业大楼内。其经营特点是将某一地区乃至全国的知名小吃集中于一个空间之内,使客人们能够非常方便地挑选自己中意的美食,产品的价格一般较为合理。

（六）团体供餐企业（机构性餐饮企业）

团体供餐企业是专为团体单位提供餐饮服务的管理机构,提供此种服务的餐饮企业派出经营管理及生产服务人员,进入被服务的单位主持餐饮设施的运行并提供生产服务工作。另一种形式为:餐饮企业在自己的生产场所将餐饮产品加工好,运送到被提供服务的单位进行服务。团体供餐企业是社会专业化分工在餐饮服务领域的体现,它最早兴起于美国,为学校、企业、机关、医院、监狱、军队等场所提供餐食服务。20世纪90年代以来,中国也开始在单位中实行后勤工作的社会专业化分工改革,已获得明显的成效。其最大的优点是提高了原有单位的餐饮服务质量,降低了单位的运营成本。

（七）西餐馆

西餐馆是主要提供西式菜肴的餐饮企业,集中于我国的大、中城市。其表现形式分为酒店西餐厅与社会西餐馆两种。一般情况下,社会西餐馆提供的西餐菜式比较经典,而酒店西餐厅提供的西餐则能更好地反映当今国际西餐的发展潮流。

（八）饮品店和茶餐厅

饮品店是以提供咖啡、甜品为基本业务的餐饮机构,如近年来比较流行的星巴克等。这是最近几年兴起的一种新的餐饮机构形式,多开设于商业活动较发达的中心地区,其主要目标市场是谈生意的商务客人或交朋友的青年男女,价格相对较高。

与饮品店类似,茶餐厅是一种起源于我国香港的快餐食肆。它的主要目标市场以中、低档客人为主,比快餐厅层次略高。可供选择的餐饮品种有几十种,由中餐、西餐和特色餐食组成,价格能被一般用餐者接受,基本保证"现点、现烹、现卖",经营地点多在商务办公区域及中、高档居民住宅区,营业时间较长。

二、西方餐饮企业的类型

餐厅的英文单词(restaurant)源于拉丁语,原意为滋补、提神。18世纪,法国巴黎一位开肉汤店的人将这一词语制成招牌悬挂于肉汤店外,其用意十分明显:"吃了此家肉汤店的菜肴能获得精力、体力的恢复。"这种含义慢慢演变成为客人提供场所、食物、休息及恢复体力及精神之所在。

从那以后,巴黎的餐饮同行纷纷仿效,restaurant 这个词首先在法国,继而在欧洲,最终在全世界成为餐馆的专用名词。

综合美国酒店管理及餐饮教育专家的观点,西方的餐饮企业可以分为下面几种。

(一) 社会餐馆(free-standing restaurant)

社会餐馆是指独立设置的餐饮企业,可具体细分为:

1. 全套服务餐馆(full service restaurant)

此类餐馆的餐位通常有 75～200 个,一般位于城市或乡村的交通要道,提供餐桌式服务(sit-down table service),以法式服务居多,菜式类别齐全,消费水平较高。

2. 主题餐馆(theme restaurant)

此类餐馆的餐位通常有 100～400 个,多位于商业中心区及次交通繁忙区,提供餐桌式服务,消费水平略高。

3. 咖啡馆(coffee shop)

此类餐馆的餐位通常有 35～300 个,一般位于交通繁忙的区域,提供餐桌、卡座、吧台等,消费水平适中。

4. 简餐餐馆(cafeteria)

此类餐馆的餐位通常有 100～400 个,多位于购物中心,服务较简单。通常情况下,用餐者自己挑选食物,店家根据顾客所选食物的数量与质量收取费用,用餐者一般为家庭或对价格较敏感的消费者。

5. 快餐馆(fast food restaurant)

此类餐馆的餐位通常少于 100 个,一般位于交通要道且较易进出的地段,食品简便、有限,价格低廉,提供的服务不多。

(二) 酒店餐厅

1. 酒店餐厅(dining room)

此类餐厅一般位于一流酒店及一流度假酒店内,提供餐桌(通常为法式)服务,消费水平较高。

2. 酒店大堂吧(lobby bar)

大部分酒店有此餐厅,通常提供宽松、随意的服务,价格适中,营业时间在酒店所有餐厅中往往是最长的,通常位于酒店的大堂附近。

3. 宴会厅(banquet room)

大部分酒店设有宴会厅,通常用于进行重要的餐饮活动。

4. 客房用餐服务(room service)

这不是严格意义上的餐厅,而是一种为住在酒店中的客人提供的送餐进客房的餐饮服务。菜单所列的食品种类少于餐厅,收费高于餐厅。

(三) 其他类型的餐饮企业

1. 团体供餐企业(institutional food service)

也称机构性餐饮企业,前面已介绍,此处不再赘述。

2. 俱乐部餐厅（clubs）

此类餐厅或位于各种类型的俱乐部内，或单独开设，以俱乐部会员制的形式提供餐饮服务，收费较高。

3. 餐饮外卖服务（catering）

这也是一种特殊形式的餐饮服务，提供包括宴会餐食在内的餐饮送货上门服务，一般情况下收费较高。

任务二　了解餐饮企业组织结构

一、社会餐饮企业的组织结构和各部门的职能

（一）社会餐饮企业的组织结构

社会餐饮企业组织结构和职能

社会餐饮企业在组织结构上与酒店餐饮部系统有很大区别。它具有非常健全的机构和功能。这类餐饮企业构成了餐饮业的中坚力量。一些高档涉外餐馆在豪华程度和服务质量上与五星级酒店相比也毫不逊色。这类餐厅在企业规模、档次水平、接待能力等方面的差异较大，因此，其组织结构也有较大的差异。社会餐饮企业组织结构图如图 1-1 所示。

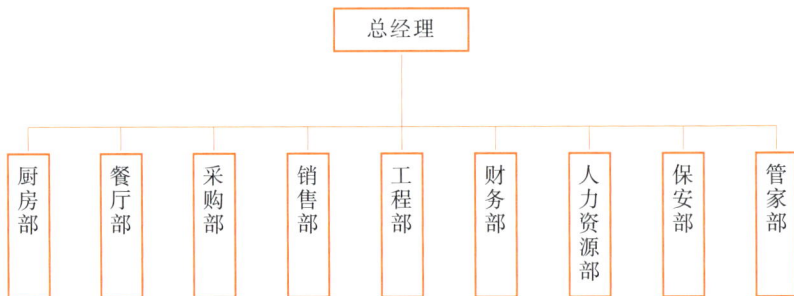

```
                          总经理
  ┌──────┬──────┬──────┬──────┬──────┬──────┬──────┬──────┬──────┐
  厨房部  餐厅部  采购部  销售部  工程部  财务部  人力资源部  保安部  管家部
```

图 1-1　社会餐饮企业组织结构图

（二）社会餐饮企业各部门的职能

1. 厨房部

厨房部是酒店的主要生产部门，负责整个酒店所有的中式、西式菜点的准备与烹制，其职能是烹制出各种美味可口的菜点来满足不同宾客的需求。它还要负责厨师的培训、菜点的创新、原料采购计划的制订及餐饮成本的控制等工作。

2. 餐厅部

餐厅部负责餐饮服务，为客人提供优质的餐饮预订、迎宾、领位、点菜、上菜服务，能够及时关注客人的需求，为客人提供个性化的服务。同时，餐厅部还负责处理客人的投诉，与客人建立良好的关系。

3. 采购部

采购部是餐饮部的物资供应部门，主要工作是根据实际需要，以最有利的采购价格按时且保质保量地为餐饮部采购所需的物品，特别是食品原料和酒品、饮料等，然后将其送入仓库，分库妥善保管，随时补充餐厅部的消耗，保障餐厅部的正常运营。采购部要随时掌握市场信息，对餐厅部所需物品的价格定期调查和分析，货比三家，从而以最有利的价格购进优质物品。采购部还要负责监督物品的采购、验收、库存、领用等制度的执行情况，并进行餐饮成本和仓库存货的控制。

4. 销售部

销售部主要协助酒店总经理制订营销计划，保障计划的顺利贯彻和实施。其职能包括确定企业的目标市场，制订销售方针与策略，实施并执行既定方针；负责酒店重要客人与餐前客人的接待工作以及各种会议客人的接待工作，同时协助账款的催收并与外界媒体建立良好的关系，加强酒店的对外宣传。

5. 工程部

工程部是设施、设备的主管部门，以保证设施设备的良好运行为目的，进而进行有效的能源控制，保障动力供应。

6. 财务部

财务部是开展成本核算、物资管理、费用控制、财务管理及会计核算的部门，下辖收银班组，负责对客人的各项消费进行结算。计算机管理系统是现代化管理的重要标志，担负着酒店各种财务数据和信息的处理和分析工作。

7. 人力资源部

人力资源部的主要工作是围绕餐饮企业的经营和管理展开的，通过招聘、录用、选拔、调配、流动、考核、奖惩、调整工资福利、配套劳动保险、处理劳动争议等管理活动，谋求人与事的科学结合以及人与人的紧密结合，从而达到提高员工整体素质，优化队伍结构，充分调动员工的积极性、创造性，最大可能地提高员工的工作效率的目的。

8. 保安部

保安部是人身、财产安全的保护者，负责安全保卫和消防工作，制订有关安全的各项规章制度和安全保卫工作计划，做好安全防范工作，预防各种刑事案件、治安事件、消防事件的发生。

9. 管家部

管家部负责打扫厨房、餐厅、酒吧，并负责所有餐具、器皿的洗涤、消毒、存放、保管和控制。管家部将餐厅部所需换洗的物品及时送交洗涤部门（洗衣房）并力图满足各餐饮部门的临时需求，还要负责培训和提高清洁工的业务水平。

1

二、酒店餐饮部的组织结构和各部门的职能

(一)酒店餐饮部的组织结构

酒店餐饮部的组织结构是针对餐饮企业的经营管理目标,为筹划和组织餐饮产品的供、产、销活动而设立的专业性业务管理机构的总体架构,是餐饮部有效开展业务经营活动的组织保障。依照"精简与效率相统一""专业化和自动调节相结合""权力与责任相适应"等原则,结合企业规模、接待能力、餐厅类型等因素,餐饮部组织结构的一般模式主要可以分为以下三种。

五星级酒店餐饮部
的组织结构

1. 小型酒店模式

小型酒店的餐厅数量较少、类型单一,大多只经营中餐。小型酒店餐饮部组织结构图如图1-2所示。

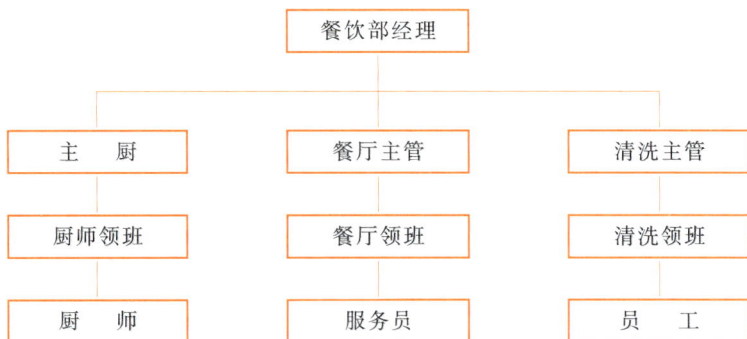

图 1-2 小型酒店餐饮部组织结构图

2. 中型酒店模式

中型酒店通常有300～500间客房。餐厅类型比较齐全,厨房与餐厅配套,内部分工比较细致,组织结构较复杂。中型酒店餐饮部组织结构图如图1-3所示。

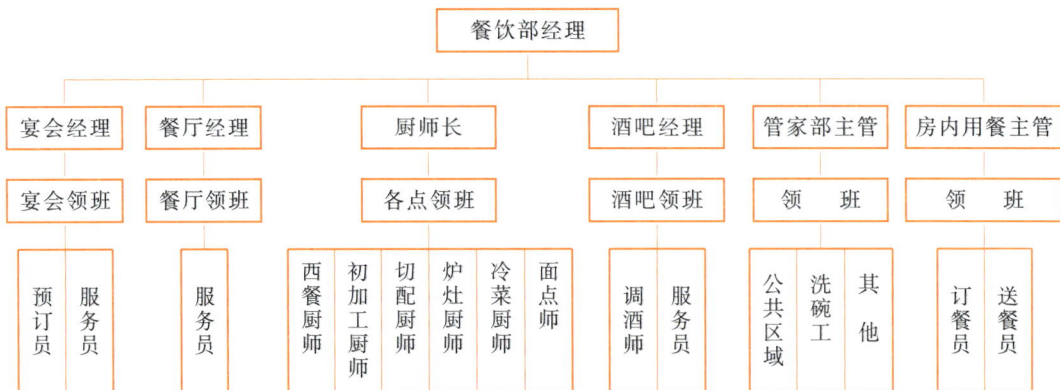

图 1-3 中型酒店餐饮部组织结构图

3. 大型酒店模式

大型酒店通常设有 5 个以上的餐厅,多则可达十几个乃至几十个。中西餐、宴会、酒吧等餐厅十分齐全。厨房与各种类型的餐厅配套,内部分工十分细致,组织结构专业化程度高。大型酒店餐饮部组织结构图如图 1-4 所示。

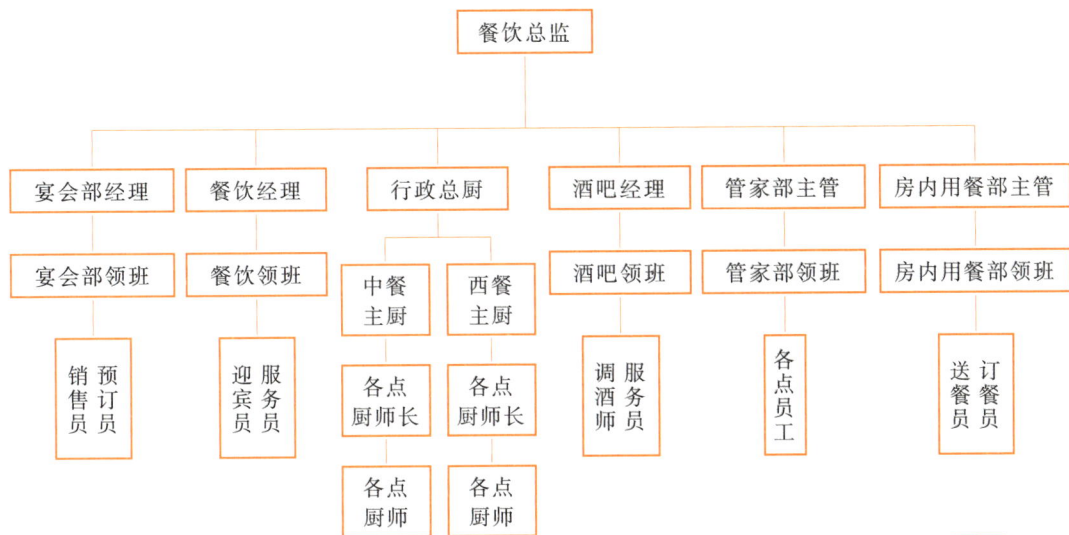

图 1-4　大型酒店餐饮部组织结构图

(二) 酒店餐饮部各部门的职能

根据所提供的食品、饮料和服务,餐饮部可分为以下几个具体部门。

1. 零点餐厅

零点餐厅也叫点菜餐厅,是酒店最主要的餐厅,包括中餐厅、西餐厅,主要供应中西菜点。零点餐厅菜点的品种较多,注意供应节奏,服务周到。因此,前台、后台的所有工作人员应具有良好的服务意识、熟练的业务技术和高质量的服务水平。

2. 宴会厅

大型酒店通常设有宽敞的宴会厅,可为宾客提供理想的活动场所,并附有现代化的灯光、音响、视听设备乃至同步翻译设备。宴会厅接受宾客的委托,组织各种类型的宴会、酒会、招待会,并根据宾客的要求制作菜单、布置厅堂、备餐铺台,同时为宾客提供完整的宴会服务。有些酒店的宴会部还负责外卖业务。

3. 咖啡厅

咖啡厅是小型的西餐厅,供应比较简单且大众化的西式菜点和酒品饮料。服务时间较长,服务也较迅速,宾客颇感方便。咖啡厅的价格较零点餐厅来说要便宜得多。

4. 酒吧

酒吧是专供宾客享用酒类饮料、休息和娱乐的地方,也是酒店用于增加收入、提高利润率的一个部门。酒吧主要供应中式、西式酒类饮料和小食。现代酒吧往往与舞厅融为一体,宾客在酒吧不仅可以享用酒类饮料,还可尽情跳舞。因此,现代旅游饭店都设有酒吧,如迪斯科酒吧、娱乐性酒吧、练歌房雪茄吧等。

5. 特色餐厅

特色餐厅又称风味餐厅。中国幅员辽阔,各地自然条件和风俗习惯不同,形成了许多各具特色的菜系。除著名的八大菜系外,许多地方菜肴也都各具特色。因此,酒店根据服务对象的不同需要,可设风味餐厅,以便发挥自己的特长,制作有特殊风味的菜肴以满足客人的需要,如花港饭店的杭州风味厅专供杭帮风味菜肴,受到国内外宾客的好评。条件较好的酒店还设有西式风味厅,如北京长城饭店的"Le France"和广州花园饭店的"名仕阁",专供风味特殊的菜点。有些酒店还推出专供各地风味小吃的"食街",如广州中国大酒店的"食街",为宾客提供广东、上海、四川、江苏等地的风味菜点,颇具特色。

6. 自助餐厅

自助餐厅是一种快餐餐厅。目前,世界上许多国家都很重视发展这种餐厅。它主要供应中西菜点,具有节省用餐时间、手续简便、价格低廉、品种多的优势,颇受宾客欢迎。

7. 客房送餐

这是一种特殊的餐饮服务,客人由于生活习惯或特殊需要,会要求在客房中用餐,酒店为满足客人的需求,提供客房送餐服务。大型酒店的客房送餐服务由餐饮部送餐组负责,在一些中小酒店中,客房服务员则兼任送餐服务工作。

8. 外卖部

外卖部主要为本地居民、住在酒店公寓内的宾客或到酒店观光的宾客提供特色烧烤、风味菜肴、各地点心,还可提供新鲜水果或蔬菜等。食品由宾客带回家中或房间内,经过简单烹调就可食用。此外,外卖部也应一些单位的要求在店外提供食品、饮料和服务。外卖部的菜点应体现本店的餐饮特色,努力成为向本地居民、旅游者和一些单位展示自身风格的窗口。

任务三　设置餐饮企业的岗位标准

餐饮企业吸引客人的要素有很多,包括优雅的环境、精美的菜肴,以及优质的服务。而餐饮企业得以正常运营的必要条件是管理者为不同的工作岗位设置了明确的岗位职责和素质要求。

一、餐饮企业岗位职责

餐饮企业的主要工作岗位可以分为两大类:直接面对用餐客人的

服务性前台岗位；位于餐饮企业的后台，制作餐饮产品并保证餐饮企业正常运行的保障性岗位。

（一）前台岗位职责

1. 迎宾员的岗位职责

（1）接受、安排客人的用餐预订。

（2）迎接用餐的客人。

（3）负责每天的预订信息和餐桌安排，了解当日菜点的情况，准确、周到地为客人提供服务。

（4）热情主动，礼貌迎客，根据餐桌安排和空位情况以及客人的特点，引领客人前往适当的餐桌，保持和各台位服务员的联系。

（5）主动征求客人的意见，微笑送别客人。

（6）参加餐前准备工作和餐后收尾工作。

（7）参加班组例会和业务培训，不断提高服务质量。

2. 值台服务员的岗位职责

（1）按照餐厅服务工作的程序和质量要求，做好餐前准备、餐间服务和餐后收尾工作。

（2）了解每天的客源情况，负责宴会预订、用餐预订和餐桌安排工作，及时、准确、有针对性地提供服务。

（3）掌握当日菜点的供求情况，主动向客人介绍菜肴和酒水，做好推销工作。

（4）认真听取客人对服务质量和菜点质量的意见，做好信息反馈工作。

（5）保持环境整洁，确保餐具、布草清洁完好以及物料用具的完备。

（6）做好餐厅设备的清洁保养工作。

（7）保证员工的团结协作，积极参加业务培训，不断提高业务水平。

3. 传菜服务员的岗位职责

（1）按照餐厅服务规程和质量要求做好送单、传菜工作。

（2）在开餐期间负责菜单、菜肴和酒水的传递工作，配合服务员做好菜肴的推销工作。

（3）配合做好开餐前的准备工作，负责餐厅和厨房之间通道的清洁工作，准备好传菜用具和各种调料备品。

（4）掌握当日菜单和菜点的供应情况，熟悉餐厅的台位布置，熟记台号，迅速传递点菜单并按点菜先后次序准确无误地走菜、上菜。

（5）协助值台服务员及时清理和更换餐具、酒具，搞好餐后整理清扫工作。

（6）妥善保存点菜单，以备事后审查。

（7）积极参加培训，发挥主观能动性，完成上级交办的其他任务。

1

（二）后台岗位职责

1. 厨师的岗位职责

（1）按照工作程序与标准以及上级的指派，优质、高效地完成菜点的制作，及时供应餐厅销售。

（2）按照工作程序与标准做好开餐前的准备工作。

（3）保持本岗位工作区域的卫生，做好本岗位工具、用具、设备、设施的清洁、维护和保养。

（4）完成上级指派的其他任务。

2. 餐饮物品采购人员的岗位职责

（1）根据上级分配的采购申请单以及具体实施标准选择供应商并报价。

（2）依据获批的采购订单进行购买，取得付款票据。

（3）具体办理提货、交验、报账手续。

（4）保存采购工作的原始凭证，做好统计工作，定期上报。

（5）随时了解市场情况，提供市场信息，努力降低采购成本。

3. 仓库保管人员的岗位职责

（1）负责填写申请采购单，注明各种物品的品名、数量，写明库存量、月用量、申购量，确认无误后交上级审批。

（2）货物入库前进行严格检验，根据申购的数量及规格，检查货物的有效期、数量、质量，符合要求方可入库。

（3）在货物入库时，轻拿轻放，分类摆放，杜绝不安全因素。

（4）加强对库存物品的管理，落实防火措施及卫生措施，保证库存物品完好无损、存放合理、整齐美观。

（5）物品到货后，及时入账，准确登记。

（6）发货时，按规章制度办事，领货手续不全不发货，如有特殊情况，及时请示相关领导。

（7）发货后，及时按发货单办理物品的出库手续，登记有关账卡。

（8）与用料部门保持联系，了解物品的使用情况，高效迅速地完成本职工作。

（9）积极配合财务部门做好每月的盘点工作，做到物卡相符、账卡相符、账账相符。

（10）下班时，及时检查库房有无隐患，关闭电源，锁好库门，根据规定收纳好仓库钥匙。

4. 工程设备维护保养人员的岗位职责

（1）确保水、电、煤气等的正常供给并控制能耗。

（2）做好设备设施的选择与评估工作。

（3）做好设备设施的日常管理工作。

（4）负责设备设施的安装调试，提供技术支持。

（5）做好设备的维护、保养与修理工作。

（6）做好设备技术管理工作。

（7）做好设备配件管理工作。

（8）做好设备改造、更新工作。

（9）负责经营区建筑、装饰物的养护与维修。

（10）筹划建筑的改建、扩建与新建。

5. 安保人员的岗位职责

（1）落实国家安全保卫工作的相关方针、政策和有关法律、法规及企业的规章制度。

（2）协助有关领导对员工进行防火、防盗、防治安灾害事故的教育。

（3）落实各项安全工作的岗位责任，保证用餐客人的人身及财产安全。

（4）配合国家有关机关对违法犯罪进行调查取证。

（5）为企业的重点部门制定安全管理制度，加强检查。

（6）认真贯彻消防法规，注重学习、宣传防火、灭火知识，定期举行实操训练。

（7）维护企业的运营秩序。

二、餐饮从业人员的素质要求

（一）健康的身体素质

身体素质是餐饮从业人员做好服务工作的前提。其具体要求有：

1. 身体健康

餐饮从业人员经常接触客人所需的食品和餐具，还要与客人进行必要的谈话，需要保持良好的精神状态，为客人提供满意的服务。《中华人民共和国食品安全法》第四十五条规定，食品生产经营者应当建立并执行从业人员健康管理制度。患有国务院卫生行政部门规定的有碍食品安全疾病的人员，不得从事接触直接入口食品的工作。从事接触直接入口食品工作的食品生产经营人员应当每年进行健康检查，取得健康证明后方可上岗工作。因此，餐饮部服务人员必须保证身体健康，能以良好的状态投入工作。

2. 体态良好，五官端正

服务员与客人是直接面对面的，基于人们对美的偏爱，服务人员的气质、容貌与体态等自身条件也成了评价服务质量的内容之一。因此，服务人员应当保持体态匀称、五官端正、面容亲切。一般情况下，男性身高应在 170 cm 以上，女性身高应在 160 cm 以上。

（二）高尚的道德素质

1. 良好的职业道德素质

职业道德就是符合自身职业特征的道德准则和规范，要求人们以一定的思想、态度、作风和行为去待人接物，进而完成本职工作。餐饮业服务人员应该热爱本职工作，明确自己工作的目的和意义，乐于为客人服务，忠实履行自己的职责，同时遵守公司的规章制度，严格自律，勿以恶小而为之,勿以善小而不为,廉洁奉公,严格自律。

2. 团结协作精神

餐饮业是劳动密集型行业。细节决定成败,每项服务都要求工作人员认真负责,高效合作,故餐饮从业人员应具有以大局为重的格局和团结协作精神。

3. 服务意识

服务意识是指服务人员在进入工作岗位后自然而然产生的、强烈的为客人提供良好服务的欲望。在工作过程中,服务人员要主动、耐心、热情、周到。保证"脑勤""眼勤""嘴勤""手勤""脚勤"。

(三)良好的心理素质

心理素质是指个体在心理过程、个性等方面所呈现的基本特征和品质。人的情绪常常会因为环境、时间、对象等外在因素的影响而发生变化,但是作为服务员,我们需要有良好、稳定的心理素质,能够保证热情适度、微笑服务、耐心周到,对宾客的态度要反应迅速,虚心听取客人的意见,遇事冷静、沉着,表情含蓄大方,拥有良好的自控能力,使自己保持良好的心态,同时培养准确的观察、判断能力和持久的注意力。

(四)丰富的文化知识素质

客人来自不同的国家、地区,有着不同的文化背景,对于菜肴和服务也有着自身独特的要求,作为服务人员,我们需要掌握我国主要客源国和地区的历史、宗教信仰和饮食习惯,熟悉我国主要菜系的特点及名菜、名点的制作过程和风味特点,掌握所供应菜点、酒水的质量标准及性能特点,同时具备一定的外语水平以期与海外客人充分沟通。

(五)娴熟的专业素质

1. 礼仪素质要求

礼仪如同一面镜子,能够反映一个人、一个团队乃至一个地区的文明程度。餐饮部的服务礼仪是服务质量、服务态度的直接表现,行业礼仪要求主要体现在仪表、仪容和仪态等方面。

(1)仪表。餐饮服务人员在工作时间应穿着规定的制服,保持清洁整齐,尤其注意衣服袖口、领口的清洁。裤长应合适,衣袋内不装多余的物品。佩戴服务卡于左胸前。女服务员穿裙装时,应配以肉色长筒丝袜。男服务员系领带时,要将衬衫的下摆扎在裤子里。衬衫以白色为宜,保持整洁。男、女服务员均应穿深色皮鞋,皮鞋应当擦油以保持光亮,袜子的颜色要略深于皮鞋的颜色。

(2)仪容。女服务员上班需化淡妆,但不可戴手镯、手链、戒指、耳环及夸张的头饰。男、女服务员均不准戴有色眼镜和饭店规定项目以外的物品和装饰品。指甲要经常修剪,不留长、不涂有色指甲油。发式应符合酒店的规定,男士头发前不及眉、侧不过耳、后不及领,每天上班前刮脸修面,保持整洁。女服务员应将长发盘起,可用素色发夹装饰,讲究个人卫生,保持良好的精神状态。工作时间,服务员应当微笑服务,使微笑与神情举止相协调。规范的仪容如图1-5所示。

图1-5　规范的仪容

（3）**仪态**。良好的仪态能够体现服务员的美感,使其与周围的环境相协调。

❶ **站姿**。基本要求:头正,双目平视,嘴角微闭,下颌微收,面容平和自然;双肩放松,稍向下沉,展现人体向上的感觉;双腿直立、并拢,挺胸,立腰,收腹。女子站立时双脚应呈"V"字形,右手握左手于腹前。男子站立时双脚的距离不超过肩宽,右手握左手于腹前或者背在身后。女子站姿如图1-6、图1-7所示。

图1-6　女子站姿(a)

图1-7　女子站姿(b)

❷ **走姿**。服务人员应保证走姿端庄。行走时,身体重心稍向前并落在大脚趾,双目平视,面带微笑。理想的行走迹线是朝向正前方的直线,挺胸抬头,肩部平稳,双手自然摆动,臂部放松,脚步轻缓,步履均匀。送客时,服务人员应走在客人后面;客过让路,不可以在宾客中间穿行;多人行走时,不要横直一排;不可在酒店内跑步;可大步走,但要向超过的客人

表示歉意。

❸ 坐姿。入座要轻、稳、缓。正式场合中,从椅子的左边入座,也要从椅子左边离开,这是一种礼貌。走到座位前,转身面向对方站定后将右脚向后撤半步,轻稳地坐下,然后将右脚与左脚并齐。女子入座时,要娴雅、文静、柔美,若着裙装,应用手将裙子稍稍拢一下,神态从容自如。嘴唇微闭,下颌微收,保证面容平和自然。坐在椅子上后,要立腰,挺胸,双肩放平。男士双膝应自然并拢,或分开一拳左右的距离,可取小八字步或稍分开双脚以显自然洒脱之美。女士应并拢双腿,两腿同时侧向左或侧向右,两脚并放。双手应叠放,置于左腿或右腿上。无论是椅子还是沙发,都不要坐满,女生不要超过 1/2,男生至少要坐满椅子的 2/3,宽座沙发则至少坐 1/2。女士坐姿如图 1-8 所示。

图 1-8　女士坐姿

❹ 手势。身体动作也是交际方式之一,手势则更能实现示意动作的实际含义。相对于面部表情而言,手势是一种更重要的交际方式,是最有表现力的"体态语言"。在介绍菜点、引路和为宾客指方向时,手掌应以肘关节为中心转动,指向目标,同时保持眼睛和手的方向一致。

2. 语言艺术要求

语言是服务员与客人交流的工具。在与客人沟通时,服务员应使用普通话,保证用语规范、声音柔和甜美、语言准确、简练清楚,同时注意认真倾听,理解并准确地回答客人的提问。

3. 操作技术要求

餐厅服务员要熟练掌握托盘、餐巾折花、斟酒、摆台、上菜、分菜等专业技能,能以规范化、标准化和程序化的方式提供中西餐服务,完成宴会服务工作。同时,在服务的过程中,服务员还应熟悉菜单的相关知识,积极进行营销。

4. 沟通应变能力要求

餐厅服务过程存在很大的随机性和变化性,服务人员不仅需要掌握相应的服务理论和一定的服务技能,按照相应的服务规程开展日常工作,而且应当具备处理突发事件的能力。沟通应变能力是服务人员的思想修养、餐饮心理知识、专业造诣和现场反应能力的综合体现。服务人员要反应灵活,具备较强的适应能力,能熟练地运用既定的原则和程序处理突发事件,牢固树立"客人至上"的服务意识,正确处理投诉,高质量地完成任务。以上事项不仅有助于在事发时就解决或从根本上避免问题的出现,更有利于从一个侧面展示企业的良好形象,为企业在长远发展中带来经济效益。

【项目回顾】

民以食为天,餐饮业在人类发展历史中发挥了重要的作用。在本项目中,我们主要学习餐饮企业组织管理的相关知识,通过学习,应当熟悉餐饮业的性质和餐饮产品的特点,熟悉餐饮企业的类型,掌握不同餐饮企业的组织结构;熟悉餐饮企业从业人员的主要岗位职责,明确从业人员的素质要求,从而熟悉自己所要从事的餐饮业,熟悉未来的工作环境、工作特点和自身所应该具备的职业素养,进而激发自身对于餐饮业的热爱,养成良好的职业习惯。

【项目测试】

1. 餐饮产品的生产特点、销售特点和服务特点有哪些?
2. 餐饮业的性质主要有哪些?
3. 餐饮企业可分为哪些类型?
4. 不同酒店餐饮部的组织结构有哪些?各有什么特色?
5. 餐饮企业迎宾员、值台员的岗位职责各是什么?
6. 简述餐饮服务人员应该具备的基本素质。

案例分析

满意的就餐体验

一、案例介绍

邹先生在一家中餐厅找了一个角落的位置坐下后,服务员小李立刻上前询问客人喜欢什么茶,并介绍餐厅的八宝茶比较有特色。邹先生说:"就八宝茶吧。"接着小李拿来了餐厅精致的菜单,请客人点菜。邹先生发现菜单中有许多比较有特色的菜肴,就点了许多。小李非常友善地询问客人:"先生,是否还有其他客人一起用餐?"邹先生回答:"没有啊,就我一个人用餐。"小李说:"先生,我们餐厅的菜肴份量很足,您可以先少点几道菜,不够的话再点也很方便的。"邹先生听罢笑了起来:"对,对,吃不完也浪费。那我先点个三道菜吧,不够我再加菜。"在优雅的背景音乐中,邹先生愉快地用餐。服务员小李适时地为邹先生更换烟灰缸和餐碟、斟倒酒水,整个用餐过程都让邹先生感到非常满意。

1

二、案例思考

1. 这个案例凸显了餐饮服务员应具备的哪些素质？
2. 你对此案例有何看法？

【项目延展】

餐饮业的作用和任务

一、餐饮业的作用

餐饮业在拉动内需、促进经济发展等方面起着重要的作用。餐饮业的大发展始于改革开放之后。四十多年来，餐饮业作为我国第三产业的明珠，始终保持着旺盛的发展势头。

（一）拉动内需

近几年来，随着消费水平的升级，大众消费观念发生改变，餐饮消费在国民消费中的占比越来越高。

（二）促进就业

餐饮业在促进社会就业方面扮演着重要的角色。餐饮业属于劳动密集型行业，餐饮企业的工作岗位较多，因而深受社会劳动者的欢迎和青睐，这在客观上为社会减轻了就业压力，在促进就业上扮演了重要角色。

（三）带动相关产业的发展

餐饮业对相关产业的发展起着促进作用。餐饮业的蓬勃发展，同时带动了与餐饮行业密切相关的其他上、下游产业的发展。向餐饮业提供原料的农业，养殖业，餐饮企业设备、设施的制造业，公用企业单位等上游产业有了施展身手的场所；在餐饮企业消费完毕后满意离开的就餐者，回到各自的行业领域，又为全社会各行各业的发展积蓄力量。

（四）满足人们的生活需求

餐饮企业提供满足人们基本生活需要的消费产品。民以食为天，饮食是维持生命的基本条件。心理学家马斯洛将饮食列为人类最基本的需求。餐饮场所是人们主要的膳食消费地点，众多的餐厅、宴会厅、酒吧、音乐茶座等休闲餐饮场所，都为餐饮企业所在地的各行各业、各个阶层、各类消费者提供了美味可口的食品和优雅的餐饮消费环境。

此外，餐饮企业的发展还在提高人们的生活水平、生活质量等方面，发挥着越来越大的作用。

二、餐饮业的任务

餐饮企业主要承担向宾客提供优质菜肴、饮料、点心和服务的重任，通过满足用餐者的各种需求为企业创造更多的营业收入。

（一）向宾客提供以菜肴为主的有形产品

菜肴是饭店和餐厅最基本的产品。菜肴是否有特色，质量是否稳定，是餐饮业赖以成功的支柱之一。优秀的菜肴需要具有特色,体现时代特点,餐饮企业应当能够针对不同的对象,制作不同的菜点。餐饮产品的质量要素包括:色(色泽鲜艳、配色美观)、香(香气扑鼻、刺激食欲)、味(口味纯正、味道鲜美)、形(造型别致、装盘美观)、器(器具配套、锦上添花)、名(取名科学、含义深长)和营养健康。满足上述质量要求是餐饮企业最基本的任务,也是首要任务。各种档次、各种风格的餐饮企业应当依据自己的市场定位和经营策略,提供可以满足客人需求的优质产品。

(二)向宾客提供恰到好处的服务

餐饮企业生产并提供有形产品,但这些有形产品转化为商品的过程离不开餐饮服务人员向就餐者提供的令人满意的服务。现代社会,人们把餐厅视作感情交流的重要场所,对各种美味佳肴越来越讲究,对餐厅的综合服务也提出了更新、更高的要求,"美食艺术"与"美食服务"密不可分,缺一不可。就餐者在购买餐饮产品的同时,更期望得到与有形产品同时提供的服务,并期望获得方便、周到、舒适、友好、愉快等精神享受。尤其是直接为客人提供服务的餐厅一线服务员,他们的一举一动、一言一行都会在客人心中留下深刻的印象。优秀的服务是指能使客人感受到亲切、热情、真诚的接待,是餐饮服务标准化与个性化的完美统一,当客人感知的满意度高于心理预期时,就会对服务感到满意。

(三)增收节支,开源节流,搞好餐饮经营管理

增加收入与利润是餐饮企业的主要目标。餐饮企业应依据所在地的市场变化情况以及本身的状况,设定经营范围、服务项目和产品种类,充分利用各种节日、会议、重大活动等开展营销工作,通过举办各种食品节,推出新颖的餐饮产品和用餐方式,加大食品、饮料的销售。餐饮企业也可采用扩大用餐场所、增加餐饮接待能力的方式扩大经营;用外卖、上门服务等方法扩大餐饮服务的外延,提高销售量,达到增加餐饮收入的目标。经营者必须认真对待客人的评价,任何一种产品,只有得到客人的认同与称赞,才是真正卓越的产品。要想得到卓越的评价,需要让客人感觉到物超所值,体现为客人对产品、服务与价格感到高度满意。评价不仅仅通过客人的口头宣传,更能通过新媒体平台传播,新媒体传播速度之快、传播范围之广,超越了传统的媒体。

没有满意的员工就没有满意的客人,服务质量的优劣反映出一家餐厅管理水平的高低。管理是一种群体文化,只有在充分调动员工积极参与管理、增强凝聚力的基础上,餐饮企业才能提供优质的菜肴和服务,进而实现卓越的管理,增强自身的竞争实力。

餐饮企业定位与选址

学习目标

1. 分析目标客源市场,规划餐饮企业市场定位。
2. 科学进行行业调研,做出餐饮企业发展预测。
3. 具有绿色发展理念,熟知餐饮企业选址流程。

典型任务

1. 以星级酒店为样本,形成客源分析报告。
2. 研读客源分析报告,初步规划市场定位。
3. 根据行业选址原则,拟订酒店选址方案。

2

【项目导入】

肯德基的选址过程可以分为三步：第一步,拟定商圈策略计划。肯德基进入的新市场,一定是被列入公司市场发展规划中的目标市场。因此,开发人员要对该市场制订三年期的开发计划,并对预定开设的市场区域及发展地点加以详细的评估,同时还要完成其他工作,确定是进行地区性开发还是进行单店开发,以便完成在该市场或城市的总体发展规划和开店布局,同时对目标市场的开店规模和投资作出规划和预估。第二步,划分商圈。对肯德基品牌而言,目标消费者和餐厅所在商圈的特性已相当清晰,选址人员也具有丰富的商圈划分经验。因此,一旦进入新市场,选址人员将通过获得的地图、经济信息和消费数据等资料进行分析并进一步划分商圈。第三步,商圈的选择及评估。在商圈得以划定后,发展部人员开始规划将要开店的商圈以及主要选址目标。总而言之,在选择商圈的基础上,选址人员既要考虑肯德基自身的市场定位(包括目标消费者、价格等),更要考虑该商圈的稳定性和成熟度。

肯德基的选址计划十分周密,目标明确。结合我国实情,餐饮企业应该如何选择营业地址并确定自己的目标客源群体?

【知识储备】

在市场经济的大潮中,一个餐厅要想在激烈的竞争中立于不败之地,无论是它的投资者,还是它的经营管理者,首先必须对所处的市场有一个清醒的认识。市场环境不仅制约着餐厅的经营,还决定了餐厅的类别。认识、了解市场的唯一途径就是对所处的市场环境进行广泛的调研,使投资决策更加合理。在进行餐饮市场调研时,一般应了解以下几个方面的内容。

一、餐饮市场调研的内容

餐饮行业很脆弱,有许多自身无法控制的外部因素,竞争对手、国家经济状况、现行政策、社会安全、汇率都会对餐饮行业产生重大的影响。因此,在建立一家餐厅之前,我们不仅要了解市场,了解客户需求,还应进一步了解大环境,以便充分规避环境带来的风险,充分发掘市场营销机会,使餐厅成为行业发展趋势的追踪者和经营风险的规避者。

(一) 消费主体状况调研与分析

消费主体状况调研是餐饮企业确定目标市场的前提和基础。个体消费者有着不同的性别、年龄、职业、国籍,各类社会组织的性质、规模等也各不相同,因此,我们有必要采取不同的标准、方法开展市场调研活动。常见的调研内容如下。

1. 地理环境调研

常言说得好,"东辣西酸、南甜北咸",各地的餐饮消费习惯是不一样的。因此,根据地域环境因素进行市场调研,找准市场目标,有利于突出自己的经营特色,迎合目标客人的需求和爱好。

2. 经济收入调研

我们应当根据餐厅所在区域消费对象的经济收入状况对其消费方式、消费额度、消费偏好等方面展开调研。经济收入是决定一个人消费能力的主要因素,因此,餐厅应该明确目标客人的购买能力,据此分析市场,进行餐厅定位,推出有特色的餐饮产品和服务。

3. 居民特点调研

根据该区域居民的生活方式、价值观念、受教育程度、所从事职业的特点开展调研,有利于从心理因素及社会因素分析并确定餐厅的经营模式。根据心理因素和社会因素进行的市场定位工作具有较强的指导意义。

4. 消费者购买行为调研

根据购买行为对消费者进行调研,主要涉及利益取向、方式、动机、次数、价格、时间、服务、广告等,调研结果对培养忠诚客户群体具有指导作用。

5. 消费者用餐目的调研

根据消费者的用餐目的开展调研,有利于确定餐厅主题、装修风格、菜品质量、定价、服务方式等。

市场调研的内容有很多,餐饮企业不仅在选址时要进行调研,在日常的经营管理工作中也要不断地开展调研工作,时刻反馈,以期改善餐厅的日常经营管理活动。

(二) 市场竞争状况调研与分析

对餐饮市场区域内竞争形势进行调研分析,是餐饮市场调研工作不可或缺的一部分。这要求调研人员对本企业市场区域内的所有饭店、酒楼或餐厅的类型、规模、位置、经营特点等进行全面的了解与分析,做出正确的经营决策。餐厅的市场区域以餐厅为圆心,以消费者愿意并能到达的距离为半径。餐厅的市场区域可分为步行市场区域和乘车市场区域。步行市场区域一般包括 3~4 个街区,在消费者步行 15 分钟左右的范围内;而乘车市场区域一般在消费者乘车 20~30 分钟可以抵达的范围内。当然,影响餐厅市场区域面积的因素很多,餐厅的档次越高,人们的消费决策就越慎重,愿意花费的就餐时间就越多;餐厅越有特色,名气越大,人们就越有可能花较多的时间前来消费。相比之下,大众餐厅或快餐厅的购买决策则呈现更强的即时性,因此这类餐厅的市场区域相对较小。总而言之,不同类型和规模的餐饮企业,其市场区域的大小是不同的。

严格地说,拟建餐厅市场区域内的所有同行企业都是该餐厅的竞争对手,这些竞争对手可分为三类:直接竞争对手、间接竞争对手和潜在竞争对手。直接竞争对手是指与拟建餐厅提供相同或类似菜单和服务项目的现有餐厅,这类餐厅是调研人员调查研究的重点。调研人员应了解这些餐厅的规模、装修特色、菜单内容、价格、服务特色和经营状况,最好能前往这类餐厅亲自品尝一下,记录其菜单内容和服务态度等,找出营业的繁忙时段和清淡时段,同时根据其平均就餐人数和菜单价格,估计出大致的营业额和利润额。间接竞争对手是指提供与拟建餐厅不同的菜单和服务项目,具有不同目标市场的现有餐厅,调研人员应对市场区域内这类餐厅作一般了解,了解这类餐厅的数量、规模、经营特色和分布情况。潜在竞争对手是指那些打算或很可能在拟建餐厅附近开设类似餐厅的企业或个人。对潜在竞争对手的研究也是必要的,很显然,潜在竞争对手的存在会使该地区的竞争更加激烈。同时,一个地区的某类餐厅或饭店的成功,并不说明那个地区还需要更多的同类餐厅。

综上所述,调研人员应根据企业自身的特点,结合当地的实际情况,确定合理的市场区域,在此区域内,详细了解竞争对手,尤其是直接竞争对手的情况,对市场竞争状况进行仔细的分析与研究,方可合理确定餐厅的目标市场,做出科学的经营决策。

(三) 市场营销环境调研与分析

在对消费主体状况、市场区域内竞争状况加以调研后,我们还应对当地市场营销的总体环境进行分析,这种分析应包括以下几个方面的内容。

1. 当地的经济发展状况和趋势

调研人员要注意收集和分析有关宏观经济指标,如国民生产总值、失业率、物价指数、人均收入、当地人口构成情况以及人均消费支出等信息,以此判断该地区的经济繁荣程度与稳定程度。对于经济衰落萧条或不稳定因素较多的地区,我们一定要谨慎。

2. 当地的旅游资源和传统活动

调研人员要调查当地或周边的人文景观和自然景观,了解主要的具有地方特色的传统活动。此外,当地人群的宗教信仰和风俗习惯也是十分重要的。

3. 当地餐饮业的总体情况

调研人员应当了解当地餐饮业的总体规模、经营水平、产品风味特色、客源状况以及市场发展空间。

4. 本地区交通及通信状况

调研人员要了解各个区域内主要街道的繁华程度、客流量,公共汽车路线及停靠站、地铁站,停车场数量、大小,了解通信、邮电等基础设施是否配套且完善。

5. 供应商情况

调研人员要了解当地主要的餐饮原材料供应商的数量以及餐饮原材料的市场分布情况。

二、餐饮市场调研的方法

针对以上情况,我们还必须选择和设计不同的调研方式,进行各种具体的调研活动。市场调研的方法有很多种,这里主要介绍询问法、观察法、实验法、资料分析法和委托法。

(一) 询问法

询问法是用询问的方式收集市场信息资料的方法,是调查和分析消费者购买行为和意向的常用方法。询问法一般要求被询问者回答具体问题,如对菜肴的口味、价格、服务、质量、上菜速度等方面的意见或建议。询问法又可分为集体问卷法、访问面谈法、电话询问法等。

(二) 观察法

观察法是由调研人员到调查现场直接进行观察的一种调研方法。观察法的优点是以亲眼观察来代替当面询问,使被调查者感受不到自己被调查,这有助于获得更加客观的第一手资料。此外,对于一些不宜询问的内容,我们也可以采取观察法,如餐馆门前的客流量、车流量、就餐人数、客人的衣着打扮。观察者可以是市场调查人员,也可以是服务人员,辅助设备,如摄像机、照相机也能发挥重要的作用。

(三) 实验法

实验法是由实验者控制一个或多个因素,研究具体变量对其他因素影响的方法。例如,在其他因素不变的情况下,测定餐饮价格对客人购买行为的影响。这种方法花费的时间较长,费用较高,目标市场也有可能不甚理想,测验结果有时也难以比较。

(四) 资料分析法

资料分析法是利用内外部资料,运用统计的方法对调查项目进行分析的一种调研方法。这是一种间接的调研方法,它简便易行,节省人力和财力。采用这种方法时,我们应尽量将各种所需资料收集齐全,请熟悉业务的人员共同分析研究。这种方法还可以弥补直接调查工作的不足。资料分析法的缺点是依赖历史资料,现实中正在发生变化的各种因素可能会被忽视。现代社会,随着网络技术的广泛应用,人们可以通过设定关键词,搜集各类客户体验、用户评价、微博等实时信息进行分析,使得这一缺点在一定程度上得到了弥补。

(五) 委托法

委托法即委托调查机构进行资料信息收集,再整理出对企业有用的信息,从而决定投资意向、经营策略、市场定位的方法。现代餐饮企业如果想要开拓异地市场,一定要进行市场调研,了解当地消费者对企业经营产品的接受程度。此时,委托法是不二之选。

【项目实施】

任务一　确定目标客源市场

一、餐饮目标客源市场的类别

客人的需求多种多样,而企业的资源有限,无法满足所有客人的需求,因此,餐饮企业经营管理人员必须根据掌握的资料对当地餐饮市场进行市场细分,确定本企业的目标市场。资料显示,许多餐饮企业经营失败的原因就是没有明确本企业的目标客源市场,无的放矢。今天,餐饮市场的竞争日趋激烈,餐饮经营者要想取得成功,就更有必要进行市场细分,并结合自身条件找准合适的或新的目标市场。餐饮目标客源市场的分类方式有以下几种。

(一)根据地域分类

根据地域,餐饮目标客源市场可以分为本地客源市场和异地客源市场。

1. 本地客源市场

本地客源市场由本地居民和流动人口构成。对一家在本地成长起来的餐饮企业来说,本地市场永远是主要的目标市场。一家开在上海的餐饮企业,其产品(或服务)产在上海,销在上海。这家餐饮企业要想将产品销往北京,就要设法在北京开设新的网点,使产品在北京生产。因此,餐饮企业不能不重视本地市场。人口多、经济发达的大城市(如北京、上海、广州等)的本地市场很大,这些地方的餐饮企业要更加重视本地市场。

本地市场中的人又可细分为本地人和外地人。对一家以本地菜为特色的餐饮企业来说,本地人可能比外地人更重要,本地人更习惯本地菜。但人的餐饮习惯是会改变的,本地居民中的外地人也不应忽视。改革开放以来,人口流动和迁移的速度大大加快,城市居民中的外来人口越来越多,他们为了在本地求得生存和发展,都练就了较强的环境适应能力,包括餐饮习惯的适应能力。随着时间的推移,外地人对本地菜会逐渐习惯,外地人与本地人在饮食习惯上的差异会逐渐缩小。

2. 异地客源市场

随着餐饮企业规模的扩大,随着国内外市场的开放,异地客源市场的机遇越来越多,异地客源市场迟早会进入餐饮企业的视野并且成为新的目标市场。20世纪90年代后期,大批杭帮菜餐馆涌入国内各大城市,取得了良好的经营业绩,这是一个很好的例子。

当然,对一家在本地发展起来的餐饮企业来说,在异地市场的发展要比本地市场困难,这是新的挑战。餐饮习惯具有地域性,异地居民不容易接受来自外地的餐饮。应对异地市场的挑战，主要是将本地特色与异地市场的口味结合起来。不过，随着城市的开放、人口的流动和迁移，异地居民的结构和异地市场也出现了变化：第一，异地居民中，本地人增加；第二，在本地居住的异地人将在本地接受的餐饮习惯带回异地，并对异地居民产生一定的影响；第三，异地人通过经商、打工、上学或旅游对本地餐饮形成了一定的了解。这些变化，对本地餐饮企业进入异地目标市场是有利的。

（二）根据年龄差异分类

餐饮企业可以从人口结构特征来寻找目标市场，年龄、收入、家庭、职业、教育、民族、宗教、人口密度等因素都是值得考虑的。其中，年龄是最值得考虑的因素。不同年龄段的人口可以形成不同的目标市场，如儿童市场、青年人市场、中年人市场和银发市场。

1. 儿童市场

儿童市场是一个有价值的目标市场。首先，儿童前往餐馆，通常有大人陪伴，带儿童就餐的家庭所花的费用也比不带儿童的家庭所花的费用多。第二，现在的儿童处于前所未有的商业化环境中，他们在餐馆可能对家长的消费决策有较大的影响力。根据国外的经验，餐馆菜单采用图画等形状，会对儿童更有吸引力，餐馆有可能借儿童的力量引导家长做出购买决策。最后，餐馆如果能在就餐时对儿童加以服务，能换得家长加倍的愉快，从而有利于培养回头客。世界闻名的餐饮企业麦当劳、肯德基都把年龄最小的客人作为目标群体，这就是他们的生存之道。

2. 青年人市场

青年人是许多餐馆、酒店的目标群体，青年人喜欢赶时髦、赶潮流、追求高消费，存在一定的攀比心理；青年人好奇心强，对没有见过的餐饮产品有强烈的兴趣。这些特点使得一些餐馆、酒店喜欢选择青年人作为目标市场。

3. 中年人市场

现在的城市人口中，中年人所占的比例很大。中年人的平均收入比较高，是亟待开发的目标群体。但中年人都有家庭，习惯于在家用餐，因此，如何将中年人从家里吸引出来，是餐饮企业应当思考的问题。

4. 银发市场

银发市场也是一个很值得开发的目标市场。例如，2019年，上海户籍人口中60岁以上的老年人已超过30%，这个比例还在增长。老年人在穿、用、住上的开销比其他年龄段的人要相对少一些，但在吃和保健上的消费力度要相对大一些。此外，现在的老年人大多数有一定的积蓄和较为稳定的离、退休工资，有一定的购买力。发达国家在人口"老龄化"的趋势下很重视发展所谓"银发产业"，其中，餐饮业是最重要的。以餐饮业为支柱产业之一来发展中国的"银发产业"，将大有作为。

（三）根据收入和家庭因素分类

现在，财产逾百万元的人不计其数，高消费型的餐厅具有一定的发展基础。但大多数餐馆、酒店还是应瞄准中、低收入群体。根据恩格尔定律，高收入人群的钱花在吃上的比例低于中、低收入人群，因此，餐饮业市场的增长与人口数量的相关程度远远高于与收入情况的相关程度，餐饮业的第一目标仍应为中、低收入的大众市场。

从家庭因素看，餐饮市场可以分为大家庭市场、小家庭市场、单亲家庭市场、丁克家庭（即不想生育的家庭）市场、结婚者和准结婚者市场以及单身市场。不同性质的家庭，其餐饮需要和消费行为不同。从数量来看，我国城市的家庭餐饮市场主要由小家庭构成。小家庭数量大，人均收入比大家庭或单亲家庭高，是大众化市场的主体，也是餐饮业值得考虑的目标市场。

（四）根据消费性质和消费行为分类

从消费性质来看，餐饮市场可分为生活性消费市场和生产性消费市场两类。过去，企、事业单位的用餐是靠自己的食堂解决的。随着企、事业单位的改革，其所需生产性用餐将逐步改由餐饮业来保障。餐饮业已经瞄准了这个市场。例如，上海的大、中、小学的学生用餐市场正在形成；上海浦东外高桥保税区等许多经济开发区的用餐，已由餐饮企业承包。

从消费行为来看，餐饮企业的客人也可分为不同的类型，比如老客人、常客和新客人等。现在，一些餐馆、酒店喜欢改名，但忽略了一个因素，即改名可能会引发一批老客人的丢失，代价可能是不小的。许多年前，上海北站地区有一批中、小餐馆，即使北站已经逐渐失去其客运中枢的地位，这些餐馆的生意仍然很兴旺，为什么呢？这是因为许多外地老客人对北站这个地方很熟悉，有感情，即使北站中、小餐馆的用餐环境和服务水平不是很高，却仍然能吸引这些外地客人。

从消费行为来看，餐饮企业的客人的目的又可分为"追求家庭快乐""追求特殊气氛"和"追求风味品尝"三类。餐饮企业应针对客人的不同追求，采取不同的营销策略。例如，针对"追求特殊气氛"的客人，餐馆、酒楼必须在店堂环境和菜肴品质上下功夫，在方便性、价格和菜肴品种上则不必多动脑筋。

二、餐饮目标客源市场定位

餐饮企业在确定了目标客源市场后，还要针对自身产品与服务特点，结合市场情况进行准确的市场定位。所谓市场定位，就是指餐饮企业根据竞争者现有产品在市场上所处的位置，以客人的需求和利益为出发点，充分考虑本企业的优势与特点，确定本企业在目标市场中的地位，塑造本企业产品与众不同的、给人以鲜明印象的、符合客人需求的市场形象的过程。

（一）餐饮目标客源市场定位的原则

经营管理人员应依据不同的标准将客源市场细分为若干个"子市场"，然后结合企业自身特点确定本企业的目标市场。为了找准本企业的目标客源市场，经营管理人员可依据以下几条原则对可能成为目标市场的"子市场"进行衡量和评估。

1. 可衡量性

可衡量性是指一个市场或子市场应当能用某种数量指标和数量单位（如市场需求量、消费者购买力等）来描述和衡量。假如某餐饮企业估计当地 18～25 岁的青年每年在餐厅用餐的人数为 30 000 人，每人在餐厅用餐的频率为 10 次/年，每人每次的平均消费为 20 元，那么当地 18～25 岁的青年对餐厅的年需求量为 6 000 000 元，这一过程用公式表示为：

某市场年需求量＝该市场中每年客人人数×每年就餐频率×平均消费额

对于这一子市场的市场占有率、增长率及本餐饮企业在这一市场上的销售量、营业额等，经营管理人员都可用各种数量指标及数量单位进行衡量。这就是"可衡量性"的体现。

2. 可进入性

可进入性即可达性，指餐饮企业进入细分后的子市场的可能性和可行性。市场细分的目的是使企业能利用自身拥有的资源与力量进入目标市场，如果细分后子市场的消费者不能有效地了解和认同企业产品的特点，或餐厅不能通过广告和其他促销手段在一定时间内将消费者吸引至本企业，则说明企业不能到达该细分市场，应该放弃。反之，则说明将该子市场作为自己的目标市场是可行的。

3. 充足性

充足性是指子市场必须具有足够的规模和潜力，值得餐饮企业开发和经营，并能带来可观的利润。企业确定目标市场的目的在于通过向目标市场提供恰当的产品而获得利润。这就要求目标市场应具有适当的规模和一定的潜在需求，能够使餐饮企业不仅能在短期内盈利，还能保证企业持续发展的可能。企业将那些规模较小，无法带来足够利润而又缺乏发展空间的市场作为自己的目标市场，则是不智之举。

（二）餐饮目标市场定位的流程

虽然餐饮企业进行市场定位的依据有很多，但对于新建的或仍处于筹建期的餐厅来说，进行市场定位的主要依据为餐厅的设施、服务、地理位置、竞争对手的情况以及客人偏好等。新建餐饮企业市场定位的确定工作可分为五个步骤进行。

1. 分析企业实力

企业实力是企业拥有的物质资源、人力资源、生产能力、销售能力和管理能力的综合体现。实力不同，企业在确定目标市场时所采取的策略就不同,如果实力雄厚,企业则可选择较多的子市场。反之,则最好集中开发一个或少数几个子市场。

2. 确定目标市场

深入研究目标市场客人的需求、愿望及利益偏好是确定目标市场的重要手段。在进行市场定位时,企业要根据目标市场中不同层次客人的需求进行有条件的挑选,了解不同层次客人的关键利益,有针对性地投其所好。企业产品的特点、产品生命周期也是企业在确定目标市场时应考虑的因素。对于质量稳定、知名度高的产品,如开展特许连锁经营的麦当劳、肯德基等企业经营的西式快餐产品,企业可采取无差异策略,即选择多个子市场作为目标市场。不同产品,其生命周期长短各异,在生命周期的各个阶段也会面临不同的市场情况,这些都是经营管理者应考虑的因素。

3. 分析竞争状况

充分分析竞争对手的优势、劣势有助于企业发挥自身的竞争优势,突出自身与众不同的特色。饭店产品能否被客人接受并使客人满意,是检验饭店经营质量的标准,也是进行市场定位的最终目的。通过产品的魅力,企业又可加深自身在客人心中的地位,巩固饭店所树立起的形象。如果消费者的需要、偏好及其他特点比较接近,或者市场相似程度较高,企业在确定目标市场时,就可以采取无差异性策略,占领较多的子市场。反之,就应采用差异性策略或密集性策略。

4. 设计餐厅的市场形象

在选择了具体的目标市场之后,经营者就应考虑饭店应当树立什么样的形象来博取客人的好感与信赖。决策时,我们要从客人的立场来思考问题,忧客人之忧,乐客人之乐。山东某酒店集团树立多元化发展战略,并将多元化产品建设引入企业文化发展之中,在对外服务中积极创新,提供各具特色、满足消费者多层次需求的各式服务。酒店的工作因此迸发出更多的灵感及魅力。在此思路下,该酒店集团创立了"渔歌舫"和"钟鼎楼"两个餐饮品牌,前者主打温馨舒适的用餐环境,后者则专注于提供高端典雅的就餐体验,不同的餐饮模式呈现在消费者眼前,有机地实现了产品定位与消费者心理定位的对接,成为海鲜餐饮经营的一大亮点。

5. 确定餐厅地位

通过各种营销手段和媒体宣传向目标市场客人有效而准确地传播餐厅的各种信息,有助于使餐厅的形象深入客人心中,从而确立本企业的地位。

市场形象一经确定,餐饮企业就应通过宣传媒介向目标客源市场宣传。宣传形式应当简练、具体,强调特色和客人能获取的好处。同时,企业应挑选合适的媒介,在选择时既要注意媒介在目标市场的影响力,又要注意节约广告开支。例如,针对中青年女性,选择流行的时装杂志作为宣传媒介,容易收到较理想的效果。

2

三、餐饮市场预测

餐饮市场预测是指餐饮经营管理人员在市场调研的基础上,运用科学的方法和手段,对影响市场(尤其是目标市场)变化的各种因素进行分析、判断和推测,掌握市场的发展变化趋势和规律的过程,如餐饮市场客源倾向预测、餐饮销售额预测、人均消费额预测、价格和利润预测等。

(一) 预测的类型

根据预测的范围,餐饮市场预测可分为宏观预测与微观预测。前者是粗略的、综合性的预测,关注整个餐饮市场的供求变化、发展趋势及各相关因素的变化。后者是较细致的专项性预测,如对某个餐饮企业经营状况进行的预测。

根据预测时间的长短,餐饮市场预测又可分为长期预测(5 年以上)、中期预测(1~5 年)、短期预测(3 个月~1 年)和近期预测(3 个月以内)。一般来说,预测的时间越短,准确度就越高,具体进行哪种预测,企业要根据决策的需要来确定。

根据预测对象,餐饮市场预测可分为国际市场预测、国内市场预测、特定区域市场预测和特定系统市场预测等。

根据市场变化的特点,餐饮市场预测可分为稳定型市场预测、趋势型市场预测、季节型市场预测、随机型市场预测。前三种市场的变化有一定的规律可循,而随机型市场在一定时期内的需求与供给状况并无规律可循,因此,人们多采用主观预测法进行预测。

根据预测方式,餐饮市场预测可分为判断预测和统计预测。前者一般依靠专家或决策人员的经验进行,出现误差的可能性较大。后者则是用数学方法进行,其结果较为精确和客观。

(二) 预测的方法

预测的方法一般分为定性预测法和定量预测法。

1. 定性预测法

定性预测法主要包括以下几类。

(1)经管人员意见法。这种方法是最简单、最常见的销售预测法。采用这种方法时,生产、服务、销售和财务等几个部门的主要负责人员根据自己的经验和实践,对销售状况作出大概的估计,然后取估算数的平均值作为预测数。许多新企业无历史资料可用,常常采用这种方法。这种方法受主观心理因素的影响较大,故具有一定的风险。

(2)专家意见法。餐饮企业向一批专家投送一系列调查表。企业根据专家们对第一次调查表的反馈意见,设计新的调查表,再作调查,直到专家们的意见基本一致。这种方法所需的费用不高,节省时间,有助于开展连续、长期的观察,一般适用于长期预测。

(3)消费者意见法。采用这种方法时,企业对具有代表性的消费者进行调查,通常在现有的和潜在的消费者中进行民意测验,了解被调查者的消费意图,从而及时掌握销售动向。

（4）服务人员估计法。采用这种方法时,企业服务人员直接接触客人,对消费者的偏好、消费动向、市场供需情况进行比较,该方法的结果往往能反映多数消费者的意见和实际销售情况,有一定的参考价值。

2. 定量预测法

采用定量预测法时,企业根据市场各相关因素的变化特点建立数学模型,利用现代计算方法对市场进行预测,预测结果更加准确、客观。例如,某餐厅在确定目标市场后,要预测潜在目标客人的数量,以便对餐厅面积和座位数进行决策。潜在目标客人数可用下列公式进行预测:

$$潜在目标客人数 = \frac{市场区域人口总数 \times 目标客人群体比例 \times \left(1 - 非消费者比例\right) \times 人均每月外出就餐次数 \times \left(1 + 流动人口就餐比例\right)}{30}$$

这种预测方法对于餐厅座位数和目标销售额的确定具有重要的意义。

任务二 选 择 地 址

一、餐饮企业选址的影响因素

酒店业先驱埃尔斯沃思·斯塔特勒曾夸张地说过:"对任何酒店来说,取得成功的三个根本要素是地点、地点、地点。"现代餐饮企业应在进行全方位的、深入细致的市场调查的基础上,根据一般因素和区域因素等诸多因素来综合分析、预测本餐饮企业所占的市场份额,制订具备可行性的经营计划方案,进而确定目标市场,进行餐饮定位,付诸实施。在选择餐饮场所的地点、确定营业区域时,我们要考虑以下因素。

（一）一般因素

一般因素是指在一般的社会经济方面对商圈的形成及消费水平产生影响的因素,虽然不如上述区域因素与个别因素等有较为强大的影响,但是仍有全盘性的参考价值,其主要内容是社会因素、经济因素及政策因素。

1. 社会因素

（1）人口状态。这是社会因素里最重要的一环。人口数量增加或人口集中的区域,其需求量必然扩大。

（2）公共设施建设。新城市的形成、旧城市的更新、城市的重新规划等,均有赖于公共设施的建设及景观的改变,这也会提高物价水准。交通的便利性也会促进外来人口的流入。例如,是否有停车场,位置是否充足,往往是客人非常关注的事项。

（3）房地产质量。居民的人口状态及当地公共设施建设情况的影响,都将反映在该区房地产的价格上,因此餐厅的房地产投资评估以及将来的外观的质感和室内的容量,都是互为影响的因素。

（4）社会福利。社会福利与教育水准会影响该地区居民的社会文化水平,进而影响消费行为、用餐习惯以及价格的接受度。

（5）家庭组成。中国人的家庭组织方式从过去农业时代的"多子多孙"演变为"核心家庭",两者有着极大的区别,考虑区域内家庭成员的多少及平均状况,有助于了解家庭式行动的人数组合,进而有助于制订经营策略。

2. 经济因素

（1）收入及物价的波动。收入的增长表示区域内国民生产总值的增高,同时也意味着总支出的提升,餐饮业的收入也会产生相应增长,而物价提升也将导致生活费用的提高,消费行为因此而改变。

（2）税收政策。税收政策会对产业的活动产生影响,导致商圈形态发生变化,影响投资决策。

（3）交通体系。交通体系对地区的发展有很大的影响,如新道路的建设必然促进客人的流动,扩大商圈的范围,甚至带动消费水平的提升。

（4）工资与就业。工资与就业水平较高的地区,人均收入也较高,饮食行为会因此与中低收入地区大为不同。

3. 政策因素

（1）土地政策。基于国家法令规章对土地利用、规划的调控,住宅区、商业区或工业区都将对商圈产生全面的影响,故土地政策自然是重要考虑因素。

（2）政府行为。政府的购买活动对企业的经营管理也会产生较大的影响,转移支付、财政补贴都会对企业的经营成效产生显著的影响。

（二）区域因素

区域因素是指该设店地点的自然条件与社会、经济、行政等因素相结合所产生的区域特性。

区域大小与客人的质量、客人的交通方式与交通状况、营业类别与竞争状况、潜在的市场开发机会与投资状况都对商业企业有较大的影响。

（三）其他因素

1. 地基条件

餐饮企业应选择适宜建筑的地理环境,其中最为重要的是地基。地基不仅是建筑物的承载者,而且直接关乎大气、水质和土质的洁净程度。地基的一般要求为:地基以沙壤土为宜,沙壤土致密坚固,建筑物不易塌方。此外,沙壤土比较干燥,渗水性能强,有利于需氧菌生长繁殖,可以保证土壤的自我净化,忌以黏土、松土为地基。

地下水位越低越好,至少应低于地基 0.5 m,以免造成室内阴冷潮湿和塌陷,也可防止地下水源污染;地下应当无污水,无垃圾堆,无放射性污染源等。

2. 地形环境

餐饮企业应与街道保持一定的距离。街道上的灰尘、噪声、废气较多,车辆川流不息,影响就餐环境,餐饮企业应离街道远一些,与人行道保持 3～5 m 的距离,留有停车空间,也能显示出档次。

3. 建筑物的个别因素

餐饮企业应在平坦地、高地建造,低洼地易积水、潮湿,不适合餐饮企业。正方形或矩形的规整地基有利于空气的流动。门窗应有利于通风,保证空气清新。同时,保持建筑物与周围环境的协调。

二、餐饮企业的选址原则

餐饮企业的选址是一项复杂的工程,在确定营业区域的基础上,我们还应确定具体的经营场所。在选择经营场所时,我们应遵循一定的原则,具体包括以下内容。

(一)目标市场原则

任何餐饮企业,都要根据其目标市场,选择适当的地点,确立规模并确定相应的设施、设备、经营内容和服务档次。如果目标客人是工薪收入阶层,地址则宜选择居民区或工薪阶层工作区,经营中低档的菜品,经营方式可选择快餐、自助餐等。如果目标客人是高收入者或商务人士,地址则应选择商业中心或高收入者集居区,提供高档菜品和一流服务,当然,收费也应是较高的。

(二)容易接近原则

餐饮企业应选择在交通便利的商业区、经济区、文化区,尽可能设置规模相当的停车场,方便客人来往。餐饮企业应依据所在地人们行进、停留的规律选址。总之,餐饮企业在原则上应在客人容易接近的地段和位置开张,这是因为有时客人是以方便性来决定选择餐厅。

(三)综合配套原则

现代餐饮企业的经营活动,一般应与休闲娱乐服务、住宿服务配套,配套的方式一般有两种。

(1)与自身配套。大型餐饮企业建立既提供餐饮服务,又提供娱乐和休闲服务乃至住宿服务的综合服务体系。

(2)与周围环境配套。餐饮企业将地址选在有住宿和娱乐设施的附近,形成一种互补的经营方式,如在高级酒店区建立适合住店客人用餐的餐厅。

(四)可见度原则

餐饮企业的可见度是指餐饮企业位置的明显程度。无论在街头、街中、街尾,餐厅应让客人从任何角度都能获得对餐饮企业的规模和外观的感知。当然这也离不开从建筑风格、装饰等其他方面来加以展示。

（五）投资预期目标原则

餐饮企业在选择地点时，除考虑外部因素外，还应考虑自身的条件，如经营品种、方式等，要以能否实现预期投资目标来判断地理位置的优越程度。在繁华的商业街上（地理位置好、租金高）开一家中、高档餐厅，其销售额和利润可能不如在同样的地方开一家快餐厅。当然，预期目标的实现离不开多重因素的协调与配合。

三、餐饮企业的选址流程

（一）区域调查

1. 确定调查区域的范围

区域是指餐饮企业所处的市场区位。在中小城市，区域的范围就是整个城市或地区；在一些大城市，区域的范围则要进一步加以细分。如在北京地区选址时，其区位可以西城区、海淀区、东城区、朝阳区等行政区划为基础，还可以进一步细分为西单地区、王府井地区、亚运村地区、国贸地区等。区域市场对餐厅选址和市场准入有重大影响。

2. 区域市场调查的目的和内容

（1）进行区域市场调查的目的是收集资料、掌握市场环境和市场需求，以便确定是否应该在这个区域选址。如果在此选址，我们则要确定其目标市场，思考建设一个什么类型、什么规格、什么风味的餐饮店，力求与目标市场的消费需求相适应。

（2）区域市场的调查内容主要包括以下几个方面的内容。

❶ 基本情况调查。具体内容包括当地的人口规模、经济发展水平、人均收入、人均可支配收入，以及人们外出用餐的次数、人均消费水平等。

❷ 交通情况调查。具体内容包括交通干线分布、交通流量、主要街道分布状况、交通密集程度和人流量集中的地点的分布情况等。

❸ 商圈商情调查。具体内容为在 30～60 分钟车程的范围内有多少繁华的、人流集中的商圈，每个商圈的规模有多大。

❹ 市场竞争情况调查。具体内容包括地区和商圈范围内现有餐饮店的数量，各家餐饮店的档次、规模、经营风味、餐位的日均利用率、接待客人数、产品价格水平、人均消费水平等。

3. 进行区域市场调查的主要方法

主要方法包括询问调查法、观察调查法、实验调查法、资料分析法、委托调查法等，具体内容见本项目的"知识储备"部分。

（二）店址的实地考察

1. 备选地点的位置比较

通过实地考察，确定几处可供选择的合适地点，比较每一个地点的具

餐饮目标市场
定位的流程

体位置、朝向、占地面积或可租赁房屋的面积；判断是否面临大街或在交通主干线旁，是否在街巷、胡同等较僻静的地方，是否在办公楼、居民楼、写字楼等建筑的第一层或第二层以上；深入分析可供选择的地点的优势和劣势等。

2. 备选地点的市场范围比较

通过实地考察，确定每一个备选地点的市场范围，了解每一个地点的中心区、次中心区、边缘区的范围，了解步行距离和驱车距离，了解每一个点位的中心区、次中心区的客源总量以及现有市场的竞争状况。

3. 备选地点的市场潜力比较

通过实地考察，确定每一个备选地点的交通状况和客人进出的方便程度以及中心区的每日平均流动人口规模；估计拟建餐厅的餐位利用率、价格水平、接待人次、人均消费水平、市场潜力；了解地区范围内正在建设或在未来一年内准备建设的饭店或酒楼的数量、档次、规模以及接待能力的增长前景，了解近期内有无拟建的大型商场、超市、展览中心、文化广场等设施。这些内容都会直接影响餐饮企业选址的市场潜力。

4. 备选地点的市场投入比较

通过实地考察，与土地持有者或房产所有者进行接触，开展询价、谈判工作，确定每个可选地点的相关价格、可供使用或租赁经营的期限、价格水平、经营期限，然后通过分析比较，权衡利弊，最终确定餐饮店的经营地点。

（三）最终决策

1. 协调好与投资方的关系

（1）餐饮店的选址工作一般是在投资方的授权下，选派并成立一个开业筹划工作小组或委托一家管理公司来进行的。

（2）在开展市场调查、店址实地考察的过程中，筹划工作小组必须随时加强与投资方的联系，落实协调配合，将工作进展情况及时向投资方负责人汇报，必要时请他们前往现场考察。

（3）在选址过程中，筹划工作小组一般要向投资方汇报 3～4 次，向他们通报调查的情况和结果，提出选址建议并说明理由，征求他们的意见并向他们请示下一步的工作，然后按投资方的指示和要求开展具体工作。

2. 制订餐饮店的选址方案

选址方案是为投资方的决策提供科学依据的重要内容，因此，相关人员要在区域市场调查和店址实地考察的基础上，对各种信息资料进行分析整理，制订出可供选择的决策方案，并将影响决策的主要因素列出，供投资方分析比较，进行最终评判。在这一过程中，我们一般采用两种方法开展工作：

（1）销售额预计法。现代人为了更方便、更准确地进行地址选择，强调利用计算机来进行数据分析工作，作为选址的辅助参考。美国某餐饮企业公司提出了一个多元回归公式，作为地点选择公式，通过预测某地点的销售额从而对重要地点的可能位置进行评估。这一方法把该地点的特点与在那个地点开业成功的餐饮企业相关连，其所需要的信息包括：周围街道的日常交通流量、该地区可与之相竞争的餐饮企业的座位总数、工薪阶层人口占该地区人口的比例、距离该地点 10 分钟路程范围内职员的人数、周围几千米之内单亲家庭的数量、周围几千米之内的人口总数、该地区人口的平均年龄等。

将这些资料纳入一个数学模型，并根据现有餐饮企业的经验加以估算，可以形成评估数据供决策参考。

（2）经验判断法。很多打算开办餐饮企业的投资者在进行选址时，会采用一些简单的选址方法。比如，麦当劳、肯德基开到哪里，新餐饮企业就跟到哪里；紧随大型商店、商业中心的投资开发者；盯着大型酒店、大型餐馆及写字楼的集聚地。

3. 进行方案的评估与决策

在制订出投资方案的基础上，企业要召开相关选址方案的评估会议，会议的主要内容包括以下几个方面。

（1）由筹划工作小组介绍餐饮店选址过程中的市场调查、实地考察结果，详细解释所制订的不同选址方案的内容、影响因素及有关数据，供与会人员参考、分析。

（2）由投资方的负责人介绍投资的意向、投资方情况、选址建设餐饮店的想法和要求等，供与会人员参考、分析。

（3）请参会的相关专家学者进行分析论证，提出各种问题，由筹划工作小组成员作出解释与说明，分析比较不同方案的优劣。

（4）由投资方的负责人综合参会人员的意见，对选定的方案提出需要补充、修改的意见与要求，进而作出最后的决策。

4. 餐饮企业的选址特征

（1）快餐店。主要提供快速、便捷的平价餐饮产品，满足时间有限者的需要，最理想的位置是紧靠商业中心的主要街道、商贸中心及交通枢纽。

（2）主营或专营午餐的餐馆。此类餐馆一般应设在顾客步行几分钟或开车几分钟便可到达的地方，通常靠近用餐者的工作地点，如企业集中的写字楼、酒店、商贸中心附近，最好能在同一栋大楼内，这是因为公司职员的午餐时间大多在 1 小时左右。

（3）风味餐馆、高档餐馆。这两类餐馆以其独特的气氛、环境来吸引顾客。一般情况下，坐落于稍偏僻的地方，但顾客总会慕名光顾。此类餐馆虽偏僻但不闭塞，有便捷的交通方式。同时，位置偏僻之处，餐馆可以支配的空间比较大，可用来营造一些特色，中外餐饮企业都不乏成功的案例。

（4）饮食娱乐区的餐馆。国内外许多城市都设有专门的饮食街、美食城等，集各种风味的美食于一处来吸引各方客人。这些进驻饮食街、美食城的餐馆应在错位经营方面寻求发展空间，在提高产品质量与服务质量上下功夫。

（5）便餐馆。便餐馆主要设在主干公路旁，旅游者容易接近；或设于居民住宅区内或附近，为社区居民提供方便。

（6）主题餐馆。主题餐馆依据环境创造特殊主题来吸引客人，如旋转餐厅，满足人们的猎奇心理。主题餐馆与风味餐馆是不同的，主题餐馆在就餐环境上做文章，风味餐馆则围绕着食材、烹饪方法下功夫。

（7）普通餐馆。大多设在文化中心、商业中心以及经济活动多、商业往来频繁的地区，满足人们的社交需要。

（8）咖啡厅（馆）。一般坐落在马路边、商业大楼内或大学校园附近等方便人们休息、聊天的地方。

（9）酒店内餐厅。酒店内餐厅一般有咖啡厅、大餐厅、宴会厅、特色餐厅、风味餐厅等。咖啡厅通常位于酒店的底层；大餐厅、宴会厅一般位于酒店的低区，以 2～4 层居多；特色餐厅、风味餐厅一般位于酒店的高区，多为顶层。

【项目回顾】

在本项目中，我们主要学习了餐饮目标市场的确定方法和企业选址的方法。学生应当熟悉餐饮市场调研的内容和方法，掌握餐饮目标客源市场定位的原则和工作流程，熟悉餐饮企业选址的影响因素、原则和流程，能够根据所学内容完成餐饮目标客源市场的定位和选址工作。

【项目测试】

1. 餐饮市场调研工作包括哪几方面的内容？
2. 餐饮目标市场分类工作的内容有哪些？
3. 简述目标客源市场定位的原则。
4. 确定目标市场定位的流程包括哪些事项？
5. 简述餐饮企业选址的影响因素。
6. 简述餐饮企业选址的基本流程。

2

案例分析

餐厅定位不明导致的失败

一、案例介绍

店主杜先生从事餐饮经营5年,曾经营大众型酒楼,生意持续火爆多年,新开酒楼设有480个餐位,但苦撑数月就"关门大吉"。

杜先生的第一家大众型酒楼由于地理位置优越,加之菜品味道出众、价格适中,生意持续火爆,为他积攒下不少的资金。

将原酒楼高价转让出手后,他又在城市的次繁华区投资开设新的酒楼。这次,杜先生更加雄心勃勃,单从酒楼外墙上的复杂的装饰和夸张的广告词,我们就可以感受到这一点。但是,也正是这种不切实际的思想让他犯下了致命的错误。

走进酒楼,打开那厚厚的菜谱,近三百道菜品,包括粤菜、川菜、湘菜、杭帮菜、本地菜、官府菜排印得密密麻麻,上至鲍翅参肚,下到风味小吃、卤味凉菜,无所不有,杜先生摆开了准备横扫餐饮市场的架势。

然而,市场的反应完全出乎杜先生的意料,酒楼自开张之日起一直处于惨淡经营的状态,不仅他所希望看到的那些高端消费群体没有走进酒楼,就连他所熟识的许多中低端食客也离他远去。酒楼庞大的厨师队伍和前厅服务队伍每天空耗着大笔开支,各式菜品的大批量备料同样引发了不少现金支出……

在苦撑数月之后,酒楼最终还是无奈地关门了事。

二、案例思考

1. 杜先生的新店为什么会失败?
2. 酒楼经营中有哪些"雷区"?

【项目延展】

餐饮企业营业场所的选择途径

选择好地址后,餐饮企业的营业场所可采取创建、收购或租赁等方式来获得。在进行选择时,餐饮企业投资者首先要分析各种获得方式的利弊,考虑每种选择所需要承担的风险和可能获得的收益。

一、新建餐饮场所

大型的综合性餐饮企业在选址后,一般采用新建的方式来获取营业场所。

(一)新建餐饮场所的优点

(1)通过新建的方式,餐饮企业能获得适合自己的生产规模的场所。

(2)通过建筑设计,能使场所完全符合餐饮经营项目的需要。

(3)在建筑空间和面积上能为未来发展留有余地。

(4)设计装修工作能一次性达到所需档次,便于迅速进入目标市场。

2

（二）新建餐饮场所的缺点

（1）投入资金大，占用时间长，加大运营风险。

（2）工程周期长，可能丧失一些市场机会。

（3）装修等设备安装工程较为复杂，会耗费投资者的时间和精力。

（4）企业在经营初期需投入大量的广告宣传费用。

二、购买餐饮场所

通过购买的方式获取餐饮经营场所也是一种较为普遍的做法。

（一）购买现成餐饮场所的优点

（1）现成餐饮场所声誉好，能提升经营成功的可能性。

（2）事实证明，这个餐饮企业的地理位置较好。

（3）不需要花费太多时间、资金和精力去全面策划这家餐饮企业，能够尽早开启运营工作。

（4）原有餐饮企业已拥有一定规模的回头客。

（5）原有餐饮企业中的设施、设备一般能够使用，满足基本营运要求。

（6）只需投入资金进行原料采购。

（二）购买现成餐饮场所的缺点

（1）原有餐饮企业的经营内容和服务方式与购买者最理想的方案往往不一致。

（2）原有的客户可能不符合未来的目标。

（3）原业主已建立的形象，尤其是不好的形象往往难以改变。

（4）原房屋建筑和室内设计方案可能不符合未来经营的需要，而重新装修会耗资巨大。

（5）从原餐饮企业继承过来的职工可能不符合餐厅经营的需要，收购方式可能带来人事管理上的麻烦。整顿活动往往会产生大量的不符合现岗位要求的人员，对这些人员的安置是个棘手的问题。

（6）购买价格不公道。由于难以收集关于市场的可靠信息，加上对目标企业进行无形资产评估存在困难，收购前的评估工作可谓困难重重。

三、租赁餐饮场所

餐饮企业租赁经营场所是指在不改变原企业所有权的条件下，出租方将物业和经营设施租给承租方经营使用的做法。承租方向出租者交付租金，明确双方的权利和义务。

（一）租赁餐饮场所的优点

（1）投资者在短时间内进行适当的装修后就能使用场地并营业。麦当劳一般在租用场地后用 1～2 个月便开始营业。

（2）租赁可节省投资者的大笔资金，相对于新建或购买来说，费用较低。

（3）租赁物业时，地点的选择空间较大，较为灵活。

（4）租赁物业时，风险较小。如果某场所不理想，企业可以迅速另租其他场所。

（二）租赁餐饮场所的缺点

（1）经营条件受到原有建筑结构的限制。

（2）企业发展会受到合同期限的限制。

（3）出租方往往会因企业经营状况良好、盈利高而抬高租金。

（三）租赁餐饮场所应注意的事项

（1）租赁场地前，必须选准餐饮类型、经营项目，对盈利情况有充分把握。

（2）在租赁场所前，要请有关部门对物业进行评估，清理债权、债务关系。

（3）租赁只获取场所、物业的使用权，不对场所的财物有处置权。

（4）本着自愿、平等、协商的原则，签订租赁合同，承租方应严格为有争议的问题明确协商渠道。

（5）在责、权、利明确的条件下，承租方应当实现自主经营，自负盈亏。

项目三

餐厅设计布局

学习目标

1. 掌握餐厅整体设计要点,内和外兼顾,设计经营环境。
2. 把握餐厅动线设计要点,人和物兼顾,设计餐厅布局。
3. 知晓厨房操作功能需求,出和入兼顾,设计厨房布局。

典型任务

1. 依据餐厅市场定位,研讨整体设计方案。
2. 依据客人用餐心理,设计氛围设计方案。
3. 依据给定厨房环境,规划厨房布局方案。

3

![项目导入图标] **【项目导入】**

以"80后"概念设计的餐厅——8号学苑,其会员应当在1980年1月1日—1989年12月31日出生。8号学苑的环境独特,依照学校课堂风格进行整体布局,装饰简单而怀旧。收银台是一个大黑板,上面有校规、测验题、课程安排(营业时间);后方黑板报的大标题是"开学啦";餐桌即为课桌,只不过中间挖空了,放电磁锅;椅子都是课桌椅样式的;餐厅白墙绿漆,每个"课桌"上面都写了一个课程,比如历史、化学、数学、语文。烟灰缸是变形金刚模样的,餐具是"80后"小时候常见的搪瓷缸、搪瓷盘。边上有一面墙,贴有小时候看过的动画片海报,另外一面墙上贴满名人照片。每个来这儿吃饭的客人,都会产生怀旧的感觉。

8号学苑的就餐时间分为三个时间段:17:30—19:00(数学);19:15—20:45(语文);21:00—24:00(自习)。食客必须提前电话预约,比如打电话预约17:30—19:00那个时间段,要是预约满了,就只能预约后面两个时间段。就餐前,上课铃声响起,餐厅老板(班主任)会站在台前喊"起立",大家齐声说"老师好",餐厅老板会说:"欢迎大家来到8号学苑,欢迎新同学入学!"不认真听班主任讲话的同学会被"罚站",就像"80后"上学时一样。就餐前,食客可以到讲台拿一张试卷来填,正面写自己的个人资料,背面是一些知识问答,答对80%的问题的食客可以免费获得8号学苑的"学生证",也就是会员卡;答对60%问题的食客交10元可以获得"学生证";不及格的食客只能交20元来获得"学生证"。8号学苑的食客们表示能在餐厅重新感受属于自己的年代,寻找那纯真简单的快乐。

"80后"餐厅设计新颖,管理有方,为我们提供了很好的示范。一家餐厅应该从哪些方面进行设计布局呢?

![知识储备图标] **【知识储备】**

一、影响餐厅环境布置的因素

餐厅设计与布局是指餐饮企业对用餐环境和氛围的设计与营造,具体包括:餐厅的面积、空间、档次、风格、光线、色调、温度、湿度、声音等。就餐者到餐馆就餐,在餐厅享受美味佳肴和优良服务的同时,还会从所处的环境获得相应的感受。因此,为就餐者提供一个舒适、美好的就餐环境对于餐饮企业而言具有重要的意义。

(一) 餐饮企业的市场定位

不同的客人对就餐环境的要求是不一样的。餐厅首先应该确定自己的目标客人,根据他们的要求来布置餐厅,确定环境的基调和主题。

(二) 餐饮企业的建筑结构

餐饮企业等营业场所在建筑结构方面各有特色,在布置安排时,必须因地制宜。服务设施的安排、服务路线的设计都应当与现有的建筑结构相协调。

(三)餐饮企业的服务类型

不同的服务方式对环境布置、安排的要求是不一样的。例如,不同餐别(如中餐和西餐)对装潢、气氛、家具、餐具都有着不同的要求。

(四)餐饮企业的档次和规格

虽然餐饮企业的档次和规格由很多因素决定,但经营者在心目中必定有关于自己在市场上的位置的看法,故应谨慎地选择目标市场。例如从消费水平来决断,是吸引一般消费者还是中、高等水平消费者。制定这样的目标,有利于装修、装潢的投资决策,也就从某种程度上决定了餐馆的布置与安排。

(五)餐饮企业的地点和位置

不同类型的餐饮企业选择位置的思路是不一样的,布置与安排也不尽相同。例如,快餐店一般位于人流量较大的地方,在布置上要求简洁、明快、色彩活泼,餐具简单、实用、轻巧。

(六)餐饮企业的资金能力

毫无疑问,餐饮企业的资金能力是决定餐饮企业布置和设备档次的主要因素之一。资金能力不强,则会束缚餐厅应有能力的发挥。

在上述六条影响餐厅环境布置的因素中,餐饮经营管理人员应根据具体情况,分清主次,把握好餐饮服务环境的布置与安排。

二、餐厅内部空间的划分

餐厅内部空间的划分思路包括以下三种。

(一)餐厅空间的总体划分

餐厅的内部空间按运营功能可分为两块,即前台和后台。前台是供客人用餐的服务功能区域;后台是餐饮产品生产与其他辅助事项进行的区域。依据经验及统计调查,比较理想的餐厅前、后台的空间比例应当约为1:1,即前、后台的面积各约占50%。目前,国内餐饮企业在这个方面还存有一定的提升潜力。

(二)餐厅前台的空间划分

餐厅前台的空间就是客人用餐的服务功能区域。这一区域主要由客人空间、公用空间和管理服务空间三部分组成。

(三)餐厅后台的空间划分

餐厅后台空间中,厨房所占的面积最大,约占50%;仓库面积约占20%,当然,仓库面积还受餐饮企业经营品种(单一品种或是多品种;中餐或是西餐)、管理水平(主要指成本控制水平)、原料市场供应状况等因素的影响;洗碗及备餐间的面积约占后台的15%;办公室与员工设施等的面积约占后台的15%。

3

【项目实施】

任务一　餐厅的设计

客人偏好的多样发展趋势为餐厅主题的多元化发展提供了广阔的空间，因此，现代餐厅可选择、开发、经营不同的主题文化。本任务将重点介绍各类主题餐厅具有共性的细节设计要点。

餐厅的设计工作包括餐厅店面设计、餐厅内部空间设计和餐厅氛围设计等内容。

一、餐厅店面设计

进行餐厅店面设计的目的，在于显示餐厅这个"特殊商品"的包装格调。店面设计是室内设计的一部分，两者在实质上均追求美观与实用，但店面更注重招徕、吸引客人，要让店外的大众感觉到本餐厅的存在，并促使其决定来本餐厅用餐。因此，餐厅的店面不仅应具有"辨认"功能，同时也要有美观的外表，两者缺一不可。因此，餐厅的门面、展示窗、霓虹灯、招牌等，都要力争让人过目不忘。独到的外表还要充分烘托餐厅的"商品"特征，使路人一望即知本餐厅经营的菜系。目前的餐厅早已脱离了"守株待兔"的经营方式，在风格上尽量采用自然鲜明的色彩，减少过分的装饰堆砌，追求和谐的气氛，强调"人性化"的餐饮空间。

此外，餐厅的门面要显示出卫生与清洁的格调，这种格调应当从颜色的运用、设备的风格、空间的安排及其本身具有的清洁程度反映出来。

目前，餐厅在店面设计与布置上从以往的封闭式转为开放式，外表采用大型的落地玻璃追求透明化，使人望一眼就能感受到在餐厅内用餐的情趣；同时，为配合街景，食品展示柜内餐饮产品的陈列也应当突出重点；用霓虹灯制作的招牌文字要简明，图案应当新颖而醒目，标志要鲜明，与建筑的造型相协调，显示独特的形象，力求让匆忙过路的行人也能记住。此外，店名也同样很重要，好的店名往往是朗朗上口、便于记忆的。

总之，餐厅店面的设计，应当激发人们对餐饮产品的想象，使人们在远处一望就知道餐厅的类型，甚至能估算其消费水平。

二、餐厅内部空间设计

（一）内部空间的要素

现代城市，人口密集，可谓寸土寸金，地价十分昂贵，因此，餐饮企业应有效地利用好空间。餐厅内的空间容量太大或太小均不可取，餐厅应以设定的接待客人数量来决定营业面积。无论大小，餐厅的空间

智慧餐厅

均应有其特点。空间各组成部分应保持内在和谐的比例关系,这种比例关系具体表现在:一度空间的"点";二度空间的"线";三度空间的"面";四度空间的"立体效应",由点、线、面、立体综合而给人以美感。在设计、布局餐厅时,我们应将营业空间按使用功能划分成如下几个部分。

(1)客人空间。这一空间内设客人通道、餐桌、餐椅等。

(2)管理服务空间。这一空间内设服务台、办公室、服务人员休息室、储藏室等。

(3)公用空间。这一空间内设洗手间、衣帽间、贵宾室等。

(二)餐厅动线的设计

餐厅动线是指客人、服务员、食品与器物在餐厅内的常规流动路线,在设计布置上应力求流畅、便利、安全,切忌杂乱。

客人动线,应以从大门到座位之间的通道畅通无阻为基本要求,一般采用直线形,避免迂回绕道,尽可能保证宽敞。

服务人员动线,原则上愈短愈好。应注意的是,相同方向的道路作业动线不要太集中,应尽可能地回避不必要的曲折。我们可以考虑设置一个区域落台,既可存放餐具,又有助于服务人员缩短行走路线。

总之,餐厅动线应尽可能为直线,避免迂回,使客人与工作人员能在第一时间内到达想要到达的位置;其次,主要通道与次要通道应当有所区分,主要通道的宽度要明显大于次要通道;最后,主要通道或次要通道均应考虑服务人员工作手推车的通行宽度。

(三)餐座的布局

餐厅座位的设计、布局,对整个餐厅的经营有着很大的影响。虽然餐桌、椅、架的大小和形状各不相同,但一定的比例和标准是很必要的,一般应以餐厅的档次、面积及经营性质来配置。餐桌、餐椅的布置应遵循"适用、调和、统一"的原则,力求构成一个系统。

1. 餐座面积的确定

在设计餐厅区域时,我们要考虑客人的身高、客人就餐时的舒适度、餐饮服务的类别和质量等因素。小孩就餐时,平均只需要 0.74 m^2 的面积,而成人就餐时至少需要 1.1 m^2 的面积。若为宴会,每个座位应至少为 0.9 m^2,豪华餐厅每个座位的面积应至少为 1.9 m^2。

桌子的大小对客人的舒适度和空间利用效率有影响。在快餐厅中,客人用餐盘就餐最好使用长桌子,桌子的长度应以适宜放下一定数量的餐盘为宜。假如使用 $46 \text{ cm} \times 36 \text{ cm}$ 规格的餐盘,长形桌子的最小规格应为 $122 \text{ cm} \times 76 \text{ cm}$。若用四餐座方桌,则规格为 $122 \text{ cm} \times 122 \text{ cm}$ 的桌子比 $109 \text{ cm} \times 109 \text{ cm}$ 规格的桌子更为合适。

餐厅以方桌或圆桌安排时,两行餐桌的椅子之间最窄的通道不得小于 46 cm,桌子之间需相隔 $122 \sim 152 \text{ cm}$;如需要通过餐车或其他设备,上述距离则要根据这些设备的宽度来重新计算;如果有职工通过,两张餐桌的椅子之间的通道则需要维持在 91～122 cm 宽;需有两位职工交叉通过的通道,应维持 91～137 cm 宽。

在餐厅中,除餐座外我们还需要一些其他空间。有的餐厅在外部设候座空间和存放衣帽的空间;在餐厅中,用于非餐座的面积太多会增加建筑面积。餐厅的宽度和长度、桌子和椅子的尺寸、座位的安排方法以及餐厅装饰所用的物件都会影响餐厅面积的最终需要量。

2. 餐座需要数的确定

餐座需要数是由某段时间内需要接待就餐者的数量来确定的。

每一个座位所占的面积因餐台形式不同而不同,如 4 人长方形餐桌,每座约占 0.5 m²;8 人和 10 人圆餐桌,每座约占 0.7 m²;12 人圆餐桌,每座约占 0.8 m²;包间中,每座占 1～2 m²。我们可以利用上面的数据粗略计算一下餐座需要数。举个例子,假设餐馆不设包间,餐厅营业面积占整个餐馆面积的 60%,每一个座位平均占据的面积为 0.6 m²,餐馆的总面积为 120 m²,那么,可以安排的座位数为:

座位数＝总面积×营业面积所占的比例÷每一个座位平均所占的面积
＝120×60%÷0.6＝120(个)

如果在这个餐馆里面增加两个包间,每一个包间的面积为 10 m²,各设 10 个座位,那么,可以安排的座位数为:

座位数＝10×2＋(120×60%−10×2)÷0.6＝107(个)

需要注意的是,设置包间虽然会减少座位总数,但是包间的人均消费往往高于大厅,因此,总的收入应该是上升的。当然,这需要成本核算工作人员的努力筹划。

餐厅的座位数要有一定的灵活性。人们不愿在拥挤不堪的餐厅中就餐,也不会选择在生意惨淡的餐厅就餐。客人稀少会产生一种菜肴不受欢迎的气氛。餐厅中,不同餐别所需要的餐座数是不同的,不同餐别的座位周转率不同,不同餐别的客人数量也有差别。许多餐饮企业和饭店开设多个餐厅,企业可根据不同餐别的座位需要量开放餐厅。

宴会厅、功能厅的座位和空间应该加以灵活安排,人们通常使用一些可折叠的隔板,根据接待活动的性质和预计就餐人数,将宴会厅或多功能厅分隔成合适的空间。在宴会厅和多功能厅中,餐桌和餐椅的尺寸要灵活,我们可以使用可折叠桌以适应不同接待活动的需要。餐桌和餐椅的数量和安排方式也要根据接待活动的类别和人数作适当的调整。

三、餐厅氛围设计

餐厅氛围是指客人或用户在餐厅中所面对的环境。餐厅氛围包括两个主要内容,一种为有形氛围,如位置、外观、景色、内部装潢、构造和空间布局、卫生等,另一种为无形氛围,如服务人员的着装、态度、礼节、表达和服务能力以及让客人满意的程度等。有形氛围的营造依靠设计人员和管理人员的协作,无形氛围的营造主要依赖全体工作人员的共同努力。

有形氛围的设计是餐厅氛围设计的核心内容。要想产生良好的效果,我们通常要考虑如下几项基本内容。

(一) 光线

光线是餐厅氛围设计过程中应考虑的最关键的因素,这是因为光线系统能够决定餐厅的格调。餐厅可使用的光线的种类很多,如烛光、白炽光、荧光以及彩光等。不同的光线有不同的作用。

烛光是传统的餐厅光线,这种光线能使客人和食物都显得很漂亮。它比较适合朋友集会、恋人会餐、节日盛会等。

白炽灯光是一种重要的光线。食品在这种光线下看上去最自然。这种光线最容易控制。此外,调暗光线能提升客人的舒适感,从而延长客人的逗留时间。

荧光灯光是使用最多的餐厅光线。这种光线经济、大方,但缺乏美感。荧光中的蓝光和绿光强于红光和橙光,居于主导地位,从而使人的皮肤看上去显得苍白,食品会呈现灰色。有学者认为,荧光会缩短客人的就餐时间。

此外,光线的强度对客人的就餐时间也有影响。昏暗的光线会增加客人的就餐时间,明亮的光线则会加快客人的就餐速度。彩光是光线设计时应该考虑到的另一因素。彩色的光线会影响人的面部和衣着。红色光对家具、设施和绝大多数的食品都是有利的;绿色光和蓝色光通常不适于照射客人;桃红色、乳白色和琥珀色的光线则可用来烘托热情友好的氛围。

(二) 色彩

在氛围元素中,色彩是可视性最强的因素,是设计人员用来营造各种心境的工具。不同的色彩对人的心理和行为有不同的影响。一般来说,红色给人振奋、火热的感觉;橙色给人兴奋、温和的感觉;黄色给人自由、富贵的感觉;蓝色给人宁静、抒情的感觉;紫色给人自由、轻松的感觉;棕色给人优美、雅致的感觉;绿色给人平静的感觉。

颜色的种类对人的心理和行为可以产生不同的影响,颜色的强度也会产生不同的效果。

在氛围设计过程中,要想提高客人的流动率,餐厅最好使用红绿相配的颜色。对于快餐馆的氛围而言,鲜艳的色彩十分重要。要想延长客人的就餐时间,我们就应该使用柔和的色调、宽敞的空间布局、舒适的桌椅、浪漫的光线和温柔的音乐来渲染氛围,从而使客人享受环境之美,延长客人的就餐时间。

色彩还能够用来表达餐厅的主题。例如,以前的海味餐厅多画着帆船航海图,或在房梁上悬挂船灯、帆缆,甚至救生艇。现在的餐厅则打破了原有的传统,将绿、蓝和白色巧妙地结合,表达更为抽象的航海主题。

使用的颜色还与餐厅的位置有关。例如,在纬度较高的地带,餐厅应该使用暖色,如红、橙、黄等,从而给客人一种温暖的感觉;在纬度较低的地带,绿、蓝等冷色的效果最佳。总之,色彩在餐厅的设计工作中是非常重要的,一切的颜色都必须围绕主色调使用,主色调的确定更是至关重要的。

在实际工作中,我们要尤其注意墙壁、天花板、地面颜色的合理搭配,如此,方可产生预期的效果。以下是有关餐厅用色的建议。

1. 豪华餐厅

此类餐厅宜使用明亮的暖色,暗红或橙色可以凸显雍容华贵之感,此外,红色的地毯可以营造富丽堂皇的氛围。

2. 正餐厅

此类餐厅需要采用有助于增进食欲的色彩,如橙黄、水红、青莲紫等。

3. 快餐厅

此类餐厅的颜色应当以明快为基调,因此,灯光、墙壁以乳白色、黄色为宜,给人留下清新、舒畅的印象。

以上几种基本色调的使用并不是放之四海而皆准的。此外,餐厅中的装饰物,如盆景、艺术画、窗帘、花卉等,如果加以合理运用,也能增加餐厅的情趣。餐桌的形状、色调,同样也是餐厅布置的一部分,其基本色调不宜与餐厅基色过于接近,不然会相互"同化"。当然,餐桌的颜色也不能太突出,以中间色调为宜,配合白色台布,显得明亮,并能衬托桌面上的菜肴。因此,餐厅的基调、灯光以及其他饰品,都必须保证协调,不可太刺眼。光线、色彩的安排应当恰到好处,力求与餐厅的经营主题相映生辉。最后,墨绿色、暗紫色、灰色及黑色,是应当避免使用的。

(三) 家具

家具的选择和使用是餐厅整体氛围设计工作的重要部分。在选择家具之前,我们首先要考虑目标市场的客人。如果目标市场的客人是消费水平较高的人员,那么传统家具的效果就比较好。如果想要招待的是在坚硬的地板上忙碌了一天的业务人员,那么现代化的家具(包括宽大而舒适的椅子和沙发)可以创造出一种非常舒适的氛围。如果想让客人彻夜狂欢,那么舒适的睡椅或长沙发最为理想。如果想促使客人频繁地流动,我们最好使用坚硬的塑料椅和塑料桌面。

除家具的种类之外,我们还应该注意餐桌和椅子的高度以及斜度。要想鼓励客人交谈并营造舒适的氛围,餐桌和椅子的高度必须保持协调。一般情况下,餐桌餐椅最佳搭配方案如图 3-1 所示。

在桌椅之外,餐厅的窗帘、壁画和餐厅的布局都是我们应该考虑的

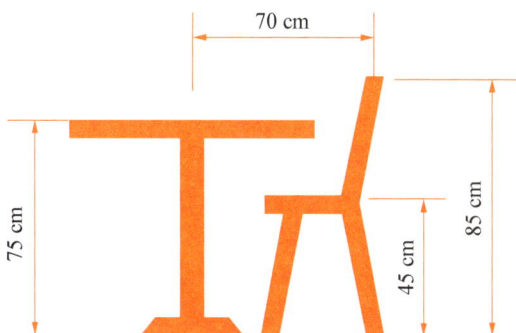

图 3-1 餐桌餐椅最佳搭配方案

因素。

（四）温度、湿度和气味

温度、湿度和气味是餐厅氛围的重要组成部分，它直接影响着客人的舒适程度。温度太高或太低，湿度过大或过小，以及气味的种类都会使客人产生各种不同的反应。

客人职业、性别、年龄不同，对餐厅的温度有不同的要求。通常情况下，女性喜欢的温度略高于男性，孩子喜欢的温度低于成人，活跃的职业使人喜欢较低的温度。此外，季节对餐厅的温度也有影响：夏天餐厅的温度要凉爽，冬天则要温暖。一般来说，餐厅的最佳温度应保持在22℃上下。温度还能影响客人的流动性。很多快餐馆利用较低的温度来增加客人的流动率。豪华的餐厅应该用较高的温度来提升舒适程度，较温暖的环境可以给客人带来舒适、轻松的感觉。

湿度会影响客人的心情。湿度过小，过于干燥，会使客人心绪烦躁，从而加快流动。适当的湿度能增加餐厅的舒适程度和活跃程度，减缓客人的流动。

气味也是餐厅氛围的重要组成因素。气味通常能够给客人留下极为深刻的印象，客人对气味的记忆要比视觉和听觉留下的记忆更加深刻。烹饪的芳香弥漫餐厅，会激发客人的食欲。如果气味难闻，必然会使客人产生极为不良的反应和印象。

（五）声响

声响包括餐厅里的噪声和音乐。噪声是由烹调、客人流动和餐厅外部事项所造成的。不同种类的餐厅对噪声的控制有着不同的要求。招待忙碌了一天的客人的餐厅需要幽静的环境，因此，对噪声的控制较为严格。学生食堂就不一样，学生在宁静的教室上了半天的课，喧闹的食堂就会起到放松和休息的作用。

研究证实，饭店的背景音乐对客人的活动有一定的影响。明快的音乐会加快客人就餐的速度；相反，节奏缓慢而柔和的音乐会给客人带来一种放松、舒适的感觉，从而延长客人的就餐时间。因此，不同种类的餐厅要设计不同的背景音乐。

综上所述，餐厅的氛围是餐厅设计工作的重要任务，要想营造优良的氛围，我们必须深入研究目标市场的特征以及各种因素对客人心理和活动的影响。同时，我们还要注意这些因素的内在联系。管理人员必须与设计师、建筑师和顾问密切配合，共同创造出一种理想的餐厅氛围。

任务二　厨房的设计与布局

厨房是饭店向客人提供食品的生产部门，厨房生产对餐饮企业经营至关重要，厨房生产的水准和产品质量，直接影响餐饮的特色和形象，合理的厨房布局与优质的食品、高超的烹饪技术在生产中是同等重要的。厨房生产的工作流程、生产质量和劳动效率在很大程度上受厨房布局的支配，布局影响员工的工作量和工作方式，进而影响员工的工作态度。此外，厨房布局还关乎部门之间的联系和投资费用等问题。因此，我们应保证厨房设计布局的合理性，避免不合理的生产流程及其引发的资金浪费，满足生产工作的需求。

一、厨房设计的目标

为了保证厨房布局设计的科学性和合理性，厨房布局工作必须由生产者、管理者、设备专家、设计师共同参与，保证下列目标的实现。

（一）科学合理规划

要根据发展规划，从全局的角度加以考虑，对厨房与餐厅的比例、厨房内部的格局进行合理布置；应尽可能地合并功能相同的厨房，节省不必要的投资，集中生产制作。这样有助于节省厨房场地和劳动力。此外，厨房设备和设施的布局要以"便于使用、清扫、维修和保养"为目标。

（二）生产流程顺畅合理

从采购到出菜再到回收清理，餐饮生产工作的中间环节很多，因此，从厨房的原料进货和领用、菜品初加工、切配和烹制的各道加工程序都应依序而行，避免回流和交叉，影响工作效率。

简化生产过程，安排良好的工作路线，有助于提高工作效率。在实际工作中，同一部门的岗位应布局在同一范围内；所有设备和用品要放在靠近作业人员的地方，方便生产操作，避免生产过程中员工多余的行走影响工作速度并加大体力消耗。

（三）便于操作与管理

要为厨房生产人员提供良好的工作条件，提供卫生、安全、舒适的作业场所。厨房的生产环境应符合卫生法规,符合国家关于劳动保护和安全生产的要求,同时有利于对员工实行督导管理,例如,厨师长办公室应能观察到整个厨房的工作情况。

为了保证生产不受特殊情况的影响,在实际工作中,我们可以选择使用多种能源。在煤气检修引发停气时,保证有其他能源可以代替。此外在一条线路停电时,另一条线路应当可以保证正常照明。

餐饮生产流程如图 3-2 所示。

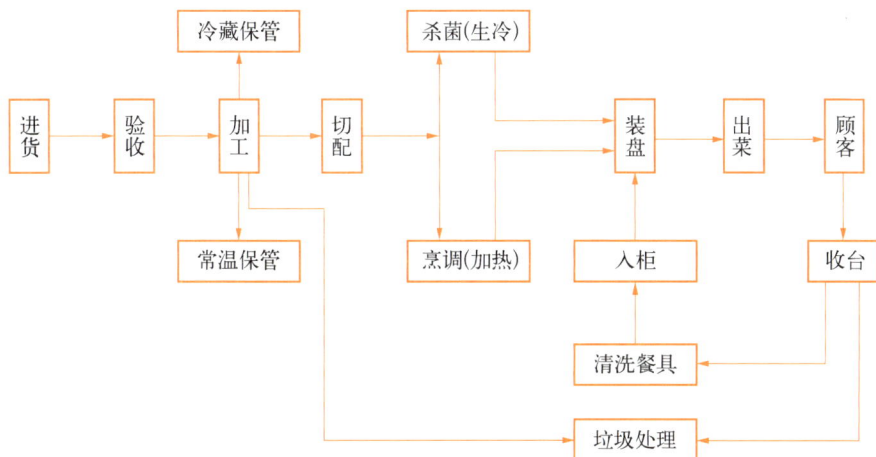

图 3-2　餐饮生产流程

二、厨房设计的要求

(一)设计材料的要求

1. 厨房地面

厨房地面材料应当耐磨,能承受重压,耐高温,耐腐蚀,不吸水,不掉色,防滑并容易清扫。此外,厨房地面容易受到食品油滴的污染,故地面材料还应为抗油质材料,不吸油。地面颜色应鲜明,提醒人们注意清洁。此外,厨房地面的铺设应保障斜度并利于排水。

2. 厨房墙壁和天花板

厨房墙壁的材料以色浅、平滑及容易清洁的材料为佳,如瓷砖贴面,高度至少应为 2 m 或贴至天花板,以便清洗油烟和污物。厨房天花板的高度应为 4 m,天花板过高,会增加建造、装饰、清扫和维修的费用;天花板过低则会使人产生压抑感,透气性差,气味大,温度容易增高。厨房天花板的材料以能通风、减少油脂、有利于吸附湿气的材料,如光滑材料为佳,不要使用涂料。厨房空气温度高,为避免材料受潮脱落而污染食物,应采用抗滴水漆。同时,天花板的铺设应力求平整、无裂缝、无凹凸和无管线暴露,这些地方容易积污、积灰,甚至滋生细菌,影响生产的食品卫生安全。

（二）厨房内部环境要求

1. 温度

温度是厨房环境中最重要的因素，一般情况下，厨房的冷暖气出口温度应为 16～18℃，而就餐场所的冷暖气出口温度应为 20～30℃。

2. 湿度

湿度评价基准是以人体感觉为基础的，人体感觉最舒适的相对湿度为 40%～60%。湿度过高容易让人感到疲劳；湿度过低，过于干燥，则易引起鼻、咽喉黏膜疼痛。

3. 通风换气

良好的通风条件会加速室内气体的流动，当风速在 1 m/s 时，室内温度会下降 1℃；换气量随场所不同而不同，如厨房的换气量应为每平方米每小时 60～90 m^3；就餐场所的换气量应为每平方米每小时 30 m^3；蔬菜仓库的换气量应为每平方米每小时 15 m^3。

4. 二氧化碳含量

二氧化碳含量是主要的空气污染物指标，少量二氧化碳并不会使人感觉不舒服或危害人体，但过量的二氧化碳就不一样了。人的呼吸、煮饭或抽烟都会增加二氧化碳的含量。厨房的二氧化碳浓度应当在 0.1%以下。

5. 灰尘和细菌

空气污染、风吹尘土、打扫、走动、移动物体都会产生灰尘和细菌。灰尘和细菌的含量与出入厨房的人数及厨房内的工作人数有很大关系。灰尘和细菌会使工作人员感到不舒服，甚至会污染厨房设备和食品等，因此，厨房应保持清洁卫生，禁止非工作人员进入生产区域。

三、厨房的整体布局

厨房的整体布局是根据厨房的建筑规模、形式、格局、生产流程及各部门作业的协调性确定的厨房内各部门的位置，以及设备、设施的分布。目前，我国中、小型饭店的厨房通常是一个具有多种功能的综合性大厨房，而大型饭店的厨房则是由若干个小厨房组成的。因此，厨房各部分应当相互连成一个整体，在厨房的位置、生产区域分布、产品流程的趋向上，体现整体作业的协调性。厨房整体布局的总要求是明亮、通风、干燥、防潮、安全和卫生。

中央厨房设计

（一）厨房位置的选择

在大型综合型饭店或高层建筑饭店中，厨房一般多设在裙楼或辅楼；在餐馆、酒楼或其他低层建筑饭店中，厨房多与餐厅紧密相连。无论厨房位置在哪里，都是各有利弊的。实际工作中，厨房一般多设在低层、高层或地下室。

为方便生产，在确定厨房位置时，我们应遵循如下原则：第一，环境卫

生;第二,便于消防控制;第三,便于抽排油烟;第四,便于原料进店和垃圾清运;第五,产生的噪声不可影响附近居民或住客;第六,靠近或方便连接和使用水、电、气;第七,厨房的地势要相对高一些;第八,厨房各部门尽量安排在同一楼层中。

(二)厨房面积的确定

厨房面积在餐饮企业或餐饮部总面积中所占的比例应当是合宜的。厨房面积对保证厨房安全和顺利生产是至关重要的。面积过小,不但影响厨师的操作,不利于必要物资的储存,还会使厨房内拥挤闷热,使餐饮生产环境发生恶化;面积过大,则会加长生产作业线和运输作业线,浪费员工的时间和精力,增加了清扫、照明、设施维修的费用,浪费了营业场地。目前,厨房使用面积的计算方法有以下几种。

1. 按餐位数计算厨房面积

一般而言,在自助餐餐厅配套的厨房中,每一个餐位所需要的面积为 $0.5\sim0.7\ m^2$;供应咖啡厅或制作简易食品的厨房,由于供应品种相对较少,出品速度要快,因此每一个餐位所需要的面积约为 $0.4\ m^2$;风味餐厅、正餐厅所对应的厨房,供应品种多、规格高、制作过程复杂、设备多,故每一个餐位所需要的厨房面积为 $0.5\sim0.8\ m^2$。

2. 按餐厅面积计算厨房面积

在国外,厨房面积一般占餐厅的 $40\%\sim60\%$。我国台湾省相关部门规定的厨房占餐厅面积比例表可供参考,如表 3-1 所示。

表 3-1　　　　　　　　厨房占餐厅面积比例表

营业面积场所面积/m²	厨房净面积
≤1 500	餐厅总面积的 33%
1 501~2 000	大于餐厅总面积的 28%+75 m²
2 001~2 500	大于餐厅总面积的 23%+175 m²
>2 500	大于餐厅总面积的 21%+225 m²

厨房面积一般为营业场所面积的 1/3。当然,我们还应根据实际需要决定,使用较多半成品的西餐厅厨房的面积仅需占营业场所面积的 1/10。

我国菜点的制作工艺复杂,机械加工程度低,设备配套性不高,因此,厨房面积所占比重一般高达 70%。

3. 按餐饮面积比例计算厨房面积

目前,在市场货源供应充足、物流现代化程度不断提高的情况下,厨房仓库面积所占比重可相应缩小,厨房的加工生产面积可适当增大,厨房等场所占建筑总面积比例表如表 3-2 所示。

表 3 - 2   **厨房等场所占建筑总面积比例表**

部 门 名 称	占建筑总面积的百分比/%
餐　　厅	50.00
客用设施	7.50
厨　　房	21.00
清　　洗	7.50
仓　　库	8.00
员工设施	4.00
办 公 室	2.00

（三）厨房布局的类型

厨房的布局必须根据厨房实际工作负荷量来设计,根据其性质与工作量决定所需设备种类、数量,然后方可决定摆放位置和地点。在设备布局工作中,我们应依据厨房的结构、面积、高度以及设备规格开展工作。通常情况下,厨房设备布局主要包括以下几种类型。

1. 直线型布局

直线型布局将厨房主要设备依墙排列成直线,集中布局加热设备,集中抽排油烟,厨师工作所需设备和工具均分布在附近。这种布局适用于场地面积大、生产活动相对集中的大型餐馆。优点是效率高,整个厨房整齐清爽,流程合理通畅;局限是仅适用于高度分工合作模式,在该种模式中,餐厅出菜的行走距离较远。

2. 相背形布局

相背形布局将厨房主要烹饪设备以一道矮墙分隔为两部分,置于同一抽排油烟机罩下,厨师相对而站并开展操作。工作台安装在厨师背后,其他共用设备分布在附近,这种布局适用于方形厨房。其优点是设备集中,经济方便;局限是加热区与打荷配菜区域相对较远,加大了沟通成本。

3. "L"形布局

"L"形布局将设备沿墙设置成一个直角,通常把煤气灶、烤炉、炒锅等常用设备组合在一边,把另一些较大的蒸锅、汤锅等设备组合在另一边,两边相连成一直角,集中加热排烟。该种布局适用于厨房空间不够大的餐厅。其优点是节省场地,可以缩短行走距离。

4. "U"形布局

"U"形布局将工作台、冰柜以及加热设备沿厨房四周摆放,留一出口供人员、原料进出。该种布局适用于设备较多、出品集中、所需生产人员不多的厨房。其优点是工作人员在中间操作,取料方便、可以缩短行程,经济整洁。

（四）厨房生产场所的区域安排

厨房生产场所的区域安排是指根据餐饮生产的特点，合理地安排生产顺序和生产空间分布的过程。根据餐饮产品生产和工作流程，厨房可以大致分为三个区域。常见的厨房生产场所区域划分图如图3-3所示。

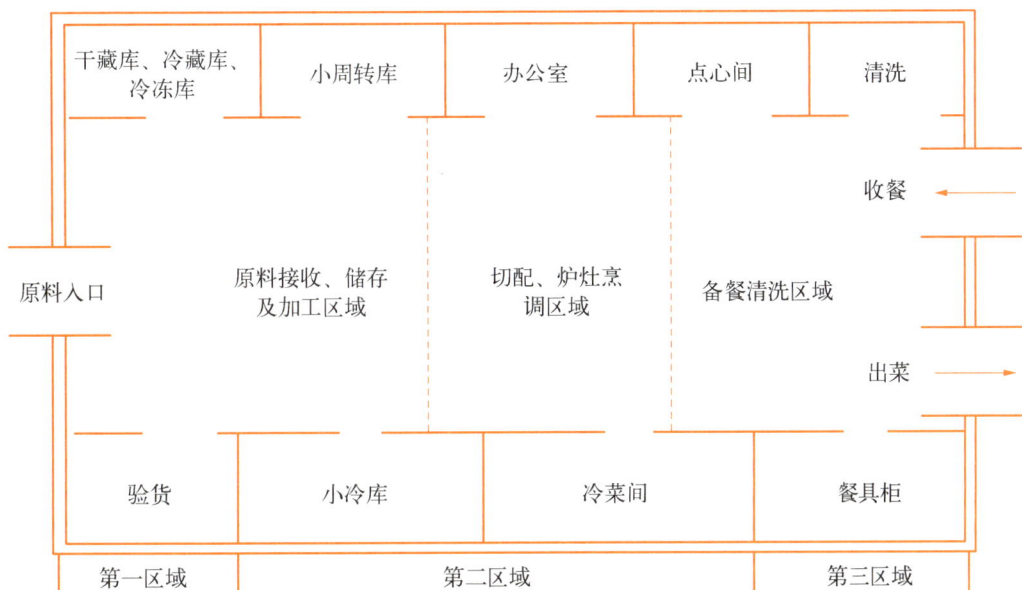

干藏库、冷藏库、冷冻库	小周转库	办公室	点心间	清洗
				收餐 ←
原料入口	原料接收、储存及加工区域	切配、炉灶烹调区域	备餐清洗区域	
				出菜 →
验货	小冷库	冷菜间	餐具柜	
第一区域	第二区域		第三区域	

图3-3　常见的厨房生产场所区域划分图

1. 原料接收、储藏及加工区域

这一区域的布局应靠近原料入口，区域中有干藏库、冷藏库和冷冻库等，还有相应的办公室和适当规模的加工间，其面积根据加工的范围和程度加以确定。

2. 切配、炉灶烹调区域

这一区域包括冷菜间、点心间、配菜间、炉灶间以及相应的小型冷藏库和周转库。这个区域是集中生产得以进行的区域，因此应设有可透视监控厨房的办公室。

3. 备餐清洗区域

这一区域应包括备餐间、餐具清洗间和适当数量的餐具储藏间。小型厨房可以用工作台加以简单分隔，尽量隔离厨房油烟和工作噪声。

【项目回顾】

在本项目中，我们主要学习了餐厅氛围的营造方式和厨房的布局安排思路，旨在培养学生设计餐厅的能力和对厨房各功能区加以布局、安排的能力。学生应当了解餐厅环境布局的因素和内部空间的设计方法，掌握餐厅店面、空间和氛围的设计方法，掌握厨房的设计目标、要求以及整体布局方法。在实际工作中，学生应可以根据所学的知识，完成餐厅的设计与布局工作。

【项目测试】

1. 影响餐厅环境的因素有哪些？
2. 餐厅内部空间的划分工作包括哪些内容？
3. 餐厅内部空间的设计工作包括哪些内容？
4. 餐厅氛围的设计工作包括哪些内容？
5. 厨房设计工作的目标有哪些？
6. 厨房的整体布局涉及哪些内容？

案例分析

火锅店装修布局的细节

一、案例介绍

"千里之堤，溃于蚁穴"。在日常生活中，细节决定成败的例子有很多，火锅店的装修工作也是如此。火锅店的面积各有不同，超大面积的火锅店毕竟只占一小部分，对于更多的火锅店来说，如何充分利用空间，合理放置桌椅是一门学问，因此，火锅店的整体布局就显得相当重要。按照客人的群体特点，一般火锅店选用直径为 130 cm 的大桌子和规格为 80 cm×100 cm 的小桌子，前者适合十个人就餐，后者适合 2～4 人使用。为了充分利用面积，火锅店居中的位置一般用来摆放较大的圆桌，而条桌则摆放在靠窗和靠墙的位置，同时，椅子要和桌子配套，这不但美观，也利于摆放。有些火锅店的空间较为充裕，可以设置一些单间，里面摆放较大的桌子。无论是酒店还是普通餐厅，都会用到落台，火锅店也一样。落台可以同时作为工作台和储藏柜来使用，柜面作为上下菜时的落台，同时，柜面也能作为酒水或是其他物品的摆放处，柜子也能作为摆放餐具的储藏柜，因此，设置落台可谓一举多得。一般情况下，人们用得最多的是长 80 cm、宽 50 cm、高 70 cm 的落台，落台数量与餐桌数量的比例一般为 1∶2～1∶4，落台具体可以根据餐桌布局来安排摆放。

人们对于火锅店的最初印象，除摆设和装饰物外，便是整体的色调了。火锅店最好不要使用普通餐厅经常使用的白色，以红色或黄色为主的色调为宜，黑金色也是不错的选择，有助于使店堂的氛围看起来比较红火喜庆。同时，设计者也能按照餐厅的风格和基调适当摆放一些绿色植物作装饰。

通道对于餐厅的作用是不言而喻的，但如何在基于方便客人进出的前提下充分利用营业面积，则是每家店主都必须考虑的问题。餐桌之间，满足一位客人入座的尺寸为 50 cm 左右，而能够满足客人行走的通道，尺寸起码要在 100 cm 左右。我们可以从两方面来考虑。一方面是服务员动线，长度要考虑服务员在餐厅中走动和工作的便捷，原则上以尽量短为佳。安排服务员动线的时候，同一方向的作业动线不要过于集中，在此基础上，最大限度地除去不必要的弯路。我们提到过落台，除了作为储藏柜来使用外，更能够作为工作台来使用，这样对于缩短服务员的行走路线有很大的帮助。第二个方面是客人动线，餐厅要尽量保证从门到座位之间的通道畅通无阻，避免产生不必要的迂回。

3

厨房在任何餐厅里都是最为基础的设施，火锅店也是一样的，火锅店厨房的布局工作是极为重要的环节。在进行厨房布局时，我们要更多地考虑实用性、安全性和可操作性，将面积控制在 60 m² 以内。在如今的厨房中，用电设备越来越多，考虑到安全性，我们需要配备独立的控制装置和超荷保护装置。厨房的环境决定了其潮湿闷热的特性，故厨房用电器设备所使用的电线应该具有防潮、防腐、防热、防机械磨损的能力，并配备相应的接替线路和断路装置。此外，为了保证调味师能够对食物颜色作出准确的判断，良好的照明和通风条件也是必需的，这也有助于提高劳动效率，有效地减少工伤事件的发生。当然，对于厨房而言，防尘、防蝇和防鼠的相关设施必须准备到位，以保证环境的清洁卫生。

"巧妇难为无米之炊"。火锅店肯定会配有天然气输气管线，在装修的时候，我们要预留出相应的位置，完工后也不能忘记进行加压测试，防止天然气泄漏。有些时候，我们还可能会用到液化气瓶，一般摆放在餐桌下方。安放气灶时，要注意气灶的方向，一方面要方便客人调节，另一方面也要为服务员创造便利。火锅店比一般的餐厅更应该注意消防安全，在室内配备数量充足的消防器材，以备不时之需。

到火锅店消费就餐的客人较多。人多的时候，卫生间的通风条件如果不够好，人们会感觉比较闷，这会对客户体验产生较大的影响，因此，空调和通风系统一定要良好运转。对于比较大的包间，我们可以单独辟出一块空间作为卫生间使用。此外，我们也能在联排包间旁设计卫生间，独立分流。

二、案例思考

以上关于火锅店装修设计的观点体现了我们学过的哪些知识？

📈 【项目延展】

不同酒店餐厅的设计思路

酒店餐厅包括宴会厅、中餐厅、餐厅包厢、西餐厅等。成功的餐饮服务来自合理的功能布局。餐厅设计工作应基于"协调、舒适、典雅、文化"的原则开展。

一、宴会厅

宴会厅一般位于酒店裙楼顶层，整个厅内不应有柱网，否则影响装潢效果。宴会厅面积往往在 300 m² 以上。随着会展经济的发展，为了提升经济效益，宴会厅除了提供宴会外，还提供其他服务项目，如开会、表演、大型展览等。宴会厅设有下述配套功能。

（1）前室，在大厅门前区域，作为缓冲区，用于会前、会中供客人休息，提供茶水服务，也可供客户签到，发放礼品、资料等使用。

（2）接见厅，位置靠近大厅入口处，用于接见贵宾或休息。

（3）衣帽处，位于前室区域，常采用半封闭式结构。

（4）洗手间，与宴会厅处于同一楼层，离宴会厅不要过近或过远，其中，厕位数应当充足，可与同楼层其他服务项目共享。注意，洗手间内的排风效果应是"真排风"。

（5）宴会厅面积比较大，一般应设活动隔断，有利于经营，为了满足客情需要，两个半场可分别提供中型宴会服务。注意，活动隔墙应可以灵活移动，且具有较好的隔音效果。

（6）宴会厅内不设固定舞台，以灵活满足不同类型活动的需求，可以采用积木式拼装舞台。

（7）音响化妆间应设两处，待大厅分成两块后，分别供两个场地使用。

（8）设储藏间，供翻台、存放物品等使用。

（9）设前后台服务通道，连接厨房与宴会厅。

（10）设辅助厨房，与宴会厅同楼层，与宴会厅的距离越近越好。

（11）宴会厅内空调应采用机组送风形式，且机房应设在宴会厅附近，为避免风机噪声对餐厅产生干扰，可将机房与宴会厅之间作隔断处理。

二、中餐厅

中餐厅是酒店餐饮服务的配套项目，有时也可用作中餐零点厅。中餐厅的位置很重要，要方便客人出入，因此，中餐厅一般位于酒店裙楼部分的低楼层，如一、二层，这对缓解客梯交通压力有很大的好处。中餐厅的装修风格应体现中华文化内涵，如门口或玄关采用木质结构造型，配以红灯笼，厅内墙壁采用木雕花、镂花图案装饰，椅子靠背的高度保持在 1 m 左右。

服务员的服装是餐厅的动态装饰，用中国传统式样可以营造别具一格的效果，如印染织布等。中餐厅一般以 10 人桌布局，常用标准为直径 $D=70\text{ cm}\times$ 餐位数/3.14 cm，餐位数按每位 1.5～1.8 m² 来设定，保证客人在厅内能自由起座、走动，服务员能提供优质服务。中餐厅与厨房之间的通道应为双道双门结构，起到隔味、隔热、隔音的作用，保证中餐厅的档次。此外，中餐厅内餐具柜的数量不宜多，其高度不要超过 1 米，否则会喧宾夺主，影响厅内的整体视觉效果。厨房应设在同一楼层。

三、餐厅包房

餐厅包房属中高档次消费场所，为了满足客人的需求，包房面积及装修档次应体现一定的差异化特征，大面积包房内还应设有活动隔断，以满足经营需要。高档包房内还应设有洗手间。在装修前，我们必须先给每个包房取名，装修后的效果要体现餐厅名字的文化内涵。有些包房还设有双通道，即客人通道与服务通道，这样做的好处为：服务中少交叉，上档次；服务快捷（服务步行距离短）；保护客人通道地面（如地毯）的清洁。

四、西餐厅

西餐厅可以设置于较为安静的区域中，如果设于中餐厅的同一楼层，西餐厅则应靠近里侧。西餐厅内的功能布局要考虑摆台的灵活性，西餐厅有时根据经营的需要会布置成自助餐厅。西餐厅内的餐桌多以方桌或长桌为主，座位常沿墙壁或隔断处布置，使其具有私密感。西餐厅地面软硬均可。厨房应设在同一楼层，餐厅与厨房之间应设置双道双门结构以保证档次。

项目四

菜单的筹划设计

项目四

学习目标

1. 确定菜品的定位中,体现诚信意识、责任意识。
2. 定价菜点的考量中,融入服务意识、成本意识。
3. 设计装帧的过程中,提升审美能力、团队意识。

典型任务

1. 结合餐厅主题和客源特点,确定菜品结构。
2. 依据内外因素和定价方法,确定菜点价格。
3. 依据经营档次和经营目标,确定菜单程式。

【项目导入】

随着信息技术的广泛应用,二维码在大众生活中正扮演着日益重要的角色。在很多餐厅,顾客只要扫一扫二维码即可完成排队、点餐、结账等多项服务,这同时也节省了人工营运成本,提升了营运效率。基于二维码的自助点餐技术看似能减少人工成本和菜单制作成本,但每个消费者都有自己的消费习惯和消费偏好。作为商家,如何通过更好的服务去吸引用户,而不是简化自己的服务,这是一个值得思考的问题。

调查结果显示:72.9％的受访者担心扫码时被要求授权获取个人身份、地理位置等信息,进而泄露个人隐私;53.7％的受访者担心扫码后的页面跳转会引发病毒入侵;51.7％的受访者担心静态条码会被不法分子调包。本应是方便消费者的事情,却引发了公众的关切乃至烦恼。

其实,扫码点餐和人工点餐是不矛盾的,很多餐饮商家都愿意为用户提供多种点餐方式,用户选择人工点餐,还能和服务员进行交流,对于各个菜品也可以当面了解,这一过程也是符合餐饮服务精神的。扫码点餐应是可选项,而不应该是唯一选项,应当由消费者决定是否扫码点餐,而不是由商家"一刀切"。商家应尊重消费者的选择,考虑群体的多样性,餐饮行业寻求"降本增效"的道路,不应该以牺牲消费者的用餐体验为代价。餐饮服务从来都不只是填饱肚子那么简单,消费者到店消费的目的不仅是享受美食,他们更希望能享受到优质的服务。商家应该在保留传统人工点餐服务的基础上,优化扫码点餐流程,让消费者"吃得放心、吃得安心"。

在设计菜单的过程中,我们应如何处理才能提高收入并提升顾客体验呢?

【知识储备】

一、菜单的含义与作用

菜单是餐饮企业向客人提供产品的一览表,包含品种与价格等重要信息,也是餐饮企业向客人提供有关餐饮服务的内容、特点及价格等信息的渠道。

(一) 菜单的含义

餐饮管理中的菜单,也称为"菜牌",英文名为 menu,词源为法文中的"le menu",原意为食品的清单或项目单(bill of fare)。

所谓菜单,是指饭店等餐饮企业向宾客提供的,关于主题风格、种类项目、价格水平、烹调技术、品质特点、服务方式等经营行为和状况的总纲。菜单,通常以书面形式将餐厅的餐饮产品,尤其是特色菜肴进行科学的排列组合并加以考究的装帧、精美的印刷,融入风格突出的餐厅环境气氛,呈现于宾客面前,供宾客进行欣赏和选择。而我们通常说的菜谱,则是描述菜品制作方法及过程的书籍。

(二) 菜单的作用

菜单是餐饮经营管理信息的重要表现形式,直观地体现了餐饮企业的经营主题与经营水平。

1. 菜单影响餐厅设备与用具的选择

菜单的菜式品种、水平和特色决定了餐饮企业购置设备、灶具、桌椅和餐具的种类、规格、数量。菜单一经确定,餐饮产品的风味、花色品种、技术要求、产品价格便随之确定。这是因为每种菜点都需要有相应的烹制加工设备和服务用具,菜单上的菜点品种越多,所需的设备用具也就越特殊。

2. 菜单是连接客人与餐厅的桥梁

餐饮企业通过菜单向客人推销餐饮服务,客人则通过菜单了解餐厅的类别、特色、产品及其价格,并凭借菜单选择自己需要的产品和服务,因此,菜单是连接餐厅与客人的桥梁,是企业与客人直接沟通的窗口。作为印刷品,菜单图文并茂,本身就是艺术化的广告作品,它的形象能影响客人对企业作风和烹调质量的评价,所包含的信息更能直接影响客人需求的指向、购买的数量和频率。一份高雅得体、印刷精美的菜单,无疑会刺激消费者的购买欲望。此外,精美的菜单还可作为纪念品,引起客人的美好回忆,提示、吸引客人再次光临。

3. 菜单直接反映了餐厅的档次和经营水平

菜单决定了餐厅的主打品牌,其类型、定价、风格、质量标准、原料性质以及所隐含的制作工艺、技术水平、品种组合和风味流派等,在一定程度上反映了企业经营的特色、实力和优势。餐厅的装饰与布置必须围绕菜单的内容和特点进行构思与设计,餐厅装饰的主题立意、风格情调以及饰物陈设、色彩灯光等,都应与菜单内容相协调,突出餐厅的特色,使整体环境能够体现风格、氛围,烘托餐饮特色。菜单所列菜式品种的数量、品质和总体价格水平,体现了餐厅的特色。

4. 菜单反映了餐饮企业的经营方针,影响着餐厅人员的配备

餐饮企业每天需接待大批就餐人员,原料的选择采购、食品的烹调制作、餐厅服务等环节都以菜单为基础。一份合适的菜单,是菜单设计人员在经过认真分析市场需求并加以预测的基础上制定的,反映了餐饮企业的经营方针。菜单内容的丰富程度、菜品质量的控制、厨房设备的机械化、自动化程度以及操作的熟练程度等,直接决定着人力资源的开发和控制。菜单的内容复杂、繁多,就必然需要更多的技艺精湛的厨师和服务水平高超的服务员,反之,对员工素质的要求就可以低一些,所需员工的数量也就会减少。

5. 菜单影响着餐饮成本及利润

菜单在体现餐饮服务的规格、水平、风格特色的同时,也决定了企业餐饮成本的高低。成本控制是餐饮管理的关键,成本包括原材料成本、辅料成本、调料成本三部分。原料价格昂贵的菜式过多,必然导致食品原材料成本较高;精雕细刻的菜式过多,也会相应地增加企业的劳动力成本。确定各菜式成本,调整不同成本菜式品种的比例,是餐饮企业成本管理的

首要环节。因此,餐饮成本管理须从菜单设计着手。

6. 菜单影响着厨房布局和服务方式

厨房是厨师加工制作餐饮实物产品的场所,厨房内各业务操作中心的布置、各种设备和工具的摆放位置,均以菜单内容的加工制作要求为依据。由于烹制内容不同、过程不同、所用的设备和工具不同,中西餐厨房的布局安排差异很大,无论是中餐厨房还是西餐厨房,都会因菜单的差异而形成自己独特的布局。可以说,除了菜单内容完全雷同的连锁快餐店有相同的厨房外,我们在世界上几乎找不到两家布局完全相同的厨房。

菜单是餐饮服务方式的基础和依据。餐饮服务的开展方式是由菜单内容决定的,菜单的内容体现了餐饮经营者的价值取向、经营风格和价格策略等。不同的国家、地区和民族,由于生活习俗的差异,其饮食规范、程序和标准化程度也有不同。不同的习俗和饮食习惯要求餐饮服务者必须把握菜单的精髓,使菜单目标和服务工作完美地结合起来。

二、菜单的种类

菜单的划分标准较多,可以分为不同的类别,我们仅就最常用的划分标准来划分种类。

(一) 按餐别分类

1. 中餐菜单

中餐菜单反映的是中华民族在餐食的内容、原料、烹饪方法及服务程式上的风格和习惯。

2. 西餐菜单

西餐菜单反映的是西方人在餐食的内容、原料、烹饪方法及服务程式上的风格和习惯。

3. 其他菜单

中西餐以外的其他菜单的总称。目前,在国内外餐饮业常见的其他餐食有日本料理、韩国餐、越南餐、拉美餐等,进而形成各具特色的菜单。

(二) 按就餐时间分类

1. 早餐菜单

为客人早餐准备的菜单,内容较为简单,食品菜品及饮料的种类也比较少,多以清淡小菜为主。

2. 午、晚餐菜单

一般情况下,餐厅午、晚餐菜单是一致的。午、晚餐菜单应保证品种齐全,丰富多彩,各种菜式搭配平衡,并有一些反映特色的拿手菜。

3. 宵夜菜单

宵夜菜单主要为习惯于夜生活的人而设计,使用时间通常在子夜前后,在中国南方城市的酒店中,其应用较为广泛。

4

（三）按服务地点分类

1. 餐厅菜单

餐厅菜单普遍使用于各类中西餐零点餐厅，菜单上所列的经营品种，一般能反映出饭店的日常烹饪制作风格和水平，同时也体现饭店餐饮服务的档次和特点。

2. 酒吧菜单

酒吧菜单的主要表现形式为"饮料单"（drink list）。饮料单除列示酒类等饮品之外，还可能列示各类佐饮小点和简单的餐食，如三明治。

3. 楼面菜单

楼面菜单指置于客房之内，供住客在房内用餐所备的一份录有餐食品种、价格、送餐时间等信息的清单。餐饮部的经营范围在空间上则不拘泥于餐厅而延伸至客房部所属的客房，这样既扩大了餐饮经营空间，又方便了由于种种原因不便去餐厅用餐的住店客人。当然，楼面菜单对餐饮经营管理工作提出了更新、更高、更特殊的要求。

（四）按市场特点分类

1. 固定菜单

固定菜单不是一成不变的菜单，而是一种菜式内容标准化，不作经常性调整的菜单。通常情况下，餐饮企业在长期经营实践中受到好评的菜品会作为品牌菜品保留下来，而不适应的菜品则会被市场淘汰。这种菜单相对稳定，一经制定，便能长期使用，与其他菜单相比，具有明显的优势：

（1）有利于选购设备，降低成本。由于使用周期具有相对的稳定性，设备的有效利用率大大提高，可以防止设备盲目购置和闲置所造成的浪费。

（2）有利于实现菜品生产的标准化。菜品的稳定性、重复操作性可促进餐饮企业在原材料采供、菜品加工烹制、产品质量监控、餐饮服务及销售、成本控制等环节的标准化运行，极大地提高生产效率，同时为企业的规模扩张和连锁发展打下坚实的基础。

（3）有利于提高产品质量，创造名牌菜品。菜品生产的稳定化、标准化可以推动企业生产高质量且有特色的、受市场欢迎的好菜品，进而创造出名牌菜。

固定菜单特别适合拥有稳定客源市场的餐饮企业。其优点是明显的，同时缺点也很明显：一是过于强调菜品的传统、正宗，缺乏变化和新鲜感，久而久之，难免使客人对其产生厌倦情绪；二是菜式品种不能随季节的交替、原材料价格的波动、市场需求的变化等因素而调整，难以适应餐饮市场的变化，容易造成亏损；三是固定菜单规定的长期重复性的机械操作，容易使员工产生厌倦感，直接影响员工的工作热情和创新能力。

2. 循环菜单

循环菜单是按一定天数的周期循环使用的菜单。它适用于团体包餐、长住型商务客人及企事业单位员工的工作餐需求。

实行循环菜单时，我们必须按预订的周期制作一系列的菜单，每天使用一份。季节性菜单较为常见，以四季的交替为循环周期，以时令菜为主要内容，每一个季节周期会以典型的时令、节日为重点，同时，这种方式也有助于减少不同季节原料短缺及成本过高的现象。另一种循环菜单是针对团体和长期客户制定的，其周期根据市场特点而定，使用周期较短，企事业单位工作餐周期可长一些（三至四星期为一个周期即可），对于长住商务客人的餐饮，我们则应注意提高菜单的循环频率，增加对客人的吸引力。

与固定菜单相比，循环菜单有其较为明显的优点。其设计内容丰富多彩，变化多样，与市场紧密结合，客人不容易对菜单感到厌烦，厨房工作人员也不容易在工作中产生厌倦感。但是，循环菜单的使用也增加了餐饮生产管理工作的难度，劳动和设备的管理成本也大大增加。

3. 即时性菜单

即时性菜单是根据一定时期内原料的供应情况而制定的临时菜单。它既不固定也不循环，是仅供限定的时间或具体的餐饮活动使用的菜单。这种菜单的编制依据是获取菜品原料的难度和原料的质量、价格及厨师的烹调水平。美食节餐饮促销活动菜单、宴会菜单、每日精选菜单、自助餐形式菜单等多采用即时性菜单。这种菜单具有灵活性，有利于采购，使企业可以使用新鲜廉价的原料，从而大大提高餐饮管理人员和营销人员的积极性。

（五）按服务方式分类

1. 零点菜单

零点菜单是使用最广泛且最为常见的一种菜单，也是餐厅中最主要的菜单。零点菜单分门别类地标明菜式品种的名称、规格及相对应的价格，宾客可根据自己的喜好和消费能力自由点菜。其核心菜式品种比较固定，组合上兼收并蓄，高中低档并存，品种繁多，利于宾客当场点菜，也利于服务人员进行重点推荐。客人的选择余地比较大，它不但适用于一般社会餐馆，更适用于各类正规餐厅和风味餐厅，能满足不同消费者的需求。

2. 套餐菜单

套餐菜单又称定食菜单、和菜菜单、公司菜单，是为满足各种需求或方便促销而推出的组合菜单。它通常是在一系列的规格和标准参数下制定的，是以包价形式出售产品的一种菜单，不标明每一道菜的价格，宾客不能任意删减或增加。

这种菜单还可以具体分为以下几种。

（1）普通菜单。针对一个或几个客人的就餐需求特点设计，价格比较便宜，菜品组合较为简单。

（2）团体菜单。针对旅行社组织的团队、各种会议等设计的菜单。

（3）宴会菜单。是将一定规格的一整套的菜点、饮品，按照约定俗成的进餐顺序和礼仪组合而成的菜单，其主食、菜肴和饮品的组合搭配要求均远高于团体套餐和普通套餐，具有主题多样化、规格和标准灵活、设计技术性强、易于批量加工制作等特点。

3. 混合性菜单

混合性菜单是零点菜单与套餐菜单的结合，将零点菜单和套餐菜单放在一起，一部分菜式以零点形式出现，另一部分以套餐形式出现。

4. 电子菜单

电子菜单以无线传输网络技术为支撑，集点餐、下单、结账功能于一体，方便快捷。同时，电子菜单还能实现菜单一键更新、精美主题一键切换、广告宣传以及娱乐等功能。餐饮企业可用图文、视频等方式对酒店进行立体化的介绍和展示，也可植入其他公司的广告，增加酒店收益。顾客在等餐时，可使用电子菜单玩游戏、听音乐，增加就餐的时尚感，提升对餐厅的满意度。电子菜单可以提升餐饮企业的档次及形象。顾客只需打开链接，浏览菜品，选定品种，然后发送点餐信息，在终端的服务者就会接收到顾客的点餐信息，进而依据顾客的需求及时服务，减少顾客等候的时间。

电子菜单的应用同时也催生了送餐业务，增加了餐饮业的竞争机会，创造了经济效益。互联网电子菜单正逐渐步入人们的生活，客人在家或办公室就可点餐，而后到店取餐。

电子菜单开启了餐饮业的新模式，实现了消费者、经营者、供应商、服务者的融合。电子菜单为餐饮服务行业提供了高效、快捷的智能化服务，为餐饮企业创造更多的经济效益提供了有益的支撑。

三、菜单设计的依据

菜单的设计是复杂而细致的工作，执行者必须考虑周全。菜单设计的主要依据有以下几点。

（一）目标市场的客人需求

任何一家餐厅都不可能满足市场上所有客人的消费需求，相反，它只能针对一部分具有相似消费特点与消费能力的客源进行服务，因此，各种餐厅的菜单设计工作都必须以目标市场的客人需求为首要依据。同时，目标市场仍然是一个消费群体，要成功地设计出菜单，我们还要进一步分析餐厅的主要客源，了解他们的阶层、旅游目的、消费水平、职业特点、年龄结构、风俗习惯、饮食嗜好等事项，以及他们对餐厅环境、花色品种、产品质量、产品价格的具体要求。只有在对目标市场各类客人进行深入、细致的调查，掌握其相似特点，发现共性需求的基础上，我们才能正确地掌握菜单的设计原则与方向。

菜单设计

（二）食品原材料的供应状况

食品原材料供应是餐饮产品生产的先决条件。菜单设计得再好，如果原材料供应难以得到保证，缺菜率就会很高，影响销售额和该餐饮企业的声誉。因此，对于列入菜单的产品，必须无条件地保证原材料的供应。菜单设计人员必须根据企业的地理位置、交通条件认真分析食品原材料市场的供应情况、采购和运输条件、原料供应的季节变化等信息，然后利用这些信息来设计菜单。在这个过程中，我们要掌握四条原则：一是尽量使用当地生产、供应充足的食品原料；二是对于需要从外埠或国外购进的原料，必须事先签订保证及时供应的合同；三是需要库存的食品原料，在能够保证库存供应的情况下才能列入菜单；四是季节性食品原材料在菜单中只能作为季节菜、时令菜处理。凡是列入菜单的各种产品，其原料供应方可得到保证，进而满足客人的消费需求，防止因缺菜引起客人的失望和不满。

（三）餐饮产品的花色品种

餐饮产品的花色品种成千上万。在保证原料供应的条件下，同一种食品原材料的加工方式、配菜方法和烹调方法不同，其产品花色品种也不一样。究竟应该安排哪些花色品种？对于这个问题的思考，既是菜单设计的重要依据，又是充分发挥想象力和聪明才智的客观要求。在这个过程中，我们也要掌握四个原则：一是花色品种要尽量多样化，满足目标市场多方面、多层次的用餐需求；二是所选择的花色品种的质量必须得到保证，充分发挥厨师的烹调技术，保证每一种产品都色泽纯正、香气四溢、味道可口、造型美观，能够给客人以"色、香、味、形俱佳"的感受；三是所选择的花色品种在烹调技术上要尽量全面，如煎炒煮炸、烤烩焖扒、溜炖煸烧、酱爆拌挂等，能够使客人获得良好的饮食文化享受；四是不同花色品种的口感和味道要综合搭配，清冷热温、酥嫩细脆、软香鲜滑、酸甜苦辣各得其所，增进客人的食欲，从而刺激客人的消费愿望。

（四）不同菜点的营利能力

菜单设计的最终目的是扩大销售，增加餐饮利润。任何餐饮企业的菜单都包含众多的花色品种，不同花色品种的营利能力是不同的。菜点的营利能力主要受产品成本、价格和销售额三个因素的影响。这就要求我们在菜单设计过程中不仅要合理安排花色品种，而且还要充分考虑不同菜点的营利能力，从而合理安排产品结构。

（五）厨师技术水平和厨房设备

菜单设计工作中的品种安排和菜点规格，直接受厨师技术水平和厨房设备的限制。没有特级厨师的饭店，即使设计出规格较高的名点名菜，厨房也无法烹制出名实相符的产品，反而会让客人感到失望。如果菜单的品种、规格和水平超越了厨师的技术水平和设备的生产能力，菜单设计得再好,也无异于空中楼阁。因此,菜单要从厨师的技术力量、技术水平和厨房设备条件等实际情况出发来加以设计,保证量力而行,实事求是,防止凭空想象造成名不副实的情况,影响客人的心情和餐厅的形象。

【项目实施】

任务一　选择菜单内容

一、确定菜单内容

从整体上来看,一份完整菜单的内容设计工作,主要包含以下五个方面的内容。

(一)设计菜单内容,安排菜点结构

在确定菜单种类、明确设计方向的基础上,我们要根据餐厅类型、目标市场的客人需求、厨房技术及设备条件等情况选择经营风味,设计菜单内容,安排菜点结构,因此要解决好以下三个方面的问题。

1. 花色品种数量的控制

菜单种类不同,其花色品种的数量也不相同,既不能过多,又不能过少。零点菜单的花色品种在 60 种以上 100 种以下,套餐菜单的花色品种则以 5~10 种为宜,一套团队循环菜单往往要安排几十种甚至上百种菜,每天上桌使用的菜点则只有几种到十几种,自助餐菜单的花色品种有 30~40 种,而宴会菜单则只能根据客人的预订标准和双方协商的结果来确定花色品种的数量。

2. 不同菜单菜点品种的选择与确定

就一个具体的餐厅而言,任何一种风味的餐饮产品都可包含成百上千种菜,选择具体品种往往是菜单设计过程中最难解决的问题。在选择与确定菜点品种时,我们要掌握四个原则:一要以那些能够代表所选风味特点的菜肴为主,同时又有侧重;二要选择那些与餐厅等级规格和接待对象相适应的菜肴,能够反映多数客人的需求特点;三要选择比较新鲜、能够引起客人食欲的菜肴;四要选择那些饮食营养互相搭配,有利于促进客人身心健康的菜肴。

3. 菜点花色品种结构比例的确定

对于一份科学合理的菜单而言,菜点花色品种结构是十分重要的。其具体结构安排从刺激消费、扩大销售、增加利润的角度出发,可分为五种类型:一是冷荤、热菜、面点、汤类等不同类型的菜点结构;二是肉类、海鲜、禽蛋、素菜等不同营养成分的菜点结构;三是高档、中档、低档等不同规格和价格水平的菜点结构;四是畅销程度不同的菜点结构;五是高盈

利、一般盈利、较低盈利和微利等不同盈利能力的菜点结构。在设计菜单时,我们要将上述五种指标结合起来,结合自身定位,确定不同种类菜点的数量和比例。

4. 遵循国家的相关规定

在选择菜品时,要遵循国家关于动物保护的相关规定,严格禁止捕杀国家级保护动物,构建社会主义生态文明。

(二) 确定菜单程式,突出重点菜肴,注重文字描述

在确定花色品种和比例结构后,我们还要将各种菜点按一定的程式排列起来,便于客人选择。

1. 菜单程式

从总体上来说,中餐菜单可以按冷盘、热菜、主菜、汤类、面点的顺序排列,然后再分成冷荤、鸡鸭肉、猪牛肉、海鲜、蔬菜、主食、汤类、点心等不同的种类。西餐菜单可以按头盘、汤类、主菜、甜点的顺序排列,然后再分成汤菜、海鲜、鱼虾、猪牛羊肉、素菜、甜点等不同的种类。此外,团队菜单、宴会菜单、套餐菜单、客房菜单等,其菜单程式又各不相同。早餐、正餐的菜单程式也有区别。我们必须根据菜单种类、饮食风味和具体销售方式,分别加以确定。

2. 描述性说明

描述性说明以简洁的文字描述该菜品的主要原料、制作方法和风味特色;有些菜名源于典故,客人不易理解,更应予以清楚的描述。菜单的描述性说明应包括:

(1) 主要原料、配料以及一些独特的浇汁和调料。有些配料要注明规格,有些采用寓意命名方法起名的菜肴,要注明主料、辅料的确切名称。

(2) 菜品的烹调与服务方法。某些烹调技术独特、服务方法与众不同的菜肴应加以详细说明,而一般的菜肴则不用过多介绍。

(3) 菜品的份量。许多菜肴要标明份量,西餐肉类要加注重量,如"牛排重 200 克";中餐菜肴则应标明小、中、大等规格、份额信息等。

(4) 菜品的烹调准备时间。某些特殊菜肴的加工时间较长,应在菜单上注明烹饪等候时间,以免消费者产生误会。

(5) 重点促销的菜肴。菜单要引导客人去订那些希望重点促销的菜肴,如有必要,可以着重介绍高价菜、名牌菜、特色菜等。

(三) 菜名

菜名是菜单中最重要的内容,直接影响着客人对菜品的选择,这是因为大多数人都要借助菜单上标明的菜名来进行消费决策。客人若未曾尝试过某菜,往往会根据菜名去挑选自己想吃的东西。菜单上的菜名会在就餐客人的头脑中生成一种联想。客人对餐厅的满意程度在很大程度上取决于其对菜品产生的期望以及餐厅提供的菜品能否满足客人的期望。

菜名首先应当真实。真实的菜名应不仅能让客人一目了然,省略了

餐厅服务人员的解释,更可以反映餐饮企业的信誉程度和服务质量。一方面,菜名要真实地反映菜肴的主要原料、烹制工艺;另一方面,菜名要真实地反映菜肴的质量,如使用的原料、规格、产地、份额、新鲜度。菜名应当用词生动、通俗易懂、富于联想又不至于过分夸张。

其次,菜名读起来要文雅、简单易懂。 文雅的菜名听起来充满情趣,让人产生好感;言简意赅的菜名更让人一目了然,从而增强菜肴的吸引力,加深客人的印象,如"北京烤鸭""薯烩羊肉"等菜名的字数少、简单易懂,原料和烹饪方式一目了然。应当注意的是,在将菜名译成外文时,不能望文生义,翻译一定要准确。

通常情况下,中式菜名的确定方法有以下几种:

(1)**以烹调方法命名,**如油爆鸡翅、水煮肉片、清蒸鲈鱼。

(2)**以主要原料命名,**如辣子鸡块、番茄鸡蛋、剁椒牛肉。

(3)**以地名命名,**如无锡排骨、北京烤鸭、德州扒鸡。

(4)**以人名命名,**如麻婆豆腐、东坡肘子、宋嫂鱼羹。

(5)**以色彩命名,**如五彩鸡片、翡翠虾球、三色蒸水蛋。

(6)**以味道命名,**如麻辣鸡丝、糖醋里脊、酸辣汤。

(7)**以寓意命名,**如"鸿运当头""一帆风顺"。

(四)菜品的价格

价格是产品的销售情况和市场竞争力的重要影响因素,而饮食产品的价格又是由成本和毛利决定的。在核定菜单成本,制定价格的过程中,我们要注意以下三个方面的问题。

(1)成本核定方式要根据菜单种类而变化,做到准确、稳定。

(2)毛利应区别不同菜点种类加以灵活确定,该高则高,该低则低。就成本和毛利的关系来看,有的要"高进高出",有的要"高进低出",有的要"低进高出",有的要"平进平出",使各类菜点的毛利相对灵活,菜单毛利的控制重点在于对综合毛利率的掌握上。

(3)菜单价格要有利于促进销售,开展市场竞争。零点菜单的价格要注意高中低搭配,套餐菜单和自助菜单的价格要充分考虑目标市场多数客人的承受能力。时令菜、季节菜和特别推销菜点的价格则可以随行就市。

菜品的价格一定要准确、真实,菜单应明码标价,且菜单上所列的价格应当是菜品价值的真正体现,绝不能坐地起价。若加收服务费,必须在菜单上加以说明。价格变动时,应重新印制,不要留下涂改痕迹。

(五)促销信息和背景信息

除菜肴名称、价格等必不可少的核心内容之外,菜单还应提供一些促销信息。促销信息必须简洁明了,一般包括以下内容:

(1)餐厅的名称(中英文)、标识及所属企业的介绍,通常印在封面上。

(2)餐厅的主体风格和特色风味。如果餐厅擅长某些特色风味而餐厅名字本身又难以对其加以反映,我们则最好在菜单封面、餐厅的全名下列出其风味特色。

（3）餐厅的地址、电话、销售网址等相关信息,一般列在菜单封底的下方,有的菜单还会列出餐厅的具体位置。

（4）餐厅的营业时间,列在菜单的封面或封底。

（5）餐厅加收的费用,如服务费,通常在菜单每一张内页的底部加以标明。

有些菜单还介绍餐厅的品牌质量、历史背景和自身特点。许多餐厅需要推销自己的特色产品,菜单则是推销的最佳途径。例如,肯德基刚刚进入中国市场时,在其各分店的餐馆中利用菜单介绍了集团的规模、历史背景、发展过程及这种炸鸡的参考烹调方法。

二、选择菜肴

选择菜肴的过程,就是将那些顾客喜欢的同时又能使餐饮企业获得利润的菜肴加以筛选,从而使其出现在菜单上的过程。在具体工作中,我们需要注意以下几项内容。

（一）掌握菜肴的销售趋势

一份好的菜单应能适应菜肴销售状况的发展趋势。在选择菜肴时,我们应密切关注有关菜肴的销售状况,阅读各种有关的专业报刊;同时,要定期访问各类餐饮业同行,尤其是那些与自己企业情况相近、相似的同行,通过亲自品尝,了解他们的经营品种、烹饪特色和销售、服务状况;此外,了解尤其受顾客欢迎的产品以及销售效益不佳或无人问津的产品。以此为基础,我们应当不断地修订自己的菜单,力求菜单能体现以下内容:

（1）菜肴发展的潮流。

（2）国内销量最大的菜肴特色。

（3）当地人最喜欢的菜肴品种。

（4）一定数量的西餐菜肴(适用于低星级的涉外酒店餐厅)。

餐厅的菜单,不可以一成不变,我们必须定期进行销售动态的调查、研究,辅以菜单分析工作,了解本餐厅各种菜肴的销售情况。

（二）菜肴销售状况的定量分析

菜肴销售状况的定量分析是菜肴选择工作的重要的组成部分,是指对菜单上各种菜肴的销售情况进行调查、统计、研究、分析。其中,用顾客欢迎指数表示哪些菜肴最受顾客欢迎。同时,用销售额指数表示哪些菜肴具备较强的获利能力,一般情况下,价格越高,毛利额越大。

菜肴销售状况的定量分析工作的第一步就是对分析对象——"菜肴"进行分类。菜单一般应分类别列出菜名。同类菜肴间会相互竞争,例如,人们点了"铁板牛肉",一般就不会再点"青椒牛肉片";点了"乡下浓汤",

一般就不会再点"新鲜蔬菜汤"。这表明,在同类菜肴中,一道菜肴销量的上升会引起另一道菜肴销量的降低。因此,在进行分析时,我们先要将菜单的菜肴按不同类别加以划分,这是一切分析工作的开端。

例如,某中餐厅菜单上的汤类品种共有 5 个,某统计期内各汤类品种的相关信息如表 4 - 1 所示。

表 4 - 1　　　　　各汤类品种的相关信息

名称	销售份数/件	销售数百分比/%	顾客欢迎指数	价格/元	销售额/元	销售额百分比/%	销售额指数	评论
花螺炖凤翅	300	26.09	1.30	25	7 500	16.13	0.81	畅销、低利润
上汤螺片	150	13.04	0.65	20	3 000	6.45	0.32	不畅销、低利润
冬虫炖鲍	100	8.70	0.43	40	4 000	8.60	0.43	不畅销、低利润
洋参炖乌鸡	400	34.78	1.74	50	20 000	43.01	2.15	畅销、低利润
薏米水鱼	200	17.39	0.87	60	12 000	25.81	1.20	不畅销、高利润

菜肴销售状况定量分析的原始数据来自订菜单,在汇总账单上各种菜的销售份数和价格后,我们便可算出顾客欢迎指数和销售额指数。这些统计与计算工作均可由电脑处理,准确又快捷。

顾客欢迎指数表示顾客对某种菜的喜爱程度,以各种菜的相对购买数量表示。

某种菜肴顾客欢迎指数的计算公式如下:

$$顾客欢迎指数 = \frac{销售数百分比}{应售百分比}$$

$$销售数百分比 = \frac{销售份数}{所有项目总销售份数}$$

$$应售百分比 = \frac{1}{总项目数} \times 100\%$$

以表 4 - 1 中的"花螺炖凤翅"为例,该菜销售份数为 300 件,所有项目总销售份数为 1 150 件,则销售数百分比为 26.09%。汤类品种共有 5 个,则应售百分比为 20%。由此可知:

$$"花螺炖凤翅"的顾客欢迎指数 = \frac{26.09\%}{20\%} = 1.3$$

仅分析菜肴的顾客欢迎指数是不够的,还需要对菜肴的盈利能力进行分析。一般而言,价格高、销售额指数大的菜肴是高利润菜肴。

某种菜肴的销售额指数计算公式如下:

$$销售额指数 = \frac{销售额百分比}{应售百分比}$$

$$销售额百分比 = \frac{销售额}{所有项目总销售额}$$

结合表 4-1 可知,"花螺炖凤翅"的销售额为 7 500 元,5 个项目的总销售额为 46 500 元,则销售额百分比为 16.13%,于是:

$$"花螺炖凤翅"的销售额指数 = \frac{16.13\%}{20\%} = 0.81$$

无论分析的菜肴项目有多少,任何一类菜肴的顾客欢迎指数和销售额指数的平均值总是 1。如果该指标大于 1,则菜肴是受到顾客欢迎的。超过的幅度越大,菜肴越受欢迎。顾客欢迎指数较菜肴销售数百分比更科学、更直观。菜肴销售数百分比只能用于比较同类菜肴的受欢迎程度,但与其他类的菜肴进行比较时,或当菜肴分析项目数发生变化时,比较工作就变得非常困难。顾客欢迎指数则不容易受到影响。同理,销售额指数大于 1 的菜肴一定是销售额与利润状况都比较好的。超过的幅度越大,销售额与利润的状况越好。

在对顾客欢迎指数和销售额指数进行计算分析的基础上,我们可以将被分析的菜肴分为 4 类,并根据不同的状况制定相应的政策。菜肴定量分析对策表如表 4-2 所示。

表 4-2　　　　　　　　　菜肴定量分析对策表

菜名	销售特点	相应的产品政策
洋参炖乌鸡	畅销、利润高	保留
上汤螺片	不畅销、利润低	取消
冬虫炖鲍	不畅销、利润低	取消
花螺炖凤翅	畅销、利润低	取消或作为诱饵
薏米水鱼	不畅销、利润高	取消或用于吸引高档客人

菜点的成本性态可大致分为四类:一是成本低、销量大、利润高;二是销量大、成本高、利润低;三是销量小、成本低、利润高;四是既不畅销又缺乏盈利能力。菜单设计者应事先分析各种类型菜点的成本性态,合理安排菜点的结构,为各类菜品制定不同的产品策略。

(1)成本低、销量大、利润高。这种菜肴既受顾客欢迎又具有较强的盈利能力,是餐厅的盈利项目,在计划菜品时应加以保留,比例应安排在 60%~70%。

(2)成本高、销量大、利润低。这种菜一般适合采取薄利多销策略的低档餐厅,如果价格不是太低而顾客又比较欢迎,则可以保留,起到吸引顾客来餐厅就餐的作用。顾客进入餐厅后还会点别的菜,因此,这样的菜肴有时发生小幅度亏损也没有关系。但在一些情况下,盈利很低而又十分畅销的菜,也可能会转移顾客的注意力,挤掉那些盈利高的菜品的销路,如果这种情况发生了,我们则应该果断地取消这些菜肴。

（3）成本低、销量小、利润高。这种菜肴可提供给一些愿意支付高价的客人。高价菜的毛利额较大,如果不是过于不畅销的话则可以保留。虽然这类菜点销量小,但利润高,可以作为重点推销菜。

（4）销量小、利润低。这种菜肴在一般情况下应当取消。但是,如果顾客欢迎度和销售额指数都不算太低,且自身在营养、原料和价格上有较强的优势,则仍可保留。虽然这类菜肴的盈利能力较差,但销售量也小,不会影响其他菜肴的销售,还能丰富菜点花色品种,起到配合作用。

（三）确定各类菜肴的价格范围

在选择菜肴时,管理人员必须对餐饮企业的经营情况进行分析,计算目标利润,进而确定就餐客人的人均消费额;同时,还要分析菜肴的销售状况,进行顾客调查,了解在本餐厅用餐的顾客的人均消费额。管理人员应当根据这些信息确定本餐厅的人均消费额标准,从而确定各类菜肴的价格范围。

在确定价格范围时,我们应当先把菜肴分成若干个大类,根据本餐厅以前的销售统计数据,得出各类菜肴对销售额总量的贡献以及就餐者对各类菜肴的订菜率。现假设某餐厅消费者的期望人均消费额为 50 元,我们可以编制分类菜肴价格范围确定表,如表 4-3 所示。

表 4-3　　　　　　　　分类菜肴价格范围确定表

菜肴类别	占销售额百分比	订菜率	平均价格/元	价格范围/元
冷盘	15%	30%	25.00	15～35
鱼虾类	16%	20%	40.00	30～50
家禽类	15%	25%	30.00	20～40
肉类	15%	25%	30.00	20～40
蔬菜类	12%	30%	20.00	15～25
汤类	10%	50%	10.00	8～12
主食类	10%	80%	6.25	3.25～9.25
饮料类	7%	50%	7.00	5～9

某类菜肴的平均价格计算公式如下:

$$平均价格 = \frac{期望人均消费额 \times 占销售额百分比}{订菜率}$$

回顾表 4-3,在这样的情境下,以冷盘为例,则:

$$冷盘的平均价格 = \frac{50 \times 15\%}{30\%} = 25(元)$$

在计算出各类菜肴的平均价格后,具体菜肴的价格可以根据拟定的菜肴数量,围绕平均价格上下浮动,确定该类菜肴的价格范围;在各类菜肴的价格范围内,再根据原料成本水平划分高、中、低档。现在假设家禽类的菜肴拟定为 10 种,高、中、低档菜的价格范围可参照表 4 - 4 加以分解。

表 4 - 4　　　　　　三档菜肴的价格范围分解表

菜肴档次	家禽类菜肴数/种	价格范围/元
总计	10	20～40
高档菜	2	34～40
中档菜	5	26～34
低档菜	3	20～26

任务二　菜单价格的制定

一、影响菜单价格的因素

影响菜单价格的因素有很多,主要可分为内部因素和外部因素。

(一) 内部因素

从价格构成看,餐饮产品价格等于原材料成本、工资费用、租金、折旧费、水电费、管理费、其他费用的分摊额、税金和利润的总和。销售价格的制定是以盈利为目标的,在销售价格抵消各项费用后,企业才能获得利润。

1. 成本和费用

成本和费用是影响定价的最基本因素。在成本和费用中,占较大比重的是固定成本和变动成本。固定成本与变动成本的比例被称为成本结构,不同的成本结构对企业的营业收入和利润的影响不同。

在营业收入固定的情况下,固定成本所占的比例较大,则利润的增幅也较大。反之,若变动成本所占的比例较大,则利润的增幅就较小。

2. 定价目标

餐饮企业的经营目标不同,定价目标也不同。一般来说,定价目标可分为以下几种:

(1) 成本导向目标。以薄利多销为定价策略,以低价菜品及家常普通菜品为中心,强调低成本,追求薄利多销。在市场不景气或竞争异常激烈的情况下,为了生存,许多餐饮企业在定价时只求保本。

当营业收入与固定成本、变动成本和相关税费之和相等时,企业即可实现保本运行,保本点营业收入计算公式如下:

$$保本点营业收入 = \frac{固定成本}{1 - 变动成本率}$$

餐饮产品的
价格制定

注意,固定成本包括房租、水电费用、人力资源成本、管理费用、财务费用等。

变动成本指餐饮原料的成本,有时也包括燃料费用。

(2)利润导向目标。这是一种品牌效应定价策略,企业提供高质量、高价位的菜品和服务,以追求利润为中心。

根据目标收益率来确定定价目标是最常见的利润导向定价目标,这种目标可以是占营业额一定百分比的利润率,也可以是一定的投资收益率,还可以是获得一定数额的利润。这种定价方式比较适用于大型餐饮企业,要实现一定的目标利润。在这种情况下,营业收入可用公式表示为:

$$营业收入 = \frac{固定成本 + 目标利润}{1 - 变动成本率}$$

(3)市场份额导向目标。这是一种以进入和占领市场,增加市场份额为中心的市场渗透定价策略。采用这种定价目标的餐饮企业通常强调要实现某一营业额目标,一般不明确规定本企业应实现的利润数额,其成本通常较高,利润较低,适宜规模化经营。

(4)竞争导向定价目标。这是一种随行就市的定价策略,餐饮企业在面对竞争时,通常会采取竞争导向的定价目标,积极参加餐饮市场竞争,灵活定价,以优惠价及促销方式吸引消费者,从而应对或避免竞争。

(5)垄断导向目标。机场、车站、码头、商业区等地段,地理位置优越,在此处经营的餐饮企业具有一定的垄断性,同时,人群的流动性大。因此,企业经常会采取将一般质量的菜品以高价出售的定价策略。

3.餐饮企业档次

餐饮企业的档次直接决定了餐饮产品的定价。国家规定不同级别的饭店的收费标准有很大的差异,因此,即使是同样的菜品,在不同档次的饭店出售时,价格也有很大的差别。高级饭店定价可以是普通社会饭店定价的数倍。

4.经营状况

经营状况可从管理成本和饭店形象两方面来考察。

(1)管理成本。从采购角度来看,连锁饭店实行统一招标采购制度,其进货成本大大低于当地同类餐饮企业,其菜品的定价也因此低于同类餐饮企业,竞争力也就更强。人力资源涉及经营费用,其数量和质量势必会影响其定价水平。如果用工数量多,为保证盈利,定价水平必然应当提高;如果聘用的名厨和名师多,其定价水平也一定较高。餐饮产品的制作工艺对定价水平的影响也非常大。工艺复杂的菜品,对厨师的要求高,耗费的工时长,一般情况下定价较高,反之则较低。地理位置直接影响餐饮企业的管理成本。好地段租金高,经营费用高,菜品的定价一般来说也比较高,黄金地段的菜品价格则更高。原料对价格的影响也是显而易见的,珍品菜肴的售价要远高于普通家常菜肴的售价。

（2）饭店形象。属于服务行业的餐饮业，其服务水平和形象对客人的影响是十分巨大的。心情愉快的进餐体验能增加人的食欲，有利于对营养成分的吸收，促进人们的身心健康。生活水平达到一定程度的客人，更加关注饭店形象和进餐时的心情，而不会计较菜肴的价格。因此，同一道菜肴，由于饭店在形象、档次的差异，价格也会有很大的区别。

（二）外部因素

企业经营离不开外部大环境的影响，餐饮企业尤其如此。

1. 市场需求

市场需求是餐饮业得以存在的土壤，了解市场需求信息是餐饮企业的首要任务。市场需求有多种方式、多种层次，影响这种需求的有社会因素，也有自然因素。一个国家和地区的经济发展会经历增长、腾飞、稳定、下降等不同的阶段，每个阶段中，企业都会面临不同的市场需求。不同的季节、不同的气候条件也会催生不同的市场需求，这些都会影响菜品定价。

2. 竞争因素

餐饮业的竞争程度是十分激烈的，档次相近的餐饮企业的竞争更为激烈，激烈的竞争对价格的制定具有很大的影响。餐饮企业一定要找准自己的市场定位，处理好价格与品牌的关系。

此外，降价对不同档次的餐饮产品的影响也是不同的。不同的餐饮产品的价格敏感度是不同的。一般来说，低档次的餐饮产品价格下调时会对消费需求产生较大影响，应认真对待。对于高档次的餐饮产品，消费者对价格的波动不会太敏感，这是因为他们对产品和企业的品牌形象更为关心。如果产品的可替代性强，或是消费者的挑选余地大，则价格的变化对消费者的刺激较为明显；反之，如果消费者对某一餐饮企业或产品产生品牌忠诚，即使涨价消费者也不会放弃。

3. 宏观环境

制定价格策略时，我们必须考虑企业所处的外部宏观环境因素，如餐饮行业发展趋势，国家关于该行业的价格、竞争、结构等方面的政策法规以及当地居民的生活水准。

二、餐饮产品的定价程序

餐饮产品的价格构成是制定产品价格的理论基础，它对价格的实际制定和调整都有重要的指导作用。餐饮产品定价程序主要包括五项内容。

（一）判断市场需求

只有在做好市场调查，判定某种风味、某类产品的市场需求量，分析消费者对产品价格的态度和市场价格竞争状况后，我们才能合理制定产品价格。因此,我们要区分市场类型,根据不同餐厅的具体情况来确定市场需求。

对于高档餐厅,我们要分析消费水平和支付能力较强的客人对产品的需求量和对价格的态度;对于中低档餐厅,我们要分析一般用餐客人对餐饮产品的需求和对价格的态度,在此基础上,要分析同行竞争对手同一档次、同种规格产品的价格,然后选择定价策略。定价方法有三:一是按市场价格定价,不在意竞争对手的价格,这样可以保证利润,不致因高价而使客人望而却步;二是按高于竞争对手的价格定价,这样可以强调产品质量,但可能减少收入;三是按低于竞争对手的价格定价,这样可以树立物美价廉的产品声誉。具体采用哪种价格竞争策略,也要根据企业的实际情况确定。

(二) 核定产品原料成本

成本是影响价格的主要因素。只有在事先核定产品原料成本的基础上,我们才能制定价格。餐饮产品的原料成本包括主料成本、配料成本和调料成本。主料和配料成本都是根据公式来核定的,配料成本一般是以平均消耗量为基础来核定的,核定产品原料成本有利于为餐饮产品价格提供客观依据和数量标准。

$$单位产品净料成本 = \frac{毛料价}{净料率} \times 单位用量$$

$$\begin{array}{c}单位产品\\定额成本\end{array} = \begin{array}{c}单位产品\\净料成本\end{array} + \begin{array}{c}单位产品\\配料成本\end{array} + \begin{array}{c}单位产品\\调料成本\end{array}$$

上式中,毛料指的是未经加工处理的原料,例如活鸡、活鸭、活鱼、干活、未经摘洗的蔬菜等。毛料价又称进价成本,是原料购进时的价格。净料指的是经过加工处理可以用来配制菜点的原材料,如光鸡、光鸭、净鱼、已涨发的干货、经过摘洗的蔬菜等。净料率即净料重量与毛料重量的比率,表示毛料的充分利用程度。单位用量,即每单位产品需要用到原料的重量。

(三) 确定产品定价目标

定价目标是价格策略在价格制定过程中的具体体现。定价目标不同,即使成本相同,其价格水平也是不相同的。因此,在判断市场需求和核定产品成本的基础上,我们还要根据等级规格、产品类型、花色品种,确定产品定价目标,保持产品价格和市场需求相适应。

餐饮产品的定价目标主要包括市场导向目标、利润导向目标、成本导向目标、竞争导向目标等。在实际工作中,具体选用哪些定价目标,要根据以上多种因素来确定。

(四) 制定产品毛利率标准

毛利率是影响餐饮价格的重要因素。毛利是由人工成本、经营费用、营业税金和利润额四部分构成的。餐饮产品的毛利率分为分类毛利率和综合毛利率。前者是某一种类的餐饮产品毛利额占其销售收入或原料成本的比率,如海鲜、肉类、蔬菜、河鲜毛利率等,后者是某一等级、某种类型的餐饮企业或餐厅的平均毛利率,如中餐厅、西餐厅、咖啡厅的毛利率或整个餐饮部门或餐饮企业等的毛利率。餐饮产品毛利率的制定标准,主要为分类毛利率。毛利率的高低主要取决于三个因素:一是地区内企业的星级;二是企业内部餐厅的档次;三是同一餐厅不同类型的餐饮产品,即分类产品的毛利率水平。因此,餐饮产品价格,要结合企业和餐厅,特别是分类产品的实际情况加以确定,合理确定不同种类、不同花色品种的毛利率标准,才能制定比较合理的产品价格。

(五)选择基价制定方法

餐饮产品基价是根据产品成本和毛利率制定出来的平均价。其基本制定方法是多种多样的,每一种定价目标都涉及一种或一种以上的定价方法。定价方法不同,即使产品成本相同,价格也不同。因此,具体定价方法要根据原料种类、产品类型、定价目标和价格策略来确定。

三、餐饮产品基价的制定方法

(一)毛利率定价法

餐饮产品基价的制定工作是在核定产品成本和毛利率的基础上完成的,方法有多种,其中,毛利率定价法是最常用、最简单的方法,具体又可分为以下两种方法。

1. 销售毛利率法

通常在核定单位产品成本的基础上,根据产品的花色品种,参照分类毛利率标准来制定价格。该方法主要适用于零点餐厅。其计算公式是:

$$产品价格 = \frac{单位产品定额成本}{1-销售毛利率}$$

【案例一】某饭店中餐厅销售清蒸鲥鱼和松鼠鳜鱼,进价成本分别为140元/千克和120元/千克,净料率为82%和78%,盘菜用量为0.75千克,两种菜肴的配料成本分别为5元和10元,调料成本分别为3元和5元,销售毛利率为52%和54%,请分别确定两种产品的价格。

案例分析:

(1)分别计算两种产品的盘菜成本。

$$清蒸鲥鱼的成本 = \frac{140}{82\%} \times 0.75 + 5 + 3 = 136(元)$$

$$松鼠鳜鱼的成本 = \frac{120}{78\%} \times 0.75 + 10 + 5 = 130(元)$$

(2)分别计算两种产品的价格。

$$清蒸鲥鱼的价格 = \frac{136}{1-52\%} = 283(元)$$

$$\text{松鼠鳜鱼的价格} = \frac{130}{1-54\%} = 283(\text{元})$$

2. 成本毛利率法

事先制定单位产品原材料与配料定额，计算出成本，然后根据规定的成本毛利率来制定价格。其比较基础不同，成本毛利率一般比销售毛利率高。其计算公式是：

产品价格＝单位产品定额成本×(1＋成本毛利率)

【案例二】某饭店零点餐厅销售叉烧仔鸡。盘菜主料为公鸡1.5千克，进价为30元/千克，经加工处理后，下脚料折价2.6元，配料成本为5.6元，调料成本为4.8元，成本毛利率为85%，请确定叉烧仔鸡的盘菜价格。

案例分析：

根据题目条件直接计算产品价格。

叉烧仔鸡价格 ＝ (30×1.5−2.6＋5.6＋4.8)×(1＋85%) ＝ 98(元)

(二) 两种毛利率的换算

在餐饮产品价格管理工作中，财务部门采用的毛利率指标都是指销售毛利率，它直观地反映出毛利在销售额中的水平。但部分厨房工作人员喜欢用成本毛利率进行计算。这就涉及换算事项。事实上，两种毛利率之间存在着互相转换的内在联系。其转换公式为：

$$r = \frac{f}{1+f}$$

$$f = \frac{r}{1-r}$$

式中：r——销售毛利率；f——成本毛利率。

以案例一中的清蒸鲥鱼和案例二中的叉烧仔鸡为例，清蒸鲥鱼的销售毛利率换算成成本毛利率和叉烧仔鸡的成本毛利率换算成销售毛利率的过程分别为：

清蒸鲥鱼：$f = \dfrac{r}{1-r} = \dfrac{52\%}{1-52\%} \times 100\% = 108.33\%$

叉烧仔鸡：$r = \dfrac{f}{1+f} = \dfrac{85\%}{1+85\%} \times 100\% = 45.95\%$

采用换算后的毛利率重新制定价格，可以检验清蒸鲥鱼和叉烧仔鸡原定价是否正确，结果相同：

清蒸鲥鱼的价格 ＝ 136×(1＋108.33%) ＝ 283(元)

叉烧仔鸡的价格 ＝ $\left(\dfrac{30×1.5−2.6＋5.6＋4.8}{1−45.95\%} \right)$ ＝ 98(元)

四、餐饮产品的价格策略

制定餐饮产品基价为确定餐厅菜单价格提供了数量依据,但在市场经济条件下,各种产品的实际价格还要根据市场竞争需要来确定。在产品基价的基础上,价格可高可低,但最低值不能低于成本。实际工作中,具体价格主要取决于企业的价格策略。

(一)满意利润策略

该策略以争取正常利润为主要目的,重点在于掌握企业的综合毛利率和分类毛利率,使产品价格在补偿原材料成本和流通费用后,能产生令人比较满意的利润。餐饮产品利润包含在毛利之中,而价格又主要是运用毛利率法来确定的,因此,运用满意利润策略时,我们要重点注意三个问题:一是产品价格的最终确定要充分考虑分类毛利率标准,如蔬菜、传统名优产品的毛利率要从高确定;二是分类毛利率的比较标准要以同一档次、同类产品为主,毛利率大体和其他同类企业、同一档次和同类产品相当;三是具体产品的价格水平要保持相对稳定,使产品价格和实际利润水平与同类企业、同一档次的同类产品大体相当,从而求取合理利润。

(二)市场占领策略

该策略以占领市场为主要目标,其具体目标又可分为两种:一是占领新的市场,二是提升原有产品的市场占有率。运用市场占领策略时,要大力降低成本费用开支,然后以较优惠的价格吸引就餐客人,形成局部优势。从表面看,产品价格比同行同类产品略低,但成本低,质量好,企业具有竞争优势,可以占领更多的市场。因此,餐饮产品市场占领策略的总体价格水平相对较低,有利于占领新的市场并提升市场占有率。

采用市场占有策略时,餐饮产品的价格水平相对较低,有一定风险性。因此,企业需要满足两个条件:一是餐饮经营规模较大,资金技术雄厚,承受能力较强,才能在较长时期内扩大市场占有率,取得预期效果;二是目标市场对企业餐饮产品的价格变动比较敏感,企业的价格变动能够较快引起客人的重视。否则,价格较低,市场反应却不大,反而会造成企业的损失。

(三)声望价格策略

声望价格策略又称撇脂价格策略,是指为创造某种风味、某类产品的名贵形象,形成市场声望,在一定时期内采用高价,尽快取得高额利润的策略。这种策略主要适用于两类企业。一是刚开业的企业,设施设备及产品质量高,估计自己的某类产品投入目标市场后会深受客人的欢迎,趁产品对客人有较大吸引力,价格弹性较小,制定较高价格,形成产品的名贵形象,获得丰厚利润。如果随着时间的推移,市场需求发生了变化,企业再采用正常价格,仍能获得满意利润。二是企业经营某种特殊风味的产品,在市场上具有较高的垄断性,仅此一家,别无分店,为保持企业产品的名贵形象,企业采用较高价格,从而获得良好的经济效益。

（四）差别价格策略

差别价格策略是根据不同市场或同一市场不同消费群体的具体情况,对同类餐饮产品制定不同价格的策略。根据不同的接待对象定价,掌握不同的价格水平,都属于差别价格策略。这是餐饮企业经常采用的一种价格策略。宴会经营、特殊食品展销活动,都面向较高层次的消费者,但不同客人的消费水平和支付能力不同,价格水平区别较大。风味餐厅毛利率高,团体餐厅、咖啡厅毛利率相对较低。即使在同一餐厅内,不同花色品种的餐饮产品,其毛利率也不相同,价格水平区别较大。差别价格策略可以适应各种类型及不同层次的消费需求,故餐饮经营者广泛采用此种策略。

（五）竞争价格策略

竞争价格策略以开展市场竞争、扩大产品销售、增强竞争能力为主要目标。采用这种策略时,餐饮经营者的眼光始终瞄准同行竞争对手的同类餐饮产品的价格。如果自己的产品和服务的价格明显高于竞争对手,深受客人欢迎,则立即采用较高价格,打造产品名贵形象;如果自己的产品和同行竞争对手没有太大区别,则以竞争对手同类产品价格作为自己的比较参数,适当降低价格,形成竞争优势;如果同类产品竞争激烈,企业则应尽快开发新产品,吸引对方的客人,加速市场分化,形成局部优势。因此,采用竞争价格策略时,餐饮产品的价格是随竞争对手的价格水平而变化的。正确运用这种策略的关键在于及时掌握餐饮产品的调价时段和价格水平,保证竞争价格既不过高,也不过低,否则,企业经济效益必然受到影响,反而削弱了竞争实力。

（六）心理价格策略

心理价格策略的核心是掌握客人的心理,通过定价刺激客人消费,获得经济效益。心理价格策略,主要有三种表现:❶追求餐饮享受的客人,他们的主要目的是通过餐饮消费体现自己的身份地位和消费水平,或在客户面前显示自己公司的经济实力以便获得合同或订单。他们往往会认为价格反映产品质量和服务质量,不计较费用,价格越高,越能反映产品质量,提高自己的声望,因此,餐饮价格应尽量从高。❷多数客人对产品价格比较敏感,我们可采用奇数定价法,以适应客人的消费心理,扩大销售,比如将某盘菜价格定为 59.9 元,而不要定为 60 元。❸有一定声望的企业,对于一些高质量的产品,可采用偶数定价法。与奇数定价法相反,这是因为部分消费水平较高的客人可能认为价格以奇数、小数为尾数的菜肴的质量较低。

任务三　零点菜单的装帧制作

一、菜单装帧制作的具体流程

菜单代表着企业的形象，并且具有一定的营销作用，因此，菜单的装帧制作工作应当非常细致。我们结合其具体流程加以讲解。

（一）材料的选择

菜单通常以纸张为主要制作材料，菜单的设计工作应从选择菜单用纸开始，菜单的精美程度是通过纸张来体现的。纸张成本一般占总成本的 1/3，有"一次性"和"耐用性"两种。为了保护环境，"耐用性"纸张日益受到欢迎。

"一次性"菜单是指使用一次就处理掉的菜单，如当日菜单、厨师特选菜单、咖啡厅的纸垫式菜单、宴会菜单、客房送餐服务中的门把手菜单等。这样的菜单一般用轻薄、便宜的轻磅纸制成，这种纸有各种颜色和形状，具有坚实的质感，可以使菜单更加美观，如胶版纸、铜版纸，新闻纸等，无须涂膜。

"耐用性"菜单是指供长时间使用的菜单，制作时必须考虑材料的耐用、防污、去渍、防折等性能。内容须印在重磅的涂膜纸上或防水纸上。耐用菜单一般选用优质铜版纸制作封面，须涂上塑料薄膜，内页则采用优质胶版纸。

（二）规格与封面

菜单的规格应根据餐厅规模、菜点品种、便利性等事项综合考虑而定。菜单可以是折叠的，也可以是设计成各种形状的，最常见的形状是长方形，也可以根据情况将其设计成圆形、正方形、梯形、菱形等各种几何图形及一些不规则的形状，还可以将其做成立方体或金字塔式的。相关调查表明，最理想的菜单尺寸为 23 cm×30 cm，客人拿着舒服。规格太大，客人拿起来不方便，规格太小，则会使文字显得过密。

菜单封面是餐厅的重要窗口，应该体现餐厅的风味及特色，能够突出饭店形象。有助于推销的内容都应该表现在封面上。需要注意的是，封面与菜单版面必须相协调，在确定了版面规格的情况下，才能确定封面规格。封面内容不宜太多。

1. 封面设计必须符合餐厅的经营风格

每一家餐厅都有自己的经营特点，一份设计精良、色彩丰富、美观实用的菜单，其封面应该能够成为该餐厅经营风格的醒目标志，在图案、色彩和规格上，都应突出其特点。一家古典式餐厅，其菜单封面上的艺术装饰就应以华贵、持重为总体特征。一家现代晚餐俱乐部式餐厅，其菜单封面的艺术装饰就应具有时代色彩，可以考虑抽象艺术或者流行的通俗艺术绘画。

2. 菜单封面还应被视为室内点缀品

整个餐厅的装饰应在整体上保持协调统一。餐桌的装饰、房间的装饰、门面的装饰等都应相协调。菜单分散于客人手中,封面的颜色要么与餐厅的色彩相协调,要么与其形成反差,使之相映成趣。在一家设计完美的餐厅里,菜单封面往往既能恰如其分地体现餐厅的名称,又能与餐厅的装饰色调和设计协调一致。

3. 菜单封面上的内容

菜单封面上都有饭店或餐厅的名称,有时还包括一些其他内容,如餐厅的地址等。但这些内容不一定都印在封面正面,封面正面可以只印餐厅的名称,其余的内容印在封底。封底还可以注明一些与经营有关的重要内容,如会议设施、外卖服务、餐厅简史或餐厅所处地段的简图等。

(三)文字

菜单字体要为餐厅制造气氛,反映餐厅的环境。菜单字体应当方便阅读,与餐厅的风格保持一致。菜单的颜色、标记、字体应能够成为鉴别餐厅的特征。在选定了字体和标记图案后,字体和标记图案就不仅可用在菜单上,还可用在餐巾纸、餐垫、餐桌广告牌及其他推销品上。使用令人容易辨认的字体和图标,能使客人感到餐厅的食品、饮料、服务质量具有一定的档次,从而留下深刻印象。

菜单设计的要点是尽可能地提高字体的易读性和清晰度。我们可以通过调节字体和字号来进行设计。首先,字体的正确使用非常重要。大多数菜单都采用印刷字体,为了创造气氛,中餐宴会菜单有时也会用手写字体。无论是印刷字体还是手写字体,字迹一定要美观、清楚,容易阅读,避免涂改。英文标题一般用大写体,说明用小写体,西餐菜单常用的字体为罗马体、现代体和手写体。字体的大小也要加以考虑,太小,阅读困难,太大则又会占用太多的版面,标题和菜肴说明可以用不同号的字体,也可用不同种类的字体,以示区别。英文字号大部分为 10~12 号。

就版面设计而言,菜单应保留一定的空白。空白会突出字体并避免杂乱。若菜单的文字所占版面面积多于 50%,会妨碍客人阅读。字首要对齐。菜单页数不宜过多,过多的页数使人有烦冗之感。但菜单页数也不能过少,否则难以反映出餐厅的档次与水平。

对于特色菜,我们还可运用特殊的办法加以推销,推销形式有很多。用大号黑体字或特殊字体排版,采用方框或彩色色块及其他图形突出特色菜,配上菜品的彩色实例照片都是极佳的推销手段。

(四)色彩

色彩在菜单中也可以发挥很大的作用。赏心悦目的色彩能使菜单更具魅力,体现餐厅的情调与风格,起到推销的作用。通过彩色图画,我们能更好地推介重点菜。菜单色彩应当与餐厅环境相协调,与餐厅的种类和规格相协调,与餐厅所用的餐具相协调。

(1) 快餐厅的环境色彩是明快奔放的,其菜单可运用鲜艳的大色块加以点缀,宜采用大红、鲜黄、翠绿、湖蓝等色彩。

(2) 中餐厅一般以中国传统饮食文化为主题,就餐环境通常以红、黄等色系为主,菜单颜色也可以两者为底色。

(3) 西餐厅通常给人以高雅之感,光线较暗,菜单的色彩可为淡灰、暗紫、米黄等色。

需要注意的是,菜单上的色彩不能过多,以免给人杂乱、不整洁的感觉。

(五) 照片

在菜单上编排适当的照片,可以更加直观地推销菜肴。制作彩色食品照片,能使菜肴、酒水再现本色,提升客人的订菜速度,达到有效推销的目的。餐饮企业应该将特色菜、名牌菜的照片排入菜单,客人直观地看到光彩夺目的照片后,就会食欲大开,提升购买欲望。

(六) 菜单程式的安排

1. 按就餐顺序排列

客人一般按就餐顺序点菜,因此,菜单的内容一般按就餐顺序排列,以便客人能很快地定位菜品的类别。

中餐菜单的程式一般为:冷盘、热菜、主菜、汤、主食。

西餐菜单的程式一般是:头盘、汤、主菜、甜点、咖啡。

值得一提的是,在西餐菜单中,主菜的地位举足轻重,分量很大,应该尽量排在显要的位置。根据人们的阅读习惯和餐饮同行们的经验,单页式菜单上的主菜应列在菜单的中间;双页式菜单上的主菜应放在右页的上半部;三页式菜单中的主菜须安排在中页的中部;四页式菜单中的主菜通常被置于第二页和第三页上。菜单内容安排如图4-1所示。各类菜单中,阴影部分为主菜的理想位置。

2. 按视线顺序排列

客人一般是从左到右、由上至下看菜单的。心理学的首因效应和近因效应告诉我们,列在第一项和最后一项的菜品最能吸引人们的注意,并能在人们头脑中留下最深刻的印象。因此,盈利能力最强的菜品应放在客人首先和最后注意的地方。调查显示,客人几乎总是能注意到同类菜品的第一项和最后一项,因此,每个菜单都有其重点推销区域,菜单重点区域安排如图4-2所示。

三页菜单对菜品推销很有利,中间部分是人们打开菜单后首先注意的地方,然后是右上角,接着是左上角,再后是左下角,最后又回到正中。研究结果表明,人们对正中部分的注视程度是对全部菜单注视程度的七倍,因此,中页应放上餐厅最需要推销的菜品。阅读三页式菜单的先后过程如图4-3所示。

单页式菜单　　　　　　　　　双页式菜单

三页式菜单　　　　　　　　　四页式菜单

图 4 - 1　菜单内容安排

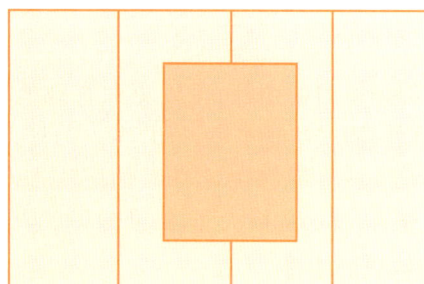

图 4 - 2　菜单重点区域安排

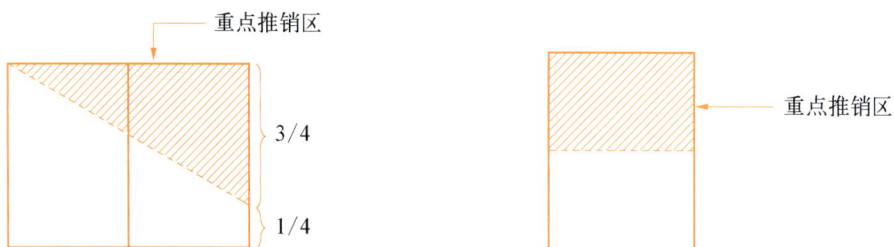

图 4 - 3　阅读三页菜单的先后过程

二、菜单设计制作中的常见问题

在确定菜单的内容、价格之后，装帧设计工作就可以开始了。在菜单设计、制作及使用中常见的问题一般包括以下内容。

(一) 装帧过于简陋

菜单纸张单薄、印刷质量差、无插图、无色彩，加之使用保管不善，显得极其简陋，肮脏不堪，这样的菜单是不尊重客人的表现，也会使客人感到不值得。再举一例，内页为 16 开普通纸张，这个尺寸过小，容易造成菜单上菜肴名称等内容的排列过于紧密，主次难分。

(二) 制作材料选择不当

菜单制作材料要和餐厅档次相符。设想五星级饭店菜单采用文件夹、讲义夹、普通文稿纸乃至集邮册和影集本作为菜单，不专门设计菜单，不但不能达到点缀餐厅环境、烘托餐厅气氛的效果，反而显得不伦不类，降低档次。

(三) 菜单有涂改痕迹

随意涂改菜单是重大忌讳之一，尤其是对价格的涂改，会使客人没有安全感，使菜单显得极不严肃，很不雅观，容易引起就餐客人的反感。

(四) 字号太小，字体单调

不少菜单是油印本或铅印本，大都使用 1 号字。坐在不甚明亮的灯光下阅读菜单，其感觉会很不轻松。油印本的字迹容易被擦得模糊不清。同时，大多数菜单字体单一，没有使用不同字号、不同字体来突出、宣传重要菜肴，十分可惜。

(五) 缺少描述性说明

有些客人不习惯记菜名，因此，菜单上要有足够的文字描述。此外，有些中餐传统经典菜肴和创新菜，菜名雅致形象，菜肴典故更是引人入胜，但绝大多数就餐者却不知道由来，更何况是来自异国他乡的国际旅游者。描述性说明应能引起客人的兴趣。

(六) 单上有名，厨中无菜

对于凡列入菜单的菜肴品种，厨房必须无条件地保证供应，这是一条相当重要但极容易被忽视的餐饮管理规则。我们可以在设计菜单时考虑固定菜单和变动菜单灵活交叉使用的方式，尽量避免这种问题的出现。

(七) 无促销信息

为了使菜单能够更好地发挥宣传作用和媒介作用，一些重要的促销信息，如饭店地址、电话号码、餐厅营业时间、餐厅经营特色、服务项目、预订方法等内容是不能省略和遗漏的。

4

任务四　变动菜单的筹划与实施

一、变动菜单的概念、种类及表现形式

（一）变动菜单的概念

变动菜单是指餐饮企业为了满足消费者对餐饮产品的特殊消费需要而制定的，内容依不同的业务情况不断变动的菜单。与固定菜单相比，变动菜单的特征是：这种菜单是根据消费者的特别要求而准备的；菜单上提供的经营品种、价格以及对应的服务，会根据不同的客户、不同的消费要求而发生变动。

（二）变动菜单的种类及表现形式

在餐饮经营活动中，我们通常将变动菜单分为特别菜单和订单两大类：

1. 特别菜单

特别菜单是以餐饮企业为主体，为社会或企事业单位、社会团体乃至公众的某些特定活动、特别消费需求而设计、准备的菜单。这类菜单的常见形式有：

（1）每日菜单。将适合当日消费氛围的餐饮产品集中于一份菜单上，然后将这份菜单置于固定菜单（如零点菜单）内或直接放在餐桌之上，引导就餐者首先考虑购买"每日菜单"上的餐饮产品。

（2）会议菜单。为在酒店中参加会议的出席者准备的餐饮产品目录清单。与会者的餐饮消费一般要求简单、快捷、经济、卫生，酒店通常依据消费标准和口味用套菜（也有用和菜）的形式提供服务。会议类型和档次不同，消费需求也不同。

（3）节日菜单。为某些特殊节日准备的菜单。在这些场景中，餐饮企业通常提供套餐。近几年来，餐饮企业常为如下节日提供专门的节日菜单及相应的服务：春节餐——合家团圆；"六一"餐——儿童的天地；情人餐——二人世界。

2. 订单

订单以消费者为主体，是消费者根据自己的消费能力和消费需求等向餐饮企业提出消费要求，企业依据消费者的要求制定提供的菜单。这些订单的表现形式有宴会订单、酒会订单、冷餐会订单、茶会订单等。

二、变动菜单销售额预算和作业计划安排

变动菜单的制定计划比固定菜单的制定计划更为复杂。我们不仅要考虑企业自身的技术能力水平、前期的销售统计数据、市场原料

的供应形势等因素,还要考虑菜单上产品的组合状况(组合风味状况及组合成本状况等)。此外,在制定变动菜单时,我们还要考虑销售额预算和作业计划安排等因素。这里,我们以酒店餐饮为例展开论述。

(一) 销售额预算

销售额预算是变动菜单计划的重要内容,是获取利润的关键步骤。销售额预算和成本核算不同,前者研究产品的售价和预期销售数量等内容,后者则研究产品售价构成中的重要成分,即成本。销售额预算通常建立在一些已知数据之上,如销售单价、预订人数、预计人均消费量定额、服务人员定额数、餐具折旧费用定额、运输费用预计开支额、餐饮活动场地的租赁费用额。在下文中,我们就这些因素分别加以介绍。

1. 销售单价

这里只就变动菜单中餐饮产品价格的计算原则加以说明。

酒店餐饮部的同一件产品,如果既在零点餐厅中出现,也在宴会菜肴中出现,且这两个产品的数量、质量、外表完全一样,那么,售价应当如何计算?

酒店餐饮经营管理人员应当明确,这一产品的单价应本着这样的原则计算,即宴会中该产品的价格应高于零点餐厅中同一产品的价格。其原因为:第一,宴会厅在单位时间内的上座率均要大大低于零点餐厅;第二,宴会服务需要许多专门受过良好培训的服务人员,这些服务人员的工资福利费用开销较大;第三,宴会服务离不开高规格的豪华环境,环境的建设、装修、灯光、音响等设施的投入是一笔非常大的成本。

但在实际工作中,为何往往会出现给宴会等团体消费的业务打折的现象呢?事实上,这种打折并非是对餐饮产品逐一打折,而是考虑到宴会消费是种组合综合消费,餐饮部能将一部分高利润的产品和滞销产品同时安排进菜单,餐饮部在获得可观利润的基础上给予一定的优惠,这种优惠是整体的优惠,此外,宴会消费往往还能带来许多意想不到的生意,我们需要在这样的背景下理解这种打折行为。

2. 预订人数

预订人数一般可直接从消费方获取。但在实际操作过程中,将预订人数和最后参加宴会活动的人数相比,有三种情况可能会发生:

第一种情况是,最后参加活动的人数与预订人数相符,我们称之为"等额",这是双方希望的,同双方原先估计和准备的一样;第二种情况是,最后参加活动的人数多于预订的人数,我们称之为"超额";第三种情况是,最后参加活动的人数少于预订的人数,我们称之为"差额"。后两种情况是活动主办方和承办方(酒店)均不愿意看到的。为了制约酒店与消费者双方的行为,酒店在接受消费方预订时,往往会要求消费方做出"实际参加人数的担保"，在此基础上，如果发生"超额"或"差额"的情况，应视超额、差额的程度作具体处理。

对于一些轻度超额情况，许多酒店一般仍按预订时的约定执行，如发生大数量的超额，除按正常标准收费之外，另外再施加一个惩罚系数。数量差额发生时，尚未下锅的食品原料不收取费用，下锅的食品若转至其他餐厅出售，这部分原料一般也不收费，这样可将双方的损失降至最低。

有的餐饮企业常用书面形式来规范宴会活动的买卖双方，这种书面形式的规范被称为"担保协议"。担保协议可以保护承办方的利益，尽最大可能保证出席人数达到预订的人数。如果没有达到，酒店将得到赔偿。同时，担保协议也可以使主办方放心，它可以保证承办方对食品、服务等已进行充分的准备。

实际工作中，担保协议一般应包括下列条款：

（1）主办者最迟在宴会或活动开始前 24 小时将确切的出席人数通知酒店。

（2）酒店将按保证出席人数的 112％的标准准备席位和食物。

（3）当出席人数低于保证人数时，仍按保证人数的 90％收费。

（4）当出席人数超出保证人数时，仍按原价收费，但超出人数多于保证人数的 12％时，超额出席者将获得尽力照顾，但必须追加收费（额度视情况另定）以补偿临时调集服务人员、准备食物和餐具引发的成本。

（5）当出席人数超过保证人数的 90％，但不足 100％时，实际提供的膳食份数按全价收费，剩余部分按半价收费。

3. 确定人均消费数量定额

人均消费数量定额指的是在一次餐饮消费活动中，每位就餐者平均能够消耗的食物的数量。虽然通过食品消费数量可以推算出销售金额，但更重要的是对于食物消耗进行的预测工作。它可以帮助我们避免两种现象：一是预测数低于实际消耗的数量，餐桌上空空如也，准备的食物已经一扫而光，而宴会活动却开始不久；二是宴会行将结束，餐桌上的菜肴依然像小山似的堆积着，似乎无人问津，主办者、承办者的脸面均不风光。造成这些现象的原因是多方面的。中餐宴会、西餐宴会、冷餐会、酒会等餐饮集体消费活动中均有可能出现上述现象。餐饮经营管理人员应该分析这些现象产生的原因，采取相应的措施，预防这些现象的发生。具体工作则包括以下几项内容：

（1）人均消费量与餐饮活动时间、人数的对应关系。一家餐饮研究机构以鸡尾酒会为调查对象，综合统计出人均消费量、活动持续时间和参加人数之间的关系。不同活动时间与参与人数下的人均消费量如表 4-5 所示。

表 4-5　　　　　　　不同活动时间与参与人数下的人均消费量

人数	30 分	45 分	1 小时	1 小时 15 分	1 小时 30 分	1 小时 45 分	2 小时
20～50 人	2.00	3.00	3.25	3.50	3.75	4.00	4.25
55～100 人	2.00	3.00	3.25	3.50	4.00	4.25	4.50
105～200 人	1.75	2.25	2.75	3.25	3.75	4.25	4.50
225 人以上	1.50	2.00	2.50	2.75	3.25	3.75	4.00

我们从表 4-5 中至少可以得出两个结论，一是参加活动的人数越多，特定时间内的人均食物消耗则越少；二是活动延续的时间越长，消费的数量在同一单位时间计量段内则越少。

（2）人均消费量同菜单内部结构的对应关系。人均消费量同菜单内部结构存在着密切的关系。每一份菜单都会有自己的结构，在不同的菜单结构下，客人的消费量会发生变化。我们仍以鸡尾酒会为例，鸡尾酒会提供的餐饮品共分两大类：饮料与佐饮品。佐饮品往往是小点心之类的食品，假使佐饮品以咸食为主，饮料销量便可能会增加。通过对鸡尾酒会上所用的饮料和佐饮品小吃加以调查统计，我们可以得出如下结论：

❶ 应以咸点心为佐饮品小吃。

❷ 酒会开始的第 1 个小时，每人消费 5～7 块小吃，以后每小时消费 3～4 块。

❸ 如果鸡尾酒会后有宴会，那么每人平均消费 2～3 块小吃就足够了。

❹ 如果鸡尾酒会单独进行，则人均消费为 12～16 块小吃。

（3）人均消费量定额的确定还应考虑到顾客的构成和心理因素。顾客的年龄、身份、职业、性别、消费动机等事项，是喜事还是丧事，是重逢还是告别，是老人祝寿还是小孩生日等，这些都应该在顾客上门预订时加以询问、了解清楚，作相应的分析，再决定对策。

（4）人均消费量同餐饮产品本身质量的关系。人均消费量同餐饮产品本身的质量存在对应关系。仍以鸡尾酒会为例，以烈性、硬性酒精饮料为主的鸡尾酒会，人均消费量自然会低许多。具体而言，以低价酒精饮料为主的鸡尾酒会，人均消费量还会进一步降低；以优质高价酒精饮料为主的鸡尾酒会，人均消费量则相对较高。

（5）人均消费量同其他因素的关系。人均消费量的大小还同一些其他因素有关。例如，一些酒店在酒会进行时有意施放干燥空气，降低空气湿度，人为地加剧口渴感，从而使消费量剧增。我国许多地区流行民间划拳行令，会提升酒类产品的消费量。在这些地区计算人均消费量时，我们应将这些因素加以综合考虑。

4．确定服务人员人数定额

服务人员人数定额数据可以从两个方面获得：分析变动菜单涉及的

活动性质、分析活动定量。一般情况下，活动的级别越高，对服务质量的要求就越高，参加服务的人数相应就越多。在高档的餐饮宴席中，至少应有两名服务员负责照看一个台面；在普通的餐饮活动中，每桌由一名服务员负责看台就可以了；团队、会议用餐等场合中，一名服务员负责照看两桌也是非常常见的。分析所涉活动的性质，有助于由上而下推算出服务人员的人数定额。

分析活动定量则从活动的具体内容出发，由下而上推算出所需服务人员的数量。活动定量的变化有许多具体的影响因素，如餐饮活动场地的面积、厨房与餐厅的距离、服务程序的复杂程度。将这些因素加以综合考虑之后，服务人员人数定额就可以计算出来了。

5. 餐具损耗费用额

餐具损耗费用额是销售额预算中必不可少的数据。在举行大型餐饮活动时，餐具的损耗费用额是很高的。餐具的损耗主要来自三个方面：第一是餐具的摩擦损耗，餐具的物理外形几乎不会变动，而餐具由于使用，会由新变旧，损耗程度通常用百分数计算。第二是餐具的破碎损耗，其程度也以百分数来计算。在上述两个指标中，前者同业务量大小及餐具本身的质量有关，国际上通行的餐具摩擦损耗为餐具总额的 12%（平均水平）。破碎损耗的标准，各酒店各不相同，主要与酒店的管理水平有关。国内许多酒店将餐具损耗额同餐饮销售额紧密挂钩，一定的餐饮销售额允许有对应的餐具损耗额。第三是餐具的丢失损耗，可分为自然丢失损耗和人为丢失损耗两种。在计算餐饮变动菜单销售额时，我们应将上面的因素考虑进去。

6. 计算餐饮外卖活动的运输费用

外卖活动是酒店餐饮部经常碰到的业务。餐饮活动的主办方由于种种原因，希望将餐饮活动安排在酒店以外的其他地方举行，整个活动的服务人员、餐具、食品原料乃至餐饮产品的加工工作仍由酒店负责。如遇外卖业务，计价时，我们则应将运输费用计入销售总价。

7. 餐饮活动场地的租借费用

该项费用的计算方法比较容易确定，大多用于酒店内消费的"订单"类业务，国内少数酒店还未将场地租借费用计入销售额预算之中。在这方面，一些国家的酒店企业除了收取活动场地的租用费之外，对酒店企业向活动主办方提供的设备、器材、专业人员等均收取相应的费用。

8. 其他费用

这是指一些可能发生的、不可预测、不可预知的费用。

总之，在尚未得到上述 8 个方面的数据时，销售额预算是不可能编制的。掌握了以上各方面的数据之后，餐饮管理人员还要进行综合平衡和计算，才能获得可靠的预算结果。最终，销售预算总额的计算公式为：

销售预算总额(营业收入总额)＝销售单价×人均消费数量定额×消费预订人数＋(服务人员人数×服务人员平均工资＋服务费)＋餐具总价值×餐具折旧率＋运输费用＋场地租用费＋其他费用

只有在估算出餐饮活动的总经济收益的情况下,管理者才可能做到胸中有数,从而在计划和管理上突出重点、发挥优势、减少损耗,获得最佳的经济效益。此外,在得到"销售预算总额"(营业收入总额)这一数据的基础上,餐饮管理人员就能够比较容易地推算出其他一些数据,例如:

人均消费总额 ＝ 销售预算总额 ÷ 消费预订人数

人均消费总额是变动菜单计划收费的依据和标准;销售预算总额是生产部门做好生产、服务部门做好服务的出发点。有了这些预算,餐饮部内部的核算、制作、服务关系则一目了然,管理人员便可计划、安排相应的工作,确保职责分明,为落实经济责任制度与奖惩制度打下基础。

(二)作业计划的安排实施

销售预算工作大多在案头进行,重点在计算上,而这些案头工作的具体落实,即"作业计划"的安排实施是更为重要的。

作业计划的安排实施是指餐饮部在接到餐饮活动任务之后将任务分解、分步完成和实施的过程,是变动菜单计划管理工作的另一个重要组成部分。作业计划的安排与实施,往往会占用餐饮管理者较多精力和时间。

作业计划的安排实施大体可分 4 个步骤:确定工作程序、确定订单内容、制定作业进度图表、确定信息传递方式。

1. 确定工作程序

作业计划的安排、实施工作的一般程序如图 4-4 所示。

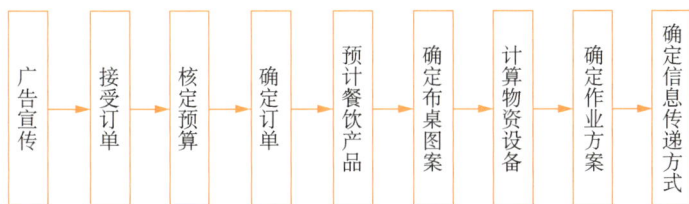

广告宣传 → 接受订单 → 核定预算 → 确定订单 → 预计餐饮产品 → 确定布桌图案 → 计算物资设备 → 确定作业方案 → 确定信息传递方式

图 4-4　作业计划的安排、实施工作的一般程序

2. 确定订单内容

确定订单内容主要指了解顾客的基本情况、订购项目、订购价格(总额、人均消费额等)、付款方式和期限、餐饮活动场地布置要求并确定意外情况的处理办法。具体内容如下。

(1)基本情况主要指主办者、出席对象、活动类型、活动联系人、联系人的联系地址和联系电话、活动举行的时间、活动举行的地点等。

(2)订购项目主要指消费者确定的具体餐饮产品品种。餐饮活动的消费内容一般由消费方决定。例如,在中餐宴会订单里,消费者可以提出要几道热菜、几种饮料、几巡服务;消费者还可以要求提供哪几道菜肴(尤其是特色菜)、哪几道酒水(尤其是名贵酒)、哪几项服务(尤其是关键服务项目)。根据消费者订购的项目,餐饮管理人员要进行统筹安排,尽可能地满足消费者的要求并兼顾作业服务的轻重缓急以及菜单本身的构成特点等。

(3)订购价格即消费活动的价格,一般由餐饮企业确定。确定价格的依据是企业的价格政策、市场需求状况以及业内竞争态势。

(4)付款方式和期限应在制订计划时就加以考虑,并在订单上明确写清,以免买卖双方日后就此发生不必要的纠纷。在应用变动菜单的环境中,产品的消费服务与相应款项的到位之间往往有一段较长的时间间隔。支撑餐饮企业运转的流动资金是有限的,拖延付款会给企业在管理和运转上造成困难,因此,付款的期限十分重要,尤其是餐饮业务活动极度频繁的高峰时期。

(5)餐饮活动场地的布置要求是根据餐饮活动的性质和规模加以确定的。

(6)意外情况的处理办法是指突发事件发生时的解决方法和途径,这是餐饮管理人员应预先加以考虑的。任何计划的执行都不可能是十全十美的,基于餐饮活动的多变性,我们必须设计出多套方案。

在具体实施过程中,酒店餐饮部应从"客人预订方便、减少随意性"的角度考虑,根据实际需要,编制两套供客人预订时询问、比较、选择用的资料,一套为印刷版的,另一套为电子版的,两套交叉使用,帮助预订者完成预订工作。其内容应该包括:

❶ 中西餐宴会、冷餐会、酒会等产品的预订起点标准。

❷ 高档宴会人均消费起点标准。

❸ 大型宴会消费总金额起点标准。

❹ 各类宴会的菜单和可变换、替补的菜单。

❺ 各类宴会可选用的酒单。

❻ 不同档次的宴会的配套服务项目。

❼ 中西餐宴会、冷餐会、酒会的场地布置、环境装饰和台型布置实例图。

❽ 宴会中主要菜肴、点心、名酒的介绍及实物彩照。

❾ 宴会预订金的收费规定;宴会提前、推迟、取消的相关规定。

上述资料,应确保图文并茂、简明完整、色彩艳丽,具有相当强的吸引力。订单最终以表格的形式加以确定,我们选取了3份各具特点的订单,供参考。

适用于小型宴会的预订单如表4-6所示;适用于大中型宴会的预订单如表4-7所示;适用于综合性活动的预订单如表4-8所示。

表 4-6　　　　　　　　　　　　　　适用于小型宴会的预订单

宴会日期		时间	
联系人姓名		电话	
地址或酒店房号		邮政编码	
人数或桌数		每人（台）标准	
有何忌食			
宴会厅要求			
付款方式		预定金	
处理情况			

预订日期：　　　　　　　　承办人：

表 4-7　　　　　　　　　　　　　　适用于大中型宴会的预订单

宴会日期		预订人姓名	
地址		电话	
单位		饭店房号	
宴会名称		宴会类别	
预算人数		保证人桌数	
宴会费用标准		食品人均费用	
		酒水人均费用	

具体要求	宴会菜单			酒水	
	宴会布置	台型主桌型场地布置			

确认签字		结账方式		预收订金	
处理			承办人		

表 4 - 8　　　　　　　　　　适用于综合性活动的预订单

预订日期：

宴会厅名称：

预订者：	客户名称：
预订受理者：	
预订取消者：	客户地址：
宴会类别：	
记账：	电话：
	菜单：
估计宴会人数：	
保证参加人数：	
每人价格：	
服务费/%：	
宴会厅费用：	饮料：
备注： 宴会厅布局要求： 主席台　　　　U 型桌布局 戏院布局　　　圆桌会议布局 教室布局　　　T 型布局 中餐宴会布局 设备要求： 麦克风　　　　投影仪 舞台灯光　　　屏幕 其他要求： 宴会厅布置要求： 宴会厅布置完毕时间：(　　　)点 鲜花要求： 其他要求：	
合计总销售额： 估计总成本额(　　　)%	宴会通知： 通知时间： 通知地点：

抄送部门：总经理　财务部　客房部　餐饮经理　宴会经理　大厅服务部　厨房　　维修部

3．制定作业进度图表

制定作业进度图表就是将餐饮活动的管理安排、运转安排、服务安排等用图表的形式呈现出来。图表最大的优点就是直观、易解，它十分适合一线管理活动的安排。

有关餐饮活动的作业进度图表大致有 5 种，即菜单进度表、菜单原料等物品清单、餐饮活动场地安排图、需用餐具及物品清单、最终作业指令等。

（1）菜单进度表。菜单进度表根据活动的顺序，将提供的餐饮产品、服务方式、服务执行者用对应的关系制成表格，使管理人员、服务人员一目了然，以保证服务质量。我们以中餐宴会为例，说明其格式与对应关系。菜单进度表(样表)如表 4 - 9 所示。

表 4 - 9　　　　　　　　　菜单进度表(样表)

活动名称：　　　　　　　　　　　桌号：
活动性质：　　　　　　　　　　　人数：
活动时间、地点：

项目	菜单	服务方式	服务者
冷盘类	————	————	————
	————	————	————
	————	————	————
	————	————	————
	————	————	————
	————	————	————
	————	————	————
	————	————	————
热炒类	————	————	————
	————	————	————
	————	————	————
	————	————	————
	————	————	————
	————	————	————
	————	————	————
煲汤类	————	————	————
	————	————	————
主食、面点	————	————	————
	————	————	————
	————	————	————
	————	————	————
	————	————	————

4

续　表

项目	菜单	服务方式	服务者
甜食、水果	————	————	————
	————	————	————
	————	————	————
	————	————	————
	————	————	————
饮料	————	————	————
	————	————	————
	————	————	————
	————	————	————

特别服务进度表(样表)如表 4 - 10 所示。

表 4 - 10　　　　　　　　特别服务进度表(样表)

活动名称：　　　　　　　　桌号：
活动性质：　　　　　　　　人数：
活动时间、地点：

特别服务项目	时间	服务者
*香　　烟————	————	————
*热 毛 巾————	————	————
*赠送礼品————	————	————
*食品展示————	————	————
*乐队奏乐————	————	————
*其　　他————	————	————

　　(2) 菜单原料等物品清单。此清单主要是由厨师长根据宴会预订的有关通知而准备的。厨房根据餐饮活动的菜单，配以相应的原料(名称、数量、规格等)及烹饪加工需用的厨具。需要说明的是，所需原料的计算依据以食谱为准，厨具的使用数量、品种由厨师长确定。关于原料和厨具的要求尽可能地保证详细，最大限度地避免差错。菜单原料、物品清单如表 4 - 11 所示。

　　(3) 餐饮活动场地安排图。餐饮活动场地安排图由餐饮管理人员根据餐饮活动的计划安排绘制，其主要作用是方便餐饮活动中服务工作的开展；此外，它还能为参加餐饮活动的客人提供对号入座的便利。宴会休息场地安排图如图 4 - 5 所示。

表 4 - 11　　　　　　　　　菜单原料、物品清单

活动名称：				
活动性质：		出菜时间：		
活动时间、地点：		桌数：		
		人数：		

序号	菜单	原料	厨具
1			
2			
3			
4			
……			
其他：			

4

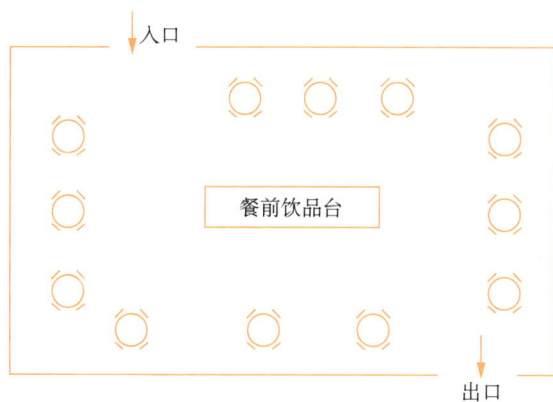

图 4 - 5　宴会休息场地安排图

在绘制场地安排图的过程中，我们要根据场地面积的大小作出场地安排；布局时，注意突出主桌，留好服务员行走路线和宾客行走路线，安排好服务区域，同时安排好现场督导人员。

餐饮活动场地安排图应绘制一式三份，一份留餐饮部行政办公室；另一份粘贴于活动场地入口的员工工作区域内；第三份挂在餐饮活动场所宾客入口处的告示牌内，方便客人在最短的时间内对号入座。

宴会活动场地安排图如图 4 - 6 所示。

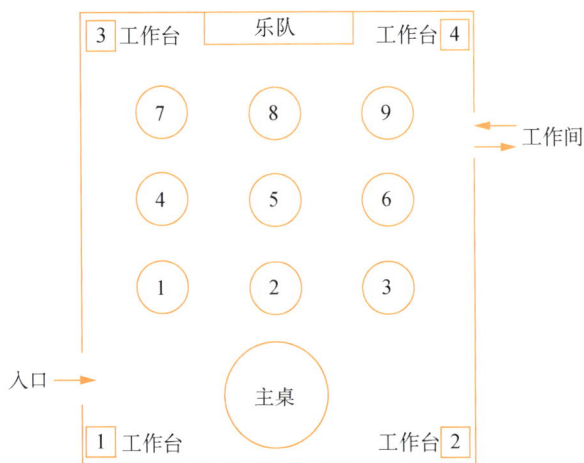

图 4-6　宴会活动场地安排图

（4）需用餐具、物品清单。需用餐具、物品清单应根据餐饮部的有关指令准备。需用餐具、物品清单（样单）如表 4-12 所示。

表 4-12　　　　　　　　　　需用餐具、物品清单（样单）

活动名称： 活动性质： 活动时间、地点：	桌数： 人数： 餐具、物品到位时间：
瓷器类	布件类
玻璃器皿类	桌椅类
不锈钢、金银器皿类	其他类

在制订"需用餐具、物品清单"时，我们应注意各类餐具、物品的尺寸、规格要求，应分别列出并注明；同一档客人若先后参与两种餐饮活动，如宴会之前的餐前酒会和宴会活动，则应分列两张清单，分别提供相应的服务；清单所列的"餐具、物品到位时间"很重要，制单时应用记号笔画出。

（5）最终作业指令单。最终作业指令单是由餐饮经理签发的，要求下属及相关部门协调做好餐饮活动的书面通知单。国内也有酒店将其称为"宴会通知单"。最终作业指令单分为三大部分,即一般信息情况介绍,内容包括主办方的情况、活动时间、地点、类型、参加人数、结账标准、形式等;活动涉及的各有关部门应该做的工作及时间要求;指令单的分发情况。

为了使多功能厅(宴会厅)的使用情况一目了然,我们有时候还会使用多功能厅预订登记表。在做好前述管理表格编制、登记的同时,我们必须将多功能厅的使用状况预先登记,避免发生一厅两主的"撞车"现象。多功能厅预订登记表(样表)如表 4 - 13 所示。

表 4 - 13　　　　多功能厅预订登记表(样表)

场所	其他宴会	早餐	午餐	晚餐
一号功能厅	宴会类别＿＿＿ 预订者＿＿电话＿＿ 单位＿＿电话＿＿ 宴会人数＿＿时间＿＿ 其他事项＿＿＿	预订者＿＿电话＿＿ 宴会单位＿＿ 电话＿＿ 宴会人数＿＿ 其他事项＿＿	预订者＿＿电话＿＿ 宴会单位＿＿ 电话＿＿ 宴会人数＿＿ 其他事项＿＿	预订者＿＿电话＿＿ 宴会单位＿＿ 电话＿＿ 宴会人数＿＿ 其他事项＿＿
	保留日期至＿＿＿ 预订受理人＿＿＿ 日期＿＿＿	保留日期至＿＿＿ 预订受理人＿＿＿ 日期＿＿＿	保留日期至＿＿＿ 预订受理人＿＿＿ 日期＿＿＿	保留日期至＿＿＿ 预订受理人＿＿＿ 日期＿＿＿
二号功能厅	宴会类别＿＿＿ 预订者＿＿电话＿＿ 单位＿＿电话＿＿ 宴会人数＿＿ 时间＿＿ 其他事项＿＿	预订者＿＿电话＿＿ 宴会单位＿＿ 电话＿＿ 宴会人数＿＿ 其他事项＿＿	预订者＿＿电话＿＿ 宴会单位＿＿ 电话＿＿ 宴会人数＿＿ 其他事项＿＿	预订者＿＿电话＿＿ 宴会单位＿＿ 电话＿＿ 宴会人数＿＿ 其他事项＿＿
	保留日期至＿＿＿ 预订受理人＿＿＿ 日期＿＿＿	保留日期至＿＿＿ 预订受理人＿＿＿ 日期＿＿＿	保留日期至＿＿＿ 预订受理人＿＿＿ 日期＿＿＿	保留日期至＿＿＿ 预订受理人＿＿＿ 日期＿＿＿

日期＿＿＿＿星期＿＿＿

4. 确定信息传递方式

信息传递方式可以是口头的,如开会、面谈、电话,也可以是书面的,如文件,现在人们多通过网络完成信息传递。此外,信息也可按组织系统加以分层布置。

作业进度图表、指令单的制作虽然会增加管理工作的负荷,但在投入使用后能减少实际管理工作的混乱,提高工作效率。变动菜单的筹划与实施工作涉及广泛的餐饮管理知识,工作量大,难度高,我们必须在工作中加以反复学习并不断实践,才能达到预期效果。

【项目回顾】

在本项目中,我们主要学习了菜单的设计与制作方法、思路。通过学习,学生应了解菜单的含义、作用、种类和设计依据,熟悉菜单定价的影响因素,掌握菜单内容的选择方法、餐饮产品价格的制定方法和价格制定策略,掌握菜单的装帧制作方法,从而具备进行菜单设计的能力。

【项目测试】

1. 菜单设计工作的依据是什么?
2. 完整的菜单应包含哪些内容?
3. 影响菜单定价的因素有哪些?
4. 餐饮产品价格的制定方法有哪些?
5. 菜单的装帧制作工作包括哪些内容?

案例分析

A 酒店的菜单调整

一、案例介绍

A 酒店在开业之初曾以全市"五个第一"而闻名,诸如第一个在大厅安装感应自动门、第一个在楼前及屋顶亮起五彩缤纷的霓虹灯、第一个采用泛光灯装置等。不久,该酒店被全国旅游业视为一绝,几年来,客房出租率经常保持在 100% ,同样被视为酒店业的一大奇迹。

该酒店的尝试是大胆的,实践证明也是成功的,其成功不仅仅在于采取了一条"怪"路子,还在于卓有成效的管理。

餐饮不是该酒店的强项,却同样受到领导极大的关注。

某个上午,办公室里正开着一个小型会议,与会者有餐饮部经理、厨师长和两位主管,每人手里拿着一份最近两个月的菜肴销售状况分析表。表的左面是近阶段菜单上的 15 种菜肴的名称,最上面一行是日期,并注明星期几,每个星期结束有个"小计",表内主体部分是每种菜肴的销售量,表的最右面是每天的平均销售量。

"从本表可以看出,我们最近才推出的清炒西葫芦的销售情况呈上升趋势。8 月份从第一个星期的 180 份一直稳步上升,到第四个星期为 270 份,我认为在考虑新菜单的时候仍应保留此菜。"一位主管坦陈自己的看法。

"我同意。另外,我认为肉丸子砂锅也应该保留。一方面,这是我们的特色菜,已有相当的名声;另一方面,从销售情况看,每天的销售量始终保持在 190 份上下,变动范围很小,这说明我们的客人喜欢这道菜。"厨师长接着发言。

"红煨羊肉的销售状况看上去波动较大,但如果仔细分析一下的话,可找出一定的规律,即每到星期六和星期日,它的销售量激增,在其余日子则情况平平。因此,这道菜有保留的价值，但在用料方面需作调整，星期六和星期日两天多准备一些原料，以满足需求。"餐饮部经理谈了自己的意见。

他们对每道菜都进行了认真细致的分析，把销售情况明显下降的以及近阶段一直居于倒数前 4 的菜肴删去，餐饮部经理和厨师长提议试销葱爆腰花和蚝油牛肚等六道菜，获得一致赞同。

二、案例思考

案例中菜单的更换流程和具体内容体现了菜单内容选择上的哪些要求？

【项目延展】

宴会菜单的设计应紧扣主题文化

一、反映饮食内涵和特征

菜单的核心内容，即菜式品种的特色、品质必须反映主题文化的内涵和特征，这是主题菜单的根本。否则，菜单就没有鲜明的主题特色，显得普通。苏州的"菊花蟹宴"以原料为主题，围绕"螃蟹"这个主题展开，汇集清蒸大蟹、透味醉蟹、子姜蟹钳、蛋衣蟹肉、鸳鸯蟹玉、菊花蟹汁、口蘑蟹圆、蟹黄鱼翅、四喜蟹饺、蟹黄小笼包、南松蟹酥、蟹肉方糕等菜点，可谓"食蟹大全"。浙江湖州的"百鱼宴"，围绕"鱼"来做文章，糅合四面八方、中西内外各派风味的鱼类菜肴。"普天同庆宴"以欢庆为主题，整个菜单围绕欢聚、同乐、吉祥、兴旺做文章，渲染喜庆之气氛。其主要菜点如下：

龙凤呈祥——龙虾鸡脯拼

辞旧迎新——片皮乳猪

普天同庆——夏果虾仁带子

群星璀璨——时蔬白鱼丸

万家欢乐——枇杷鲍翅

百业兴旺——三菇烩六耳

百年好合——莲子百合羹

永结同心——香酥芝麻枣

二、以文化为中心

菜单、菜名及呈现技术应当围绕主题文化这个中心展开。我们可以根据不同的主题确定不同风格的菜单，考虑菜名的文化性、主题性，使每一道菜都围绕主题，保证整个宴会气氛的和谐、热烈，令人产生美好的联想。

例如，寿庆喜宴的主要菜点与命名方式如下：

麻姑献寿——拼盘围碟

合家欢乐——彩色虾仁

祥和如意——佛手鱼卷

蟠桃盛会——鸽蛋鱼翅

吉庆有余——鲍鱼四宝

花开富贵——桃仁花菇

松鹤延年——寿星全鸭

长命百岁——蛋黄寿面

寿比南山——猕桃银耳

五彩果盘——时令果拼

　　设计主题菜单时,设计者应考虑主题文化的差异性,突出个性,而不是泛泛而谈。主题菜单只考虑一个独特的主题,菜单必须具有特有的风格。菜单越是独特,就越能吸引人,从而产生令人意想不到的效果。

4

项目五

采购与储藏管理

学习目标

1. 合理控制采购数量、质量、价格和方式，确保酒店盈利发展。
2. 科学设置验收人员、设备、程序和监管，完善原料验收体系。
3. 牢固掌握原料存放、发放、处理的方法，做好原料成本控制。

典型任务

1. 以某餐厅一周经营计划为样本，设计原料采购计划。
2. 以某餐厅一周采购方案为基础，演示原料验收过程。
3. 以某餐厅部分库存原料为样例，设计成本控制方案。

【项目导入】

随着市场供应的日益充裕,餐饮企业原材料的进货渠道与以往相比有了日渐宽阔的选择空间。拥有数十家大中型餐馆的综合性饮食集团公司 B 饮食集团公司为使下属各企业在激烈的市场竞争中掌握市场主动权,决定从源头抓起,在保证货源质量的前提下,减少成本,把菜品价格降下来,服务大众,让利于民。基于此种想法,集团公司推出了进货招标方案,供应商积极响应,前来报名竞标的经销商、厂家共有 100 多家。经过筛选,有近 50 家供货商获准参加竞标。中标的原则是,同等质量下,选择价格最低的;同等价格下,选择质量最好的。在进行质量和价格的认证工作后,28 家供货商以质优价廉的原料取得了向该企业供货的资质。

B 饮食集团公司在采购方面力求公开、透明,旨在最大限度地减少成本。请思考,食品原料的采购与储藏工作涉及哪些内容,又有哪些可供改进之处呢?

【知识储备】

确定菜单之后,所有能够满足客人需求的食品原料均通过采购工作来获得。食品原料的采购工作,是餐厅为客人提供菜单上各种菜肴的重要保证,只有在原料质量合格的情况下,餐饮企业才能保证菜肴口味佳美。餐饮企业食品原料采购工作的基础是建立适宜的采购机制,制定严密的采购运行程序。

一、认识采购活动

(一) 采购的基本功能

餐饮企业进行采购的目的,是以合理的价格,在适当的时间,从安全可靠的货源处采购符合餐饮企业质量标准的原料,保证餐饮服务工作的正常运行。

从采购的目的来看,餐饮企业首先要保证原料物资的供应,确保餐馆服务和厨房业务的顺利进行;其次,在不影响原料质量和企业正常运转的前提下,尽可能地控制原料的成本和质量;最后,要避免原料的重复购买和浪费。

与采购目的相适应,餐饮企业采购管理的主要任务是收集完整的采购信息,确定采购人员的任职条件与职责,建立并完善采购程序,从而提高采购效率。具体来说主要包括以下内容。

1. 搜集正确的信息

正确、完整的采购信息有助于餐饮企业管理人员对各种供货渠道和原料物资进行比较与选择,以购买最适合的原料和物资。

2. 培养专业的采购人员

通过采购管理,对采购人员进行专业知识培训及实务技能训练,使其能够胜任餐饮企业复杂的采购工作。

3. 建立标准的采购作业程序

标准的采购作业程序应当包含采购的行为方式、作业流程以及原材料应该达到的质量标准、价格标准、时间标准，从而更好地在质量、价格和时间上保证餐饮企业采购工作的顺利进行。

4. 提高采购工作的效率

采购工作，尤其是餐饮原材料的采购是琐碎、复杂的。因此，餐饮采购管理的目的就是提高采购工作的效率，避免贻误时机，保证采购工作得以有序、正常地进行。

为了很好地完成餐饮企业的原料、物品采购工作，采购管理必须着重抓好采购组织的建立和人员配备工作，确立采购原则、采购标准、采购方法和程序以及价格审核工作的具体细则。

（二）采购的基本原则

1. 适用原则

高质量的原料不等于质量最适合的原料，而是指按照菜单需要，适于制作各种菜肴的原料。事实上，并非所有的菜肴都需要用最好原料来制作。烹制红烧肉就不必采购上等里脊肉；用于制作番茄沙司的西红柿也不必保证外形完美，否则，红烧肉和番茄沙司的成本必然会超过预期的标准，从而影响获利。

2. 满意价格原则

满意价格并不意味着采购部必须以最低的价格进货，受诸多因素的影响，采购部也不可能每次都以最低的价格采购食品原料。餐饮企业的进料数量大、进货频率高，以高于市场平均水平的价格进货显然是不正常的。因此，以低于市场平均水平的价格进货应该是一个普遍的采购原则，至于低多少，只能根据企业所处的市场环境、企业自身的情况确定。

3. 适量原则

原料的采购数量应根据餐饮企业自身的需要来确定，不同的时间、不同的季节、不同的接待情况都会影响原料的进货数量。原料的采购数量应该根据每天消耗量、库存量的多少以及储存空间的大小进行合理安排，决不能受制于供应商的送货数量或者盲目采购，造成库存积压、资金浪费和原料损耗。

4. 适时原则

在适当的时间采购所需的食品原料。其目的首先是保证原料的供应，避免缺货、断档，以免影响正常的餐饮服务；其次是尽可能地减少库存，降低库存费用、避免资金积压，减少由于过早采购原料而造成的损失。最理想的进货数量是可以实现"零库存"的进货数量，在最恰当的时间订货，供应商在企业需要的时候把所需物料送达，这样既能保证原料的使用，又能节约资金和仓储费用，同时还能保证原料的品质。

5. 进货渠道安全原则

在选择供应商时,我们不能只关注在质量相同条件下的最优惠价格。理想的供应商,应当能够结合我方经营活动的需要,提供各方面的优惠,保证按时供货,不会以次充好、缺斤少两。无论如何,讲信用的供应商才是理想的供应商。

(三)采购人员的配备

合格的采购人员是餐饮企业做好采购工作的根本。采购本身是一项复杂的业务活动,参与人必须具备必要的经验和知识。采购活动直接影响企业的成本控制效果,有人认为,一个好的采购人员可以为企业节省约5％的餐饮成本。可见,采购人员的遴选是十分重要的,一名合格的采购人员应具备以下几项素质。

(1)熟悉和了解原料供应市场的情况,熟悉食品原料、饮料的销售渠道,熟悉企业所在地的批发商和零售商,了解食品原料及饮料的市场行情。

(2)掌握食品原料的相关知识,了解如何鉴别各种原料的质量、规格和产地,了解在什么季节购买什么产品、什么产品容易存放、哪些原料可以相互替代。这些知识对原料的选择、采购数量的决策都起着很大作用。

(3)了解企业的经营与生产情况,熟悉企业的菜单,熟悉厨房加工、切配、烹调等环节的特征,熟悉本企业餐饮产品的风格特色,掌握本企业的经营风格和市场定位,了解本企业的储存条件,掌握各种原料的损耗情况、烹调特色以及加工工艺的复杂程度。

(4)掌握最佳采购时机,了解在何时、何地可以采购高质量的食品原料、物资、材料、设备以及可以享受的优惠。

(5)熟悉企业的财务制度,充分了解企业的财务政策、付款条件及时限,熟悉各种结算方法与程序。

(6)具有职业道德和进取精神,具备高尚的道德情操,能拒绝贿赂,真诚地对待供应商,以企业的利益为重。

二、采购程序的制定

采购程序是采购工作的核心。在进行采购之前,我们首先应制定一个有效的工作程序,使从事采购工作的相关人员都清楚应该怎样做、怎样沟通,形成一个正常的工作流程,使管理者能够积极地履行职能,更好地进行控制和管理。餐饮企业可根据自己的管理模式,制定符合本企业特征的采购程序,但无论如何,设计的目的和原理是相同的。餐饮原料采购程序如图 5-1 所示。

如图 5-1 所示,厨房所需的食品原料应向仓库申领,申领者应提交正式的申请手续,填写食品领料单,仓库根据申领单据发放,所有食品原料都必须经过这一手续获得。发放的食物原料既可以是仓库本身保管储藏的原料,也可以是当天验收合格的新鲜原料。

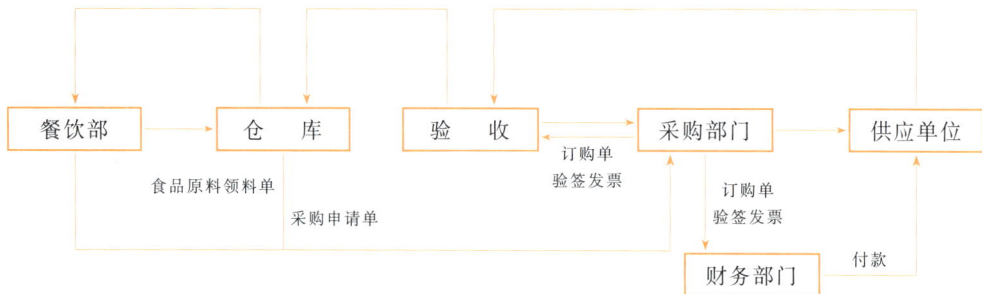

图 5-1　餐饮原料采购程序

厨房和仓库分别通过采购申请单向采购部门提出订货要求。厨房的订货品种是仓储之外的食品原料,通常为新鲜食品原料;仓库订购的是各类需储存保管的食品原料,当库存量低于规定的数量时,仓库就要提出申购请求,补足必要的库存量。

采购部门接到订货申请之后,应通过正式的订购手续向供应单位订货,同时给验收部门一份订购单副本,以备在收货时核对。

订货后,供应单位或个体经营者送货上门,验收部门验收合格后转送入库;供应单位若不提供送货服务,则由采购部门负责将所采购货物承运回来,交验收部门验收入库。验收部门收到厨房订购的新鲜食品原料后,应立即通知厨房通过申领手续及时领取。

验收部门将货物发票验签之后,应将其连同订购单交付采购部,采购部再将其转交财务部门审核,最后,财务部门向供应单位支付货款。

在整个运营程序中,各项工作均应以向生产部门及时提供适质、适价、适量的食品原料为唯一目标,各部门在采购的过程中都负有具体的责任,管理者应严格按照采购程序对采购过程进行督导和管理。

【项目实施】

任务一　餐饮原料的采购管理

餐饮原料的采购数量、质量和价格不合理,会使餐饮成本大大提高。因此,合理的采购数量、质量和价格是餐饮企业盈利、发展的必要保证。

一、采购数量的控制

原料的采购数量直接影响企业的资金状况、仓储费用、人工费用等,因此,餐饮企业应依据自身的经营特点制订合理的采购数量。通常情况下,采购数量受销售量、原料特点、储存条件、市场供求状况的影响。

(一)采购对象的类别

企业采购的食品原料,有些立即用于生产,有些则存入仓库。从采购

的角度来看,食品原料可分为以下两大类:

1. 容易变质的食品原料——鲜活原料

容易变质的食品原料是指在购入后必须在较短时间内使用的食品原料,一般指鲜活食品原料。例如,生菜和鲜鱼会很快变质。有些肉类和乳酪可保存的时间较长,但与罐头番茄酱相比,这些食品原料也会很快变质。因此,容易变质的食品原料应当在进货之后立即使用。

2. 不易变质的食品原料——可储存原料

不易变质的食品原料主要为主食品,指可以存储较长时间的食品原料。大米、面粉、食盐、糖、罐头水果和罐头蔬菜、香料、调味品等都是不易变质的食品原料。这些食品原料的包装物通常是盒子、箱子、袋子、瓶子、坛子、罐头等。在室温下,这些食品原料可在储藏室里存放几周甚至几个月。

(二)鲜活类食品原料采购数量的控制

鲜活类食品原料不可久存的特点决定了餐饮企业必须遵循"先行消耗完已购鲜活原料,然后才能进货"的原则。因此,采购工作的第一步便是掌握手头拥有的鲜活食品原料存量,根据营业量预报决定下一营业期所需原料的数量,然后估算采购数量。鲜活类原料的采购方法通常有以下两种。

1. 日常即时采购法

日常即时采购法适用于采购消耗量变化较大、有效保存期短暂故必须经常采购的鲜活类原料,如新鲜肉类、禽类、水产海鲜类原料。这种方法较为简单,但要求食品管理员每天巡视储藏室和冷库,对各种相关原料进行及时盘点,记录实际库存量,并根据营业量预报和具体情况决定所需原料的采购数量。企业通常都自行设计"市场订货单",把日常需要的食品原料分类列出。在订货单中,除"原料名称"栏外,还应有"现存量""应备量""已订量""需购量"等栏,同时还应设置"市场报价"栏,这在各供货单位原料供应价格不同的情况下十分有用。例如,经过盘点,管理人员发现 B、C 两种肉类实际库存量分别为 75 千克和 10 千克,下一个营业期间,这两种肉类的需要量分别为 250 千克和 200 千克,而已订购量分别为 100 千克和 50 千克,故由此决定这次采购量分别为 75 千克和 140 克。这类原料的采购较为频繁,几乎每天都需进行,因此我们一般不必考虑保险储备量等因素。

2. 长期订货法

某些鲜活类食品原料,如面包、奶制品、水果、蔬菜等,其消耗量一般不会发生很大的变化,因此,我们可以采用长期订货的方法进行采购。长期订货法有两种形式:其一是企业与某一供货单位商定,由供货单位以固定的价格每天或每隔数天供应规定数量的某种或某几种食品原料。例如,企业可与某食品公司签订采购合同,由食品公司每天供应 5 箱鸡蛋,企业不再每天进行采购联系。价格预先商定,数量固定不变,直到企业或食品公司感到有必要增加或减少时再进行重新协商。**其二是要求供货单位每天或每隔数天把企业的某种或某几种原料补充到一定的数量。**这就要求企业为所有有关原料逐一确立最高储备量。同时,为了防止补充后的存量超过最高储备量,企业通常使用"采购定量卡",借以对每次进货的数量加以控制,而这又需要专人负责每天盘点,记录各种原料的实际库存量,然后在供货单位前来送货时通知其各种原料的需购量。

长期订货法主要用于采购需求相对稳定的鲜活类食品原料。在营业量相对稳定的时期,此方法比较方便可靠。长期订货法也可以用于采购某些消耗量较大,需要每天补充的饭店物资,如餐厅所需的餐巾纸、纸餐盒等,这类物品若大量储存,无疑会占用大量的仓库面积,因此,餐饮企业不妨采用长期订货的方法,定期由供货单位供应。

(三) 干货类食品原料采购的数量控制

干货类食品原料不像鲜活类食品原料那样容易变质,可以较大批量地进货,但这可能造成原料积压和资金占用。从财务角度来说,这种资金占用会引发机会成本,由于把资金花在食品原料上,企业不得不放弃其他选择可以带来的效益价值。因此,这类原料的采购数量也必须加以控制,以尽量降低实际库存量,这样做对减少库房占用、防止偷盗、节省仓库劳力等都有好处。干货类食品原料的采购方法一般有两种,即定期订货法和永续盘存卡订货法。

1. 定期订货法

干货类食品原料采购中最常用的方法就是定期订货法。干货类原料的储存有效期较长,使减少进货次数成为可能,从而使食品采购人员有更多的时间去处理鲜活类原料的采购事务。定期订货法是指订货期固定不变,即订货间隔时间不变,一周一次、两周一次或一个月一次,但每次订货数量不同的订货方法。订货间隔时间通常根据企业关于原料储备占用资金的定额规定来确定。每到订货日期,仓库保管员应对库房进行盘点,然后决定订货数量。其计算方法如下:

订货数量=下期需用量-实际库存量+期末需存量

其中,期末需存量是指每一订货期末饭店必须保存的,足以维持到下一次送货日的原料储备量。在估算期末需存量时,我们必须考虑该原料的日平均消耗量及订购期天数,即从发出订购通知至原料入库所需的天数,同时还应考虑天气情况和交通运输状况等可能造成的送货延误,以及下期内可能突然发生的原料消耗量增加等因素。为了在特殊情况下确保原料供应,企业一般还应在期末需存量中加上保险储备量,通常取订购期内需要量的50%。因此,期末需存量的公式可以概括为:

期末需存量=(日平均消耗量×订购期天数)×150%

例如，某饭店每月订购一次芦笋罐头，该原料的日均消耗量为 10 罐，正常订货周期为 5 天，即送货日在订货日后的第 5 天。如果保管员发现目前货架尚存 70 罐，而下一期需用量约 300（10×30）罐，期末需存量为 75[（10×5）×150%]罐，那么，便可推算出这一次的订货数量：305（300－70＋75）罐。如果芦笋罐头是 24 罐装一箱，那么这一次的订货数量应该是 13 箱，共 312 罐。如此，虽然比应订购量多订了 7 罐，但由于每次订货时都必须减去当时的实际库存量，本次多购的数量必然会从下次订货数量中减除，企业不会产生不必要的损失。

2. 永续盘存卡订货法

永续盘存卡订货法也称为订货点订货法或定量订货法，是指企业设置各种兼具数量与金额的存货明细账，根据有关出入库凭证，逐日逐笔登记材料、产品、商品等的收发、领退数量和金额，随时结出账面结存数量和金额的方法。永续盘存订货法能够比定期订货法更有效地控制采购工作，但要求企业配备专业人员管理永续盘存卡。对于小型企业而言，这种方法不方便、不经济，但大型企业则多使用这种方法。

对于每一种原料，企业都必须建立一份永续盘存卡，用以登录进货数量和发放数量。每一种原料还都需设有预定的最高储备量和订货点量。所谓订货点量，就是定期订货法中的期末需存量，在此指当某种原料储备量下降到应该立即订货时的数量。因此，订货点量＝（日平均消耗量×订购天数）×150%。最高储备量要考虑诸多因素确定，如仓库面积、饭店确立的原料库存额、订货周期、每日消耗量、供货单位的最低订货量规定。

一般餐饮企业的仓库容量都很紧张，主要原因是在建造时未曾给予应有的重视。因此，企业必须根据现有面积决定全部原料的储存量，然后根据各种原料的特点分配具体的储存量。例如，大箱包装的原料，如果进货太多，必然占用大量仓库面积，其最高储备量应当维持在较低的水平上。

企业对原料资金占用额的规定也会影响最高储备量，如果企业资金不足或并不宽裕，那么，多次少量的订货方法就比较妥当。

企业规定的订货周期也会影响最高储备量的确定，此时，原料的每日消耗量就显得十分重要。如果消耗量大，且规定的订货周期又长，那么最高储备量必须相当大。其次，我们还得考虑供货单位关于最低订购量的规定。

根据以上各种因素，企业不难为各种原料定出比较合理的最高储备量。最高储备量指某种原料在最近一次进货后可以达到且一般不应超过的储备量，但也可指某种原料在任何时候都应保持的储备量。此处，其意义为前者。

永续盘存卡由食品成本管理员保管，用以登记各种原料的进货数量和发货数量。每种原料都有相应的订货点量，管理员不必每天进行实际库存盘点，只要根据永续盘存卡上的账面数字，在结余数降至或接近订货点量时可发出订货通知即可。订货数量的确定方法较简单。例如,某餐饮企业采购罐装金针菇,日平均消耗量为 20 罐,订货期为 5 天,最高储备量为 300 罐,订货点量则为 150 罐。2 月 15 日,管理员发现该原料永续盘存卡上的现存量已降至订货点量,即发出订货通知,根据上述公式,订购数量应为:250[300－(150－20×5)]罐。但因该原料系 12 罐一箱装,管理员决定订购 21 箱,共 252 罐。5 天后,订货运抵,该原料储存量即回升至最高储备量。

二、采购质量的控制

餐饮原料的质量是菜肴质量的基础,对于餐饮企业而言,所谓"高质量原料"即为适用于制备菜单上多种菜肴的原料。原料的适用性越强,原料的质量越高。餐饮原料的质量控制方法有很多种,其中较为重要的方法莫过于编写采购规格书。

企业常制订需采购食品原料的目录,以采购规格书的形式,规定对各种食品原料的质量要求。

(一)采购规格书的含义

采购规格书是以书面形式对餐饮企业要采购食品原料的质量和规格加以详细规定的标准文件。

(二)采购规格书的样本格式

所有采购规格书都应包括以下要件:

(1)产品通用名称或常用商业名称。

(2)法律、法规确定的等级、公认的商业等级或当地的通用等级。

(3)商品报价单位或容量。

(4)基本容器的名称和容量。

(5)容器中的单位数量和单位。

(6)重量范围。

(7)最小或最大切除量。

(8)加工类型和包装。

(9)成熟程度。

(10)为防止误解而需要提供的其他信息。

(三)采购规格书的作用

一份实用的采购规格书,可以且应当作为订货的依据、购货的指南、供货的准则和验收的标准使用。采购数量控制公式为:

采购数量＝最高储备量－(订货点量－日平均消耗量×订货期天数)

值得注意的是,无论使用何种方法,订货量最终必须根据当时的具体情况确定,我们既要考虑当时营业量的增长或下降趋势,又要考虑当时的市场供应情况。

三、采购价格的控制

采购工作的目标之一是用理想的价格获得满意的原料和服务。原料的价格受各种因素的影响，诸如市场的供求状况、餐饮产品的需求程度、采购的数量、食品本身的质量、供应单位货源渠道和经营成本、供应单位支配市场的程度以及其他供应者的影响等。针对这些影响因素，我们可以采取以下方法降低价格，保证原料的质量，从而实现对采购价格的控制。

采购价格的
控制

（一）规定采购价格

通过详细的市场调查，对企业厨房所需的某些原料提出购货限价，将采购价格限制在一定的范围内，按限价进行市场采购。当然，这种限价是企业在派专人开展调查后获得的信息。该方法一般适用于采购周期短、随进随用的新鲜物品。

（二）规定购货渠道和供应单位

为使价格得以控制，许多企业规定采购部门只能向那些指定的单位购货，或者只允许购买来自规定渠道的原料，这是因为企业预先已同这些供应商议定了购货价格。

（三）控制大宗和贵重原料的购货权

大宗和贵重食品原料的价格是影响餐饮成本的核心因素，因此，有些企业规定由厨房提出使用要求报告，采购部门提供各供应商的价格，具体向谁购买则由企业决策层加以确定。

（四）提高购货量和改变购货规格

进行大批量采购时，企业可以降低购货单价。此外，当某些原料的包装规格有大有小时，如有可能，企业可以批量购买大规格包装的食品原料，这有利于降低单位价格。

（五）根据市场行情适时采购

当某些食品原料供过于求、价格低廉且又是厨房大量需要的物品时，只要其质量符合标准且企业具备较好的储存条件，我们就可利用这个机会购进原料，以减少价格回升时产生的开支上升。在原料刚上市，价格日渐下跌时，采购量则应尽可能减少，只要能满足短期生产的需要即可，待价格稳定后再进行采购。

（六）尽可能减少中间环节

减少不必要的中间供应单位，从批发商、生产商或种植者手中直接采购，往往可获得较为合宜的价格，从而在产品价格上形成优势。

四、采购方式的选择与控制

采购目标的实现依赖于选择和使用合适的采购方式。采购方式多种多样，原料供应市场纷繁复杂，究竟采用何种采购方式并没有固定的模式

可以遵循。选择何种采购方式,关键在于考虑餐饮生产规模和业务要求,结合市场实际情况进行分析比较,从而选择适合本企业厨房需求的最佳采购方式。下面,我们介绍几种采购方式,并简要地分析其特点,以供选择参考。

(一) 公开市场采购

公开市场采购也称竞争价格采购,适用于采购次数频繁,需要每天进货的食品原料。餐饮企业的食品原料采购业务大多如此。所谓公开市场采购,即竞争价格采购,是指企业采购部门通过电话商函,或通过直接接触(采购人员去供货单位或对方来饭店),取得所需原料报价的过程。一般情况下,针对每种原料,采购者至少应取得三个供货单位的报价,分别将它们登记在市场订货单上,随后选择其中原料质量最适宜、价格最优、服务最好的供货单位。

(二) 无选择采购

企业有时候会遇到这样的情况:需要采购的某种原料在市场上较为紧缺,或者仅一家单位有货供应,又或者自己亟需得到某种原料,往往不会过度纠缠对方的索价。在这种情况下,企业往往采用无选择采购方法,连同订货单开出空白支票,由供货单位填写。这种方法,往往使企业对该原料的成本失去控制,因此只有在不得已的情况下才使用。

(三) 成本加价采购

当某种原料的价格涨跌幅度的变化较大,其合适价格很难确定时,企业往往会进行成本加价采购。这里的成本指批发商、零售商等供应单位的原料成本。在某些情况下,供货单位和采购单位双方都把握不住市场价格的动向,于是便采用这种方法成交,即在供货单位购入原料时所花的成本上酌加一定比例的额外金额,作为供货单位的盈利。对供货单位来说,这种方法减少了价格骤然下降可能带来的亏损危险;对采购单位来说,加价的百分比一般比较小,因而也似有利可图。进行成本加价采购的主要困难是很难确切掌握供货单位原料的真实成本。

(四) 招标采购

招标采购是一种比较正规的采购方法,一般只有大型企业才使用。采购单位把所需采购的原料物品名称及其规格标准,以投标邀请的形式寄给各有关供货单位,供货单位接到邀请后进行投标,报出价格,也以密封的文件寄回采购单位。一般情况下,在原料能符合规格标准的情况下,出价最低者中标。这种方法有利于采购单位选择最低的价格,但这种方法要求双方签订采购合同,因而不利于采购单位在合同期间另行采购价格更低廉、质量更合适的原料。

(五) "一次停靠"采购

餐饮企业营业所需的原料品种名目繁多,故必须向众多的供货单位采购,这就意味着企业每天必须花费大量的人力和时间处理票据并验收进货。为了减少采购、验收工作的成本费用,有的企业开始尝试新的采购方法,即凡属于同一类别的各种原料、物资,企业都向同一个供货单位购买。例如,企业向一家奶制品公司采购所需要的奶制品原料,向另一家食品公司采购所需要的罐头食品,每次只需向供货单位开出一张订单,接收一次送货,处理一张发票。然而这种方法对大型餐饮企业来说仍不理想。于是有人提出使用超级市场购物方式采购原料的设想,即"一次停靠"采购。根据对某一饭店进行的调查,人们发现,这家饭店在一个月以内曾从97家食品供应商手中购买食品原料,订货697次,先后接受交货703次,处理发票703张。显而易见,饭店花费在联系订货、验收交货、结账付款方面的时间和劳力相当可观。由于一张订货单从填写到核准就得经过三四个人,而支票的处理过程也涉及从打字员到会计员、部门经理等多人,加上占用的计算时间,成本大约为7.5元。根据这项研究,如果这家饭店每个月少开100张支票,也就能节省750元。于是,这些人便依照超级市场购物"一次停靠"的概念,成立了一个饭店物资供应公司,以批发价格提供饭店业务所需的几乎全部原料物资。这家饭店认为,这种方法,不仅可行而且能节省大量开支,遂与该公司订约,把它作为主要的供货单位。结果是理想的,不仅饭店原料物资供应无缺,每月订货、验收的次数也大大减少,平均每月只进行25次订货,25次验收交货,只开出3张支票,大大降低了采购费用。目前,我国的饭店物资供应公司正在积极发展。

(六) 合作采购

合作采购指两家以上的企业组织起来,联合采购某些原料物品。其主要优点是通过大批量采购,各企业有机会享受优惠价格。尽管企业各有特色,但完全可以使用合作采购的方法去采购某些相同标准的食品饮料及行业通用的用品,如台布、餐巾等。

(七) 集中采购

大型餐饮集团往往建立地区性的采购办公室,为本公司在该地区的下属餐饮企业采购各种食品原料。具体办法是,各企业将各自所需的原料及数量定期上报公司采购办公室,办公室汇总以后便进行集中采购。订货以后,所采购物品可根据具体情况由供货单位分别运送到各个餐饮企业,也可由采购办公室统一验收,随后再进行分送。

集中采购的优点是大批量购买,可以享受优惠价格,便于企业与更多的供应单位加强联系,因此,原料质量有更大的挑选余地;集中采购有利于某些原料的大量储存,因此能保证各酒店企业的原料供应;同时,集中采购能减少各酒店企业采购者营私舞弊的机会。但是,集中采购也有其不足之处,如各企业或多或少地被迫接受采购办公室采购的食品原料,不利于企业按自己的特殊需要进行采购;企业不得不放弃当地可能出现的廉价原料。此外,集中采购有使各企业菜单趋向雷同之虞,而各企业自行修改菜单的能力也受到限制,不利于企业标新立异,也不利于企业创造自己独特的风格,但对于品控工作有一定的好处。

以上是几种常用的餐饮企业采购模式,各企业应根据自己的类型、规模、隶属形式、业务特点、市场条件等因素选择合适的采购方法。

任务二　餐饮原料的验收管理

进货之后,企业就必须保证原料的质量。餐饮管理人员应在如下几个方面做好工作:建立合理的验收体系、确定科学的验收程序、制作有关验收表格。

一、建立合理的验收体系

餐饮管理人员应首先建立一套合理、完整的验收体系,保证验收工作在机制、体系上的完善。

(一) 称职的验收人员

验收员必须具有诚实的品质,对验收工作有责任心,掌握丰富的食品原料知识。

在招聘验收员时,企业的人事部门应负责甄选应聘人员,审查应聘人员的资历,然后会同财务部门和营业部门主管人员决定人员的录用。

挑选验收员的最好方法是从储藏室职工、食品和饮料成本控制人员、财会人员和厨工中发现人才。这些人员有一定的食品知识和经验,而且往往愿意通过从事验收工作以积累管理工作经验,从而得到进一步的晋升。

收货时,验收员应该结合订货单进行数量盘点和质量检验。他们的工作极为重要,因此,在国外的许多饭店、餐馆中,验收员的地位和工资级别与部门经理相同。

企业应制订培训计划,对所有验收人员进行培训。在某些大型企业中,职工定期轮换工作,培训就显得更为重要。

验收员必须懂得:未经主管人员同意,任何人无权改变采购规格。在工作中,验收员需和采购人员、行政总厨、厨师、储藏保管人员保持沟通,虚心地向他们学习,丰富自己的知识和阅历。

(二) 实用的验收设备和器材

企业一般设有验收处或验收办公室。它的位置一般在企业的后门,如此,送货车开到企业后门,验收工作可以即刻开始。此外,后门处也可以提供足够的空地便于卸货。

为提高验收工作的效率,企业需要配备适当的设备和工具。磅秤是验收部最重要的工具。验收部可配备重量等级不同的磅秤,各种磅秤都应定期校准,以保证精确度。有一种有记录功能的磅秤,可将货物的准确重量印在发票或收据上面,不仅可以节省人力,还可以减少手记数的错漏。验收办公室还应有直尺、温度计、小起货钩、纸板箱切割工具、铁榔头、铁皮条切割工具、一两把尖刀以及足够数量的公文柜。公文柜用以存放验收部的各种表格,如"验收单""验收日报表"等。还有一种精心设计的验收架,一些水果(如橙子等)可放在上面,供相关人员查看是否有腐烂或斑痕,若质量没有问题,架子上的水果可撤下来,再装入容器。

(三)科学的验收程序和良好的验收习惯

验收程序规定了验收工作的工作职责和工作方法,使验收工作更加规范化。按照程序进行验收,养成良好的习惯,是高效验收的保证。

(四)经常的监督检查

餐饮企业管理人员应不定期检查验收工作,复查货物的重量、数量和质量,并使验收员明白:经管人员非常关心和重视他们的工作,他们的工作是有意义的。

二、确定科学的验收程序

根据验收的目的,验收程序主要围绕以下三个主要任务展开,即核对价格、盘点数量、检查质量。验收的程序可具体分为以下九个步骤。

(一)仔细核对

供货单位送来食品原料时,验收员首先将供货单位的送货发票与事先拿到的相应的"订购单"核对。验收员应该先核对送货发票上供货单位的名称与地址,避免错收货或接受本饭店未订购的货物。其次是核对送货发票上的价格。若发票上的价格高于"订购单"上的价格,验收员要询问送货员提价的原因,并将情况反映给采购部经理、成本控制员或厨师长。无论退货还是不予退货,厨师长和成本控制员都要在货物验收单上签字以明确责任。若供货单位送货时的价格低于订购单上的价格,验收员应请厨师长检查食品原料的质量,质量合格后,厨师长在"验收单"上签名,验收员可按此价格接收这批原料。

(二)质量检验

检查食品原料质量。食品原料质量检验的依据是"食品原料采购规格标准"和"订购单",在这些表中均有对所采购的食品原料质量要求的描述。若发现质量问题,如食品原料有腐烂、变色、气味怪异、袋装食品过期、水果有明显斑痕等现象,验收员有权立即退货。

(三)数量检验

检查食品原料数量。验收员根据"订购单"对照送货单,通过点数、称量等方法,对所有到货的数量进行核对。数量检查核对过程中,验收员应注意下列事项:

（1）若有外包装，先拆掉外包装再称量。

（2）对于密封于箱或其他容器的物品，应打开一只作抽样检查，查看里面的物品数量与重量是否与容器上标明的一致，然后再计算总箱数。对高规格的食品原料，检查者仍需全部打开，逐箱点数。

（3）对于未密封的箱装食品原料，仍应按箱仔细点数或称重。

（4）检查单位重量。除称重外，检查人员还应抽查单位重量，检查单位重量是否在验收规格规定的合理范围之内。

（四）签名填单

在发货票上签名。发票上面应有价格，验收员要检查发票上的价格，核对发货票避免产生错误，无论错误是有意产生还是无意产生。

填写验收单。验收员确定所验收的这批食品原料的价格、质量、数量全部符合"订购单"或"食品原料采购规格书"的内容后，可填写"验收单"。验收单一式四联：第一联交验收处；第二联交储藏室；第三联交成本控制部；第四联交财会部。

（五）退货处理

若送来的食品原料不符合采购要求，验收人员则应请示餐饮部经理或厨师长。若因生产需要决定不退货，厨师长或有关决策人员应在"验收单"上签名；若决定退货，则应填写"退货单"，在退货单上填写所退货物品名称、退货原因及其他信息，交由送货员签名。"退货单"一式三联：一联交验收部，一联交送货员带回供货单位，一联交财务部。

验收员设法通知供货单位，本饭店已退货，如果供货单位补发或重发，新送来的货物按常规处理。货物中如有腐烂食品原料，退货之后，验收人员应向采购部有关人员报告，以便尽快地找到可替代的供应来源或可能的生产办法，减少生产部门的不便。

（六）盖章

盖章即盖上"验收章"。验收员检查完食品原料的价格、数量、质量并办理完必要的退货手续之后，可在获准接收的食品原料的送货发票上盖"验收章"，并把盖了"验收章"的送货发票贴在"验收单"上，送往会计部。

验收章内容有餐饮企业名称、验收员签名、验收日期和成本中心。使用验收章有以下几种意义：❶ 证实收到食品原料的日期；❷ 验收员签名以明确责任；❸ 管理人员签名表明已知道收到订购的食品原料；❹ 食品成本控制员核对发票金额的正确性。

（七）标注信息

在货物包装上注明发票上的信息。注在货物包装上的信息主要有：❶ 收货日期，有助于判断存货流转方法是否有效；❷ 购价，在存货时就不必再查寻验收日报表或发货票。

为所收到的肉类和海产品加上存货标签。所有冷藏室的肉类和海产品等成本很高的食品原料，都必须系上"冷藏鱼肉食品标签"。肉类标签有正、副两联，正联由验收员用绳子扎在食品外包装上或者直接拴在食品原料上，副联与"验收单"一起交成本控制部。

厨房领料时，标签一起发给厨房。若厨房没有进行整包、整箱领料，储藏室应根据领用数量重新填写标签，正联写余下的货物数，并扎在余下的冷藏食品上，副联写所领数量，并连同所领货物一起送到厨房。厨房领料之后，解下标签，加锁保管。原料用完之后，将标签送往食品会计师，核算当天的原料成本。

食品成本控制员应核对由其保管的正标签和厨房送来的副标签，根据未使用的标签盘点存货。若发现存货短缺，应分析是否存在偷盗，或者记错了金额。

（八）送到相关地点

将到货物品送到储藏室、厨房。在所收到的食品原料中，一部分被直接送到厨房或销售地点，称作"直拨原料"；另一部分被送到储藏室，称作"入库原料"。出于质量和安全方面的考虑，验收员应负责保证把货物送到储藏室。由供应单位的送货员直接把货物送入仓库置放的做法是不可取的。当送货员离开后，验收人员或本单位其他工作人员应把货物迅速搬到安全可靠的储藏室。验收员把"验收单"中规定的一联交给储藏室管理员，后者根据"验收单"再次验收，最后入库储存。

为了便于进行食品成本核算，验收员应在发票上明显的地方逐项注明直接送往厨房的项目、送往仓库的项目，或者根据不同的送货地点，使用不同颜色的票据，以方便送货，并凭此编制"验收日报表"。

（九）填写报表

填写"验收日报表"和其他报表。验收完毕之后，大多数大型企业都要求验收员完成一张列明所有收货项目的表格，这张表格通常以供货商进行分类，以验收的顺序进行排列。表格之一是"验收日报表"。该表将成本分为三类：直拨、储藏室和杂项；杂项指不是食品原料的项目，例如纸张和清洁用品，其费用不属于食品原料成本。

将各种验收记录呈交给有关部门，并标明过期到达的货物。验收员在所有发票上盖章签字，并把发票贴在"验收单"上，然后将贴着发票的"验收单"送至管理人员，管理人员在发票上签字后将其送至成本控制员，由成本控制员核对发票数字的正确性。成本控制员检查完毕后，将其送交财务部，财务部会将有关数字填入采购日志。

无论是大型企业还是小企业，这些步骤都是最基本的，也是较为通用的。控制体系越是完备，越需更多的人力和设备，当然，这样做也会增加成本。但是，即使是小型的个人业主制的餐饮企业也必须遵循这些基本的步骤，防止在验收过程中由于数量、质量和价格方面的问题而引起一系列麻烦。

5

三、制作有关验收表格

（一）发货票

所有到货物品都应有发货票。发货票一式两联，送货人将发货票交给验收员之后，验收员应当签名，然后将第二联交还送货人，证明企业已收到供货单位发出的货物。第一联应交给财务部，由财务部负责处理付款事项。

（二）验收单

验收员每天应详细填写验收单，准确记录验收部收到的物品，确认哪些物品没有发货票，供应单位因交货数量与发货票数量不符而贷记本企业哪些应收账款。有些验收员为了"节省时间"，在验收单上只记录供应单位的名称和送货金额，这种做法是错误的。

验收员在验收单上填上供应单位名称、项目名称及规格、单位、数量、单价及合计金额与总计金额之后，应在验收单上签名，明确责任。在大型饭店里，验收单一式三联，第一联送经理室，然后转会计师；第二联留验收部；第三联送成本会计师。货物验收单（样单）如表 5-1 所示。

表 5-1   货物验收单（样单）

＿＿＿＿＿＿餐馆				编号＿＿＿＿	
供货单位：＿＿＿＿＿＿＿＿＿				日期＿＿＿＿	
供货单位地址：＿＿＿＿＿＿＿					
订购单编号：＿＿＿＿＿＿＿＿					

存货编号	项目及规格	单　位	数　量	单　价	合　计
总　计					

验收员＿＿＿＿　　　　　　　　　　　　　　　　　送货员＿＿＿＿
储藏室管理员＿＿＿＿

（三）冷藏鱼、肉存货标签

验收时，验收员还应给肉类和海产品加上存货标签。存货标签有以下优点：填写标签会促使验收员称量鱼、肉的重量；发料时，标签上的数额可以直接填到领料单上，便于计算食品成本；标签编号有助于了解储存食品原料，防止偷盗；在标签上填写各种有关数据，可简化存货控制程序；便于存货流转。

使用鱼、肉存货标签时,要遵守下列工作程序。

(1)验收员应为每一块肉、每一条鱼、每一只家禽或每一箱鱼、肉、禽填写标签。

(2)标签应分为两部分,一半系在食品原料上,另一半送食品成本会计师,内容包括:标签号、收货日期、项目名称、重量、单价、成本、发料日期、供货单位等。

(3)厨房领用原料之后,应解下标签,加锁保管。在原料用完之后,将标签送交食品成本会计师,核算当天鱼、肉、禽的成本。

(4)食品成本会计师核对由其保管的另一半标签,根据未使用的标签,盘点存货,如果存货短缺,则应分析是否存在偷盗或是否记错金额。

需要说明的是,将冷藏鱼、肉、禽等品挂上标签的方法已被许多饭店加以推广,许多较贵重食品原料的保管制度中,标签正扮演着日益重要的角色。

(四)验收日报表

验收日报表有以下作用。

(1)分别计算食品成本和饮料成本,为编制有关财务报表提供资料。

(2)计算"餐饮直接采购食品"总额,以便计算每日食品成本。

(3)在大型企业里,数名验收员和管理人员专门负责该表的相关工作,便于将收货控制的责任从验收员转至管理人员。

(五)验收章

验收完毕之后,验收人员应在送货发票上签字并接收原料。有些饭店为便于控制,要求在送货发票或发货单上加盖收货章,验收章的作用如下。

(1)证实收到食品等原料的生产日期。

(2)由收到食品原料和发货票,检查数量、质量、价格的验收员签名,明确责任。

(3)由食品成本会计师核对发货票金额的正确性。

(4)由总经理与总经理指定的人签名,进行最后的核验。

(六)退货通知单

如果到货数量不足、质量不符合要求,或存在其他问题,验收员应填写"退货通知单"。

开具"退货通知单"的工作程序如下:

(1)在发票上注明存在问题的商品。

(2)填写退货通知单时,送货人要签名,并把一联退货通知单交送货人带回。

(3)将退货通知单存根贴在发货票背面,在发货票正面注明正确的数额。

（4）打电话通知供应单位本企业已使用退货通知单修正发货票金额。

（5）如果供应单位补发或重发货物，新送来的发货票应按常规流程处理。

（6）将有差错的发货票单独存档，直至问题解决。

（七）无购货发票收货单

验收员收到无发货票的货物时，应填写无购货发票收货单，以防差错和争议的发生。无购货发票收货单一式两联。验收员在验收单上注明无发货票货物之后，应将第一联送至财务部，将第二联作为存根留在验收部。

财务部收到无购货发货票之后，应将其送至验收员处。验收员应将无购货发票收货单第二联贴在发货票背面，在验收单上补填发货票上的数额，然后由财务部按正常程序付款。

任务三　餐饮原料的储藏管理

一、餐饮原料储藏管理工作的特点和注意事项

（一）餐饮原料储藏管理的特点

餐饮原料储藏管理的主要对象是以食品为主要代表的易烂、易腐物品。餐饮物品采购后，凡可以入库储存的食品一般都在验收之后进入饭店的食品仓库，储藏管理工作由此展开。

要搞好储藏管理工作，我们就应该首先了解其特点，并明确工作目的，掌握基本原则。这项工作的对象确定了该工作所具有的特点。这些特点如下。

1. 不稳定性

餐饮物品与一般工业原料和生产资料物资有所不同，绝大部分餐饮物品的市场供应具有很强的季节性，尤其是那些非人工种植和放养的食品原料，而餐饮生产和销售工作又离不开新鲜的食品原料。这就导致了餐饮物品管理工作呈现一个重要特点——不稳定性，给采购和库存带来了许多困难，怎样进行库存控制、怎样确定储备定额、怎样实施有效的验收和保管，这些都是很重要的问题。

2. 不易预料且难以控制

餐饮计划不可能像一般工商企业计划那样呈现明显的预期性，这是由餐饮企业的销售和生产方式所决定的。餐饮生产和销售活动完全依赖于市场，这是因为餐饮生产和销售活动中几乎没有成品储存这一环节。生产和销售活动完全根据市场的变化而定，而这种变化会立刻影响餐饮的生产和销售。因此，餐饮生产和销售工作很难从数量上加以把握。到

底需要多少,不易预料;订货、进货、存货的批量和保险量到底以多少为宜,难以控制。

3. 要求较高

大部分餐饮原料物品易腐、易烂、易碎、易损,一些物品原料很少有包装或根本不存在包装,这些物品不能简单地采用一般工商企业的一些常用方法加以储存或保管。那么,用什么方法和手段来搞好储藏管理工作,用什么方法来达到降低消耗和满足生产销售的需要,从而实现满意的经济收益,是我们应当思考的问题。

(二) 注意事项

一个企业需要保有一定的库存物品,目的是使生产和销售活动能均衡地、不间断地进行。

餐饮企业也同样如此。餐饮物品的库存是生产和销售的准备阶段,同时又是企业开源节流的重要环节。库存准备不够,生产和销售将会面临原料供应短缺的危险,造成停工停产,在人力、物力和财力方面给企业带来损失;库存物品筹措过多,将会使企业出现物品积压现象,减慢资金周转、引起库存管理费用上升,造成极大浪费。如果抓不好这个至关重要的环节,餐饮企业的经济效益就会成为泡影。因此,加强对餐饮库存物品的管理工作是十分重要的。

通常,我们要注意以下几点。

(1) 将餐饮物品采购的市场活动与企业生产和销售的需要有机地结合起来,进行有效的储藏管理。

(2) 依据食品原料自身的特点,确立相应的管理方法和制度。

(3) 降低各项费用指标,加强库存经济核算,减少实际成本开支。

(4) 加快库存物品的流转速度。

二、餐饮原料对储藏管理的要求

(一) 总体要求

采购入店,经过验收程序,将符合企业采购质量要求的食品原料归入库存保管,在管理程序上进入了餐饮食品原料的实物形式保管阶段。

餐饮原料的仓库又称原料储藏室,每天要接收、存储和分发大量的食品等原料。但是,不少饭店、餐厅对储藏室的设计工作却不太重视,如允许其他部门占用储藏室面积,或各个食品储藏室相隔很远,甚至分散在各个不同的楼面,影响仓储控制工作的效果。

储藏室设计人员和企业经管人员在储藏室设计工作中需考虑的因素主要有以下几方面。

1. 储藏室的位置

从理论上看,储藏室应尽可能位于验收处与厨房之间,便于将食品原料从验收处运入储藏室乃至厨房。但是在实际工作中,受建筑布局的限制,这一点往往不易做到。如果一家大型企业设有几个厨房,且位于不同的楼层,我们则应将储藏室安排在验收处附近,从而方便、及时地将已验收的食品原料送进储藏室,这样可以减少原料被"顺手牵羊"的可能。一般情况下,食品储藏室设在底楼或地下室内为佳。

2. 储藏室的面积

确定储藏室面积时,应考虑到企业的类别、规模、菜单、销量和原料市场的供应情况等因素。菜单经常变化的企业,储藏室的面积就应大些。有些企业远离市场,进货周转时间较长,这类企业的储藏室就要比每天都能进货的企业的储藏室大一些。有些企业的经管人员喜欢一次性大批量进货,就必须有较大面积的储藏场地。

储藏室面积既不能过大,也不应过小。面积过大,不仅增加资本支出,而且会增加能源费用和维修保养费用;此外,人们往往喜欢将储藏室放满物品,因此,储藏室过大,可能会引起存货过多的问题;如果储藏室里没有放满食品原料,空余的场地就有可能用来堆放其他用品,各类存货增多,进出储藏室的人数也增加,会影响安全保卫工作。储藏室面积过小,也会引起一系列问题:不少食品原料只能露天堆放,储藏室的食品原料堆得满满的,保管人员既不易看到也不易拿到,还不易清洁卫生。

3. 各类储藏库(储藏室)

餐饮原料的易坏程度是不同的,不同易坏程度的物品需要不同的储存条件;餐饮原料要求使用的时间不同,应分别存放在不同的地点;餐饮原料往往会处于不同的加工阶段,例如新鲜的鱼、洗杀好的鱼、半成品鱼和成品鱼,又需要不同的储存条件和设备。

(二)食品储藏对温度、湿度和光线的基本要求

几乎所有食品对温度、湿度和光线的变化都十分敏感。不同的食品饮料在同一种温度、湿度、光线条件之下的敏感程度又不一样。因此,不同的食品应存放于不同的储藏库之内,给予不同的温度、湿度及光线,使食品、饮料始终处于最佳的待加工或食用状态。

1. 温度要求

(1)干藏库。最好控制在 10～21℃。

(2)冷藏库。冷藏的主要作用是防止细菌生长。细菌在 10～50℃的条件下繁殖最快。因此,所有冷藏食品都必须保存在 0～4℃的冷藏间里。

由于食品的类别不同,不同的冷藏间对应的冷藏温度也有差异:肉类的冷藏温度为 0～2℃;水果和蔬菜的冷藏温度为 2～4℃(有些水果是不宜在冷藏条件下存放的,如香蕉等);乳制品的冷藏温度为 0～2℃;鱼的最佳冷藏温度在 0℃左右。

同时存放多种食品的冷藏库只能采用折中方案,将温度控制在 2～4℃。

(3)冰鲜库。冰鲜库的温度一般控制在 0℃左右。

（4）冷冻库。冷冻库的温度一般须保持在 $-24 \sim -18$ ℃。

2. 湿度要求

食品原料仓库的湿度也会影响食品的存储时间和存储质量。不同的食品原料对湿度的要求是不一样的。

（1）干藏库。干藏库的相对湿度应控制在 $50\% \sim 60\%$；如果是储藏米面等食品的仓库，其相对湿度应该再低一些。

如果干藏库的相对湿度过高，我们就应安装去湿干燥装置；如果相对湿度过低，空气太干燥，应使用加湿器在库内加湿。

（2）冷藏库。水果和蔬菜冷藏库的相对湿度应控制在 $85\% \sim 95\%$；肉类、乳制品及混合冷藏库的相对湿度应控制在 $75\% \sim 85\%$。

相对湿度过高，食品会变得黏滑，容易产生细菌，加快变质；相对湿度过低，会引起食品干枯。为提高相对湿度，我们可在食品上加盖湿布，或直接在食品上泼水。

（3）冰鲜库。其相对湿度控制在 85% 左右。

（4）冷冻库。冷冻库应保持高湿度，否则干冷空气会破坏食品内的水分。冷冻食品应用防潮湿或防蒸发的材料包好，防止食品失去水分、变质发臭。

3. 光线要求

所有食品仓库均应避免阳光的直射。仓库应使用毛玻璃。在选用人工照明时，应尽可能地挑选冷光灯，以免电灯光热使仓库的室内温度升高。

此外，储藏仓库应保持空气流通。干藏室最好每小时换四次空气。冷藏间和冷冻室的食品不要靠墙存放，也不要直接放在地板上或堆放在天棚中，以确保空气流通。

（三）食品储藏库对清洁卫生的要求

干藏库和冷藏库的地板和墙壁的表面应经受得起重压，易于保持清洁，并能防油污、防潮湿。

食品仓库的高度至少应为 2.4 m。如果使用空调，仓库里就应有充足的压力通风设备。仓库内应有下水道，以便清洗冰箱、擦洗墙面和地面时排出污水。食品仓库在任何时候都应保持清洁卫生。企业应制定清洁卫生制度，按时打扫。

冷藏食品每天都应整理整齐，溅出的食物应立即擦净。冷藏库地面应每天擦洗。冷藏库内墙可用温肥皂水洗刷，但应在洗刷后立即用清水冲洗。

干藏库同样应每天清扫，特别注意阴暗角落和货架底下的打扫。食品仓库绝对不可用于堆放垃圾。干藏库要做好防虫、防鼠工作。墙上、天棚和地板上的所有洞口都应加以堵塞，安装纱窗。如果暖气管和水管必须穿过储藏室的墙壁，则管子周围的孔隙应填塞。在杀虫灭鼠工作中，管理人员应聘请专家指导,以便正确使用杀虫剂和灭鼠药。

三、餐饮原料的储存保管

餐饮物品验收入库以后,进入储存保管阶段。储存保管是库存管理工作的中心环节。储存保管的基本要求是:合理存放,精心养护,认真检查,使物品在保管期内保持质量完好,数量准确;使库存耗损开支和管理费用下降到尽可能低的水平;使物品发放工作便于开展,进而更好地为生产和销售工作服务。

(一)库存物品保管的原则

(1)库存物品的储量与生产、销售、消费情况相符合。

(2)库存物品应分类集中存放在明确的地点。

(3)建立健全保管、养护、检查制度。

(4)加强对仓库保管人员的管理工作。

(5)尽可能地降低储存环节的费用。

(二)影响储存保管的因素

(1)物品的种类和性质。

(2)物品的成熟程度。

(3)餐饮生产部门的生产能力。

(4)仓库的库存能力。

(5)市场的供应状况。

(6)供货期限。

(7)库存部门内部工作的组织实施情况。

(8)餐饮企业的购销政策和计划。

(三)餐饮原料的存放方法

科学、合理地存放餐饮原料是非常必要的。这些方法有:

1. 分区分类

根据物品的类别合理规划物品摆放的区域。分类划区的精细程度,应根据企业的具体情况和条件来决定。

2. "四号"定位

"四号"是指库号、架号、层号、位号。"四号"定位是指对前述四者统一加以编号,使其和账页上的编号统一对应,把各仓库内的物品进一步按种类、性质、体积和重量等不同情况,分别对应地堆放在固定的仓位上,然后用四位编号标出来。如此,相关人员只要知道物品的名称、规格,翻开账簿或打开电脑,就可迅速、准确地进行寻料和发料。

3. 立牌立卡

为定位、编号的各类物品建立料牌和卡片(此处的"料牌"就是前面提到的"食品存货标签")。料牌上应写明物品的名称、编号、到货日期,如有可能应再加上涂色标志。卡片上填写物品的进出数量和结存数量等信息。

4．"五五"摆放

"五五"摆放是指根据各种物品的性质和形态,以"5"为计量基数堆放物品,长×宽×高,均以"5"为限。这样既能保障库存物品的整齐美观,又便于清点和发放。

需要注意的是,并非所有的餐饮库存原料都可以用以上存放方法来处理,这是因为餐饮原料的外形、包装在许多情况下是不规则的。

(四) 餐饮食品原料的分类保管

1．干藏库房

(1)在干藏库房储藏的食品原料的类别主要有:米、面粉、豆类食品、粉条、果仁等;食油、酱油、醋等液体佐料以及盐、糖、花椒等固体调料;罐头、瓶装食品,包括罐头和瓶装的鱼、肉、禽类;食品、部分水果和部分蔬菜;糖果、饼干、糕点等;干果、蜜饯、脱水蔬菜等。

(2)干藏库的管理要点主要包括:干藏库应该安装性能良好的温度计和湿度计,并定时检查仓库温度、湿度是否适宜,防止仓库温度、湿度指标超过许可范围;每一种原料必须有其固定的存放位置,任何原料应至少离地面25 cm,离墙壁5 cm;入库原料需在包装上注明进货日期,按照先进先出的原则进行发放,保证食品质量;仓库应定期进行清扫、消毒,杜绝虫害、鼠害;塑料桶或罐装原料应带盖密封,箱装、袋装原料应存放在带轮垫板上,以利挪动和搬运;玻璃器皿盛装的原料应避免阳光直接照射;尽量控制有权进入仓库的人员数量。职工的私人物品一律不准放在仓库内。仓库人员不在岗时,仓库应另外加锁以防外人进入,备用钥匙应用纸袋密封,存放在经理办公室,以备急用。

2．冷藏库房

(1)在冷藏库房储藏食品原料的类别主要有:新鲜的鱼、肉、禽类食品;部分新鲜的蔬菜和水果;蛋类、乳制品;加工后的成品、半成品:糕点、冷菜、熟食品等;需使用的饮料、啤酒等。

(2)冷藏库的管理要点主要包括:

❶ 冷藏前仔细检查每种食品原料,不要让已经变质的或者不洁的原料送入冷藏库或冷藏箱;需冷藏的原料应尽快冷藏,尽量减少耽搁时间;冷藏设备的底部及靠近冷却管道的地方温度最低,应留给乳制品、肉类、禽类、水产类食品原料;冷藏设备主要用于储存容易腐败变质的原料。一些热带水果,如香蕉、菠萝及有些蔬菜和块茎类果实如西红柿、马铃薯、洋葱、南瓜、茄子等都无须冷藏,储藏温度可控制在16～20℃。

❷ 冷藏时应拆除鱼、肉、禽类等原料的外层原包装,其上往往沾有污泥及致病细菌。但经过加工的食品如奶油、奶酪等,应连同原包装一起冷藏,以免发生干缩、变色的现象。已经加工的食品和剩余食物应密封冷藏,以免受冷干缩或沾染其他食物的气味,防止滴水或异物混入。有强烈

特殊气味的食物,应在密封的容器中冷藏,以免影响其他食物。

❸ 温热的熟食,应使用底浅、口大的容器冷藏,避免使用深底、口小的桶状容器,以利其迅速散热,一般情况下,应在水中先进行冷却,然后再进行冷藏。

❹ 重视冷藏库、冷藏箱的卫生,制定清扫规程,定期打扫。

(3)冰鲜库房。冰鲜库房储藏的主要是以新鲜的鱼类为代表的水产品。冰鲜库房的管理要点是:

❶ 随时注意存放在库内的以新鲜水产品为代表的食品的新鲜度状况,以防食品的新鲜度发生变化。

❷ 加快库存新鲜食品的周转速度。

❸ 更加严格地执行仓库保管制度。

(4)冻藏库房。在冻藏库房储藏的食品原料主要有两类:需长时间保存的冻肉、鱼、禽、蔬菜食品和已加工的成品和半成品食物。冻藏库房的管理要求为:

❶ 把好进货验收关,冷冻食品在验收时必须处在冰冻状态,避免将已经解冻的食物送入冰库。冷冻食物的温度应保持在−18℃以下,冷冻库的温度越低,温差变化越小,食品储存期及食品质量就越能得到保证。

❷ 冷冻储藏的食品原料,特别是肉类,应该用抗挥发的材料包装,以免原料过多地失去水分,进而变色、变质,因此冷冻库内的相对湿度要尽可能大一些。冷冻食物,尤其是鱼、肉、禽类原料一经解冻,应尽快烹制,否则,温度回升,容易引起细菌快速繁殖生长。

❸ 冷冻食物一经解冻,不得再次冷冻储藏,否则,食物内复苏的微生物会引起食物腐烂变质,再次冷冻会破坏食物内部组织结构,影响外观、营养成分及香味。

❹ 有些冷冻食物,主要是蔬菜,可直接烹烧,不需解冻,而且反而有利于其外形和色泽的保持。大块肉类,必须先进行解冻,一般应放置在冷藏室内进行,切忌在室温下解冻,以免引起细菌、微生物的急速繁殖。如果迫于时间,则应将肉块用洁净塑料袋盛装,密封置于自来水池中,用自来水冲洗,以助解冻。

❺ 不得将原料在地面上或紧靠墙壁堆放,以免妨碍库内空气循环,影响储藏质量。

❻ 坚持先进先出的原则,所有原料必须注明入库日期及价格,经常挪动,防止某些原料储藏过久,造成浪费。

四、餐饮原料的离库处理

离库处理又称发货、发料、送料,是库存实物管理工作的最后环节。离库处理管理的基本要求是:做好准备工作,严格执行离库审核手续,按库存物品周转规律准确无误地发送物品,科学、合理地做好相应的原料成本登记工作。

离库业务的处理是双方面的工作，对申领方来讲，有申报、待批、领料、核查、提货、运送等作业环节；对发放方来说，有备货、审核手续及凭证、编配、分发、送发、核定成本、复核等作业环节。库存管理工作的重点主要在后者。具体而言，食品原料离库管理的要求是：保证厨房和酒吧能及时地得到足够的原料；控制厨房和酒吧的用料数量；正确统计原料的成本。

（一）发料工作

发料工作是从采购入库、验收无误的货品中或从食品原料仓储的存货中发出食品原料，供给生产部门使用的过程。

1. 发料形式

发料形式有两种：无须入库储存原料的发放和库存原料的发放。

（1）无须入库储存原料的发放，也称直接采购原料的发放。这些原料主要是立即使用的易变质性原料。食品原料验收合格之后，从验收处直接发至厨房，其价值按当日进料价格记入当天食品成本账内。食品成本控制员在计算当日食品成本时只需从进货日报表的直接进料栏内抄录数据。当然，并非每一次记录都这样简单，例如，有的原料验收后，其中一部分需直接送至厨房，作为直接进料记录成本账目，而另一部分需送往仓库储存，作为仓库进料分别登记；另一种情况是，有时大批直接进料，厨房当日用不完，剩余部分第二天、第三天才得以消耗完，但这批原料的成本已记入了进料当天的食品成本，会不切实际地增加那天的食品成本率；为了简化手续，直接进料经过验收并在进货日报表上登记之后，便直接送交厨房，此后仓库便不作其他任何记录。由于"直接进料"是在收到之时就发往厨房的，如果存在偷盗、浪费和变质现象，就会瞬时产生过高的成本。

（2）库存原料的发放。库存原料包括干藏的食品、冷藏的食品、冰鲜藏的食品和冻藏的食品等。这些食品原料验收入库后储存备用，在生产部门需要时从仓库领出，在领出当日转入当日食品成本账目，因此，对每一次仓库原料发放都进行正确的记录，才能正确地计算每一天的食品成本。库房每天向厨房和酒吧发放的原料都要登记在"食品仓库发料日报表"上。日报表上汇总每日仓库发料的品名、数量和金额，注明这笔成本分摊到的具体餐饮部门，并注明领料单的号码，以便日后查对。月末，将每日"食品仓库发料日报表"上的发料总额加以汇总，即可得到本月仓库的发料总额。

2. 发料方法

（1）定时发料。规定发料时间非常重要，这直接影响生产过程。厨房根据自己所需要的食品原料填写领料单，仓库按领料单进行备料。

为使仓库管理人员有充分的时间整理库房，检查各种原料的库存情况，不致因忙于发料而影响其他工作，餐饮企业应规定每天的领料时间。有的规定每天早上两个小时（如 8:00—10:00）和下午两个小时（如

14:00—16:00)为仓库发料时间,其他时间,除紧急情况以外一般不予发料,也可规定领料部门提前一天送交领料单,使仓库管理员有充分的时间提前准备,避免或减少差错,缩短领料人员的领料时间。提前送交领料单还可促使厨房管理人员对次日的客人流量作出预测,计划好次日的生产工作。仓库定时发料也有利于仓库保管工作的开展,避免或减少库存原料的丢失。

(2) 凭单发料。凭单发料即凭领料单发料。领料单是仓库发放原料的原始凭证。领料单上应正确地记录仓库向各厨房发放原料的数量和金额,它有三大作用:第一,控制仓库的库存。领料单是仓库发出原料的凭证,是计算账面库存额、避免库存短缺的工具。第二,核算各厨房的餐饮成本。领料单反映各厨房向仓库领取的原料的价值,是计算各厨房餐饮成本的工具。第三,控制领料量。领料单是员工领料的凭证,没有领料单,任何人不得从仓库取走原料,员工只能领取领料单上规定的种类和数量的原料。

因此,领料单是仓库管理和成本控制的重要工具。

为便于分类统计成本,我们最好将食品金额与饮料金额加以分别记录,并注意标明仓库的类别。在领料单由厨师长或领料部门指定的管理者签字后,仓库才能发料。仓库发料时,领料人和发料人都要签字。领料单上如有剩下的空白,应当着收料人的面划掉,以免被人私自填写。领料单至少一式三联,一联随发放的原料交回领料部门作记录,一联送财务部食品成本控制员,最后一联由仓库留存,汇总每日的领料总额。

(3) 准确计价。原料从仓库发出后,仓库保管员有责任在领料单上列出各项原料的单价,计算出各项原料的金额并汇总领取食品饮料的总金额。

肉类及其他冷冻食品发出后,解下系在货物上的标牌,将标牌上的单价和金额记在领料单上。干货及一些其他食品,规格和价格相对比较稳定,在发放时,我们只需在领料单上填写实发数量,再乘以每件货物的单价,就可以计算出领料总额。有许多原料的价格常有波动,货物入库时,应在储存的包装容器上贴上标牌,注明数量和单价,领料时按标牌上的价格计算领料总额。如果仓库不采用物品标牌制度,我们也可以根据物品库存卡标明的单价,采用先进先出法或最近进价法等方法计价。

(二) 饮料的发放

饮料购入后,其采购金额全部计入库存额,要在饮料领出后才计入成本。仓库发放饮料时,同样也要领料单,领料单需由酒吧经理或餐厅经理签字才得以生效。

饮料销售毛利较大,一些名贵酒的价值很高,应对饮料的发放加以严格控制。一些零杯销售的酒水(通常是名贵酒),不仅要凭领料单,还要凭酒吧和餐厅退回的空瓶方可取用。这种做法要求酒吧或餐厅对饮料保持固定的标准库存量,每天退回的空瓶数应是昨日的消耗量(零杯酒除外),每日领取的饮料量补充昨日使用掉的饮料量,使酒吧(餐厅)的储存量保持在标准水平。例如,酒吧中的人头马按干邑酒的标准储存量应储存5瓶,用完2瓶的空瓶应在领料时送回,然后,领料人方可再领取2瓶,如此,酒吧每天营业开始时,该酒的标准储存量始终保持在5瓶。

酒吧和餐厅在营业服务中经常销售整瓶酒水,有的客人喝了一半时会连瓶将酒水带走,空瓶就难以收回。为加强控制,销售人员要填写整瓶酒水销售单。客房用餐服务中的整瓶酒水销售也要填写整瓶销售单,在领料时,以整瓶酒水销售单代替空瓶充当领料的凭证。

酒吧或餐厅保持标准储存量便于保证饮料的供应,同时对酒吧、餐厅的饮料加强控制。采取凭空瓶和整瓶销售单领料,酒吧、餐厅可随时按实际结存的饮料瓶数和空瓶数(或整瓶销售单上的数量)对照标准储存量检查饮料的短缺数。正常情况下,标准储存量的计算公式为:

标准储存量＝满瓶饮料数＋不满瓶数＋空瓶数(或整瓶销售数)

酒吧及厨房的储存面积较小,较难以控制,故标准储存量要根据每天的平均消耗量计算,一般不多于3天的需求量。

宴会、团体用餐等重大活动,无法设立标准储存量。为宴会领取的酒水一般应大于预计的需用量,在宴会结束后,未用完的酒水应当退回,退回酒水的相关情况应填写在食品饮料调拨单上。

(三) 原料的内部调拨及转账处理

大型餐饮企业或大型酒店往往拥有多处餐厅、酒吧、厨房。餐厅之间、酒吧之间、餐厅与酒吧之间常因业务需要而发生食品原料的互相调拨、转让,而厨房原料物品的调拨则更是时常发生。为保证各成本核算主体的计算结果具备一定的准确性,企业内部原料物品应坚持使用调拨单调拨,记录所有的调拨往来。在统计各餐厅和酒吧的成本时,要减去各部门调出原料的金额,加上调入原料的金额,这样可使各部门的经营情况得到正确反映。食品饮料调拨单一式三份或四份,调入与调出部门各留存一份,另一份及时送财务部。有的企业还要送一份给仓库,用以记账。

【项目回顾】

在本项目中,我们主要学习了餐饮企业所需食品原料的采购与储藏管理知识。学生应当熟悉餐饮企业食品原料采购的运行组织形态,掌握采购数量、价格、质量、方式的控制思路;了解验收体系内容,熟悉验收表格,掌握科学的验收操作程序;了解食品原料仓库管理的基本特点和注意事项,掌握食品原料储藏工作对仓库的要求以及对温度、湿度和光线的要求,熟悉食品原料具体的储藏方法与离库处理程序,从而为将来从事相关工作打下良好基础。

【项目测试】

1. 采购数量控制工作的内容是什么？
2. 采购质量控制工作的内容是什么？
3. 科学的验收操作程序包括哪些内容？
4. 食品原料库存管理工作的特点是什么？

案例分析

豆腐采购导致的问题

一、案例介绍

某市一大酒店正式对外营业。这是一家由集团公司投资成立的涉外星级酒店，该酒店的山东餐厅主要经营鲁菜和本地家常菜。经营半年后，餐饮部经理不断听到很多老客户反映该餐厅的豆制品菜肴口味不如以前，质量下降，但经过调查并未发现厨师的烹调技术有变化。经理进一步调查发现豆制品的供应商换成了新的供应商，而且价格也高了，还发现现在供应的豆腐是石膏豆腐，以前供应的是卤水豆腐，而北方人在传统上更喜欢卤水豆腐。

二、案例思考

1. 请结合本案例分析如何进行采购质量和价格的控制。
2. 根据本案例，你认为该酒店采购豆腐时应选择哪一种采购方式？

【项目延展】

餐饮原材料的采购策略

餐饮原材料采购是酒店日常工作的第一步，也是非常重要的一步。俗话说，"巧妇难为无米之炊"，酒店里有技艺高超的厨师，但离开高质量的原料，再高明的厨师也做不出好的菜品。采购工作中的不确定因素较多，管理难度大，是整个酒店成本控制工作的重要环节，直接影响酒店的经济效益。

采购原料的质量和价格直接影响菜品的质量和成本，进而影响酒店的声誉和效益，其重要性是不言而喻的。因此，很多酒店的老板亲自出马采购，但效果并不一定会好。

在实际工作中，我们具体可以采用以下管理方法。

一、专人负责

设专人负责采购，同时建立一套监督制约机制，设置原料质量、数量验收员，价格由财务管理人员监督，建立岗位责任制，形成采购原料的质量、数量、价格三要素既相互独立、分工负责，又相互制约、相互监督的采购工作机制。

二、标准严格

制定一套切实可行、科学合理的采购标准。原料的质量是确保餐饮产品质量的基础，严格按标准采购才能稳定酒店菜肴的质量；根据自己餐馆的规模、档次、加工设备、市场原料供应情况及菜单内容和品质要求等，餐饮经理、厨师长等人共同制定标准，并监督采购人员按标准执行。

三、控制严密

原料采购价格是管理层最不放心的事情，价格控制是降低餐饮成本和提高企业利润率的有力手段，也是增强市场竞争力的有效途径。因其市场价格浮动变化大，控制难度较大，我们应着重做好以下几方面的工作。

（1）通过比较运费、货源、质量、服务等因素，选择几家供应商招标，择质高、价低、服务好的供应商作为采购伙伴。

（2）尽量采取批量购货。直接从批发商、生产商或种养殖户处采购，摒弃中间环节，获得优惠价格。

（3）考虑采购价格与原料使用价值的联系，尽量除掉原料成本中那些多余的费用，避免浪费，精选原料，降低破坏率并控制价格。

（4）采购原料的数量应加以合理控制，既满足需要，又减少库存。采购时，应考虑食品原料的种类、采购地点、采购折扣等。采购数量还要根据前一天的库存数量和经营需要，以及原料的鲜、干性质加以确定。不易储存、鲜度要求高的原料应根据需求量采购；可长期储存的原料，在充分考虑储存成本的前提下，其采购量可以在市场价格低落时有所增大，从而降低成本。

5

项目六

厨 房 管 理

学习目标

1. 基于餐饮企业特点,设计厨房组织结构,优化岗位配置和工艺流程。

2. 基于产品生产过程,注重时序与关键点,把控生产过程和产品质量。

3. 基于安全生产准则,全面强化防范意识,消除隐患并杜绝安全事故。

典型任务

1. 根据餐厅经营特点,评价厨房组织结构设计岗位配置。

2. 根据企业组织结构,分析生产管理模式提出改进建议。

3. 完善餐厅安全管理,制定厨房安全生产相关管理制度。

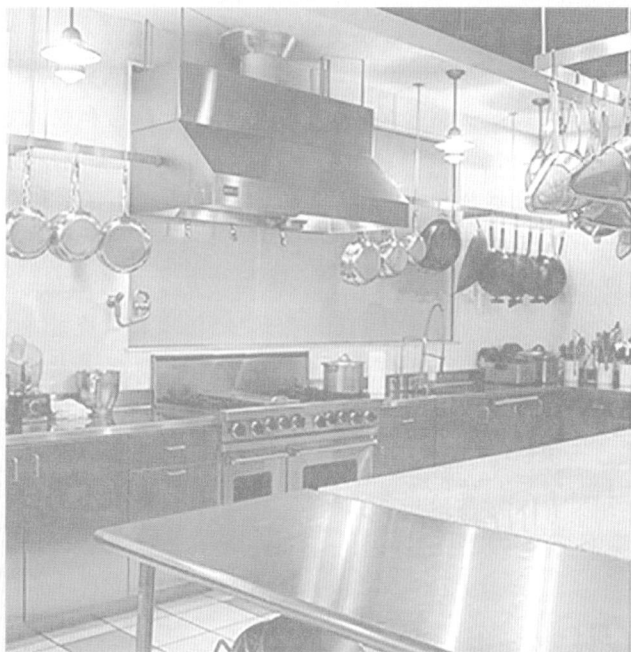

【项目导入】

"明档"即把原材料、饮食的制作过程展示给顾客的方式,由广东的餐饮企业最先使用,后来逐渐推广至全国。"大排档"里往往摆放着数十种鲜活食材,供挑别的食客挑选、称量,现杀现做,保证最新鲜的口味。后来,许多餐馆也采用这种方法,把"明档"放到了酒店、餐馆的大堂里,将鲜活原料装盘陈列在醒目的地方,以此吸引顾客。这种模式逐渐扩大,新式茶餐厅开始讲究现泡茶、很多咖啡品牌开始布局手冲咖啡⋯⋯这些都是"明档"的另一种体现。设置明档的根本目的在于打"心理战",经营者摸透了顾客期待"有更多选择""吃得新鲜""做得放心"的心理,试图在激烈的餐饮市场中紧紧抓住顾客的眼球,进而获得竞争先机。

概括起来,"明档"有三大特征:

(1)"明档"设置在大厅内,菜品被直观地鉴别和选择。

(2)菜品按类别陈列,有不同的展示方法和保存方法。

(3)菜品的制作过程透明公开,随时接受顾客观摩。

"明档"无疑拉近了后厨与客人的距离。当然,客人的关注点也不仅仅在于食材新鲜、环境卫生这些基础指标,厨师当面烹制食物带来的互动感、新奇感和仪式感,是"明档"可以满足顾客的终极心理诉求。这也就是我们常说的"炫技"——在用餐高峰期向顾客展示做菜的过程,具有表演性、观赏性,能够给顾客带来最直接的视觉满足。

在大多数情况下,以手工制作为主要环节的餐饮品类更适合"明档",比如从2010年便建好"明档厨房"的D公司。无论是水饺的包制、煮制还是小菜的配制,消费者都可以清楚地看到整个加工环境和加工过程,看到真材实料,看到"现包现煮",透着玻璃感受水饺的温度、香气和口感。D公司的管理层甚至说,即使餐饮业进入了以机器人替代人的发展阶段,我们也要让机器人现场包饺子的实时过程展现出来。"明档"一旦成为信任感的保证,也就成了餐厅的品牌名片,成为无法估价的无形资产。

为顺应信息化时代的发展,餐饮企业不断探索新的生存发展模式,对于厨房而言,生产流程和管理工作上的要求包括哪些内容?

【知识储备】

一、厨房生产活动的基本特征

(一)生产活动内容复杂

餐饮厨房生产活动,尤其是传统意义上的厨房生产活动,与工业生产活动有很大的不同。餐饮厨房生产过程十分完整,从餐饮原料的验收、粗(初)加工、储存、切配、烹饪加工处理到将产品送至出菜口,整个过程几乎都是在厨房部门的"小天地"中完成的。因此,餐饮生产活动的特征还包括生产内容的复杂性,从加工工艺的角度看,首先是原料质量的鉴别难度颇高,需要厨师看、闻、摸、按,有时甚至涉及仪器鉴定等;其次是粗加工,包括分选、宰杀、冲洗、刮削、浸泡、发制、晾晒等;再次是切配部门的切制、配制、分份;最后上炉灶烹饪成菜。从非工艺角度来看,冷菜、点心、西菜等专项烹饪作业群体,在生产活动中也创造了众多形式的生产活动。

(二) 生产时间不规律

餐饮企业的生产节奏基本上是由餐厅的营业情况决定的。餐厅内高朋满座,厨房内炉火熊熊,马不停蹄;餐厅门庭冷落,厨房则冷冷清清,无事可做。厨房生产节奏时紧时慢,呈现出明显的间歇性。这种用餐时间性的规律,使厨房工作强度在一日之中几经"峰顶"和"谷底"。餐饮企业生产强度的时间分布特征如图 6-1 所示。

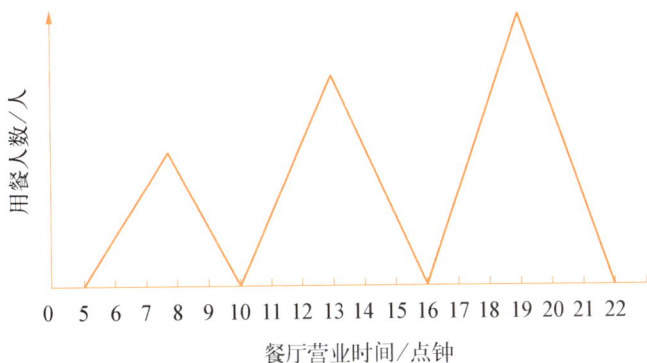

图 6-1　餐饮企业生产强度的时间分布特征

这种间歇性还表现在某一种具体产品的生产过程中。一种类型的就餐者喜欢某种食品,另一种类型的就餐者则喜欢另一种食品,这两类就餐者会轮流交替出现,必然会引起厨房产品生产的时间性变化,这种变化在制订生产计划时往往是难以预料的。

(三) 生产活动强度大

在各行各业的现代化进程中,餐饮或许是发展速度最慢的行业,其原因是多种多样的,有技术性的,有社会性的,有观念性的,也有由市场变化而引起的。这种特征在传统的中餐厨房表现得尤为突出,其中绝大部分劳动都靠纯手工完成,在整个加工工艺过程中,手工劳动所占的比重可以达到 90% 以上。此外,厨房的劳动环境在整个饭店的所有劳动岗位中也是最为艰苦的,高温、高湿、油腻、噪声,时时刻刻困扰着生产加工者。烹制加工完毕的菜肴,不会通过类似工业品销售的物资部门中转,而是直接送到餐厅的餐桌上,产品预制的可能性很小,正所谓"现点现做,现做现消,一气呵成"。生产与销售的同步性,加大了餐饮生产工作的强度。

(四) 生产活动效率低

时至今日,餐饮生产劳动基本上仍以手工劳动为主,这就决定了其生产活动效率低下的特点。餐饮经营中产销勾连的现象,同样也会降低生产活动效率。产品一旦生产出来,开展质量检查的时间就很少,在营业高峰时间则更少。产品一旦离开生产场地,便直接被放在消费者面前,质量欠佳的菜肴,即使有优质的餐厅服务相配合,在入口之后终究不能遮掩真相。食用消费心理揭示:人们在味觉上产生的不满意程度远超在视觉、嗅觉、触觉等其他感官上产生的不满意程度。被就餐者拒绝的餐饮产品几乎没有返工的可能,这与其他种类的产品截然不同。这一类无法返工整修的产品,被我们称为"一次性质量产品"。但是,遭到拒绝的餐饮产品,并非都是质量欠佳的产品,在许多场合下,评判质量好坏的标准是由消费者确定的。而"众口难调"的现象则大大地提升了生产者的劳动难度,降低了餐饮产品的生产效率。这也是餐饮企业工作者在工作中应当多加思考的问题。

二、厨房组织结构

各类餐饮机构在设置厨房组织结构时,基于自身的生产特点,会构建不同的生产组织结构,常见的几种厨房的组织结构如下所示。

(一)中餐厨房的组织结构

在中餐企业中,中餐产品数量众多、烹饪工艺比较复杂、工艺手段繁多,我们一般多采用"以工艺流程为主、产品对象为辅"的方式构建组织结构。中餐厨房的一般组织结构如图6-2所示。

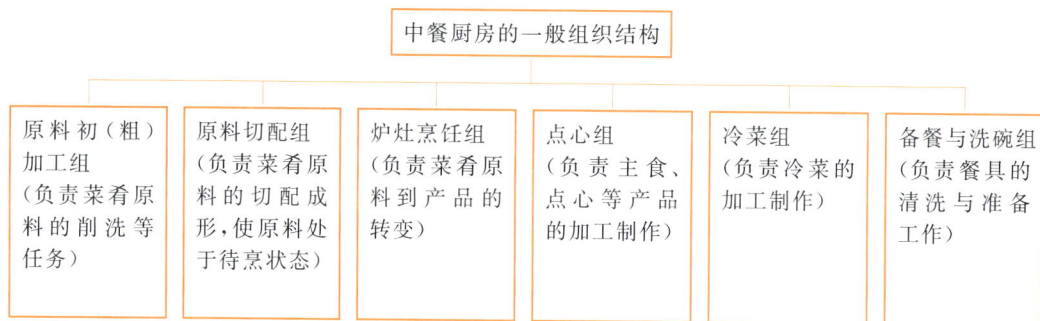

```
                中餐厨房的一般组织结构
   ┌──────┬──────┬──────┬──────┬──────┬──────┐
 原料初(粗) 原料切配组  炉灶烹饪组  点心组    冷菜组   备餐与洗碗组
 加工组   (负责菜肴原 (负责菜肴原 (负责主食、(负责冷菜的 (负责餐具的
 (负责菜肴原 料的切配成  料到产品的 点心等产品 加工制作)  清洗与准备
 料的削洗等 形,使原料处 转变)     的加工制作)         工作)
 任务)    于待烹状态)
```

图6-2　中餐厨房的一般组织结构

在图6-2中,厨房生产过程的主体部分,即原料初(粗)加工组、原料切配组、炉灶烹饪组的构建就是按工艺流程的先后次序进行的,而中餐厨房的点心组、冷菜组,则与西餐厨房相似,是根据具体产品对象来搭建的。

餐饮厨房各部门的职能如下所示。

1. 原料初(粗)加工组

该部门主要负责菜点原料的初加工,向切配岗位提供净料。原料加工的范围和程度,因分工要求不同而有较大的差别,有时只负责蔬菜的初加工,有时则负责所有原料的初加工,还有时甚至要求将原料加工成形后提供给配菜部门。

2. 原料切配组

该部门也称"砧墩",负责原料的成形加工和配份,是初加工后的第一道工序。切配部门的工作对成本控制起着决定性的作用,这是因为菜肴

厨房组织结构

的数量、规格都是由配菜部门控制的。

3. 炉灶烹饪组

该部门的职能是将配制成的半成品烹制成菜肴,并及时提供给餐厅。因此,它是对菜肴口味、质量起关键作用的部门。

4. 点心组

该部门主要负责各类点心的制作和供应。中厨广东风味厨房的点心部门还负责茶市小吃的制作和供应。有的点心部门还兼顾甜品、炒面类食品的制作与供应。西厨点心部又称包饼房,负责各类面包、蛋糕、甜品等的制作与供应。

5. 冷菜组

该部门主要负责冷菜的制作和供应。中厨广东菜厨房的烧味部门和卤水部门的功能与冷菜部门相近,因在生产上突出了广东特色而得名。西厨冻房不仅负责冷菜的制作,还负责色拉、水果盘等生冷食品的制作。

6. 备餐与洗碗组

该部门主要负责餐具的清洗与准备工作。

(二) 西餐厨房的组织结构

西餐厨房的组织结构通常根据产品对象来搭建(大部分中、西快餐厅的厨房也采用这种组织结构)。西餐厨房的一般组织结构如图 6-3 所示。

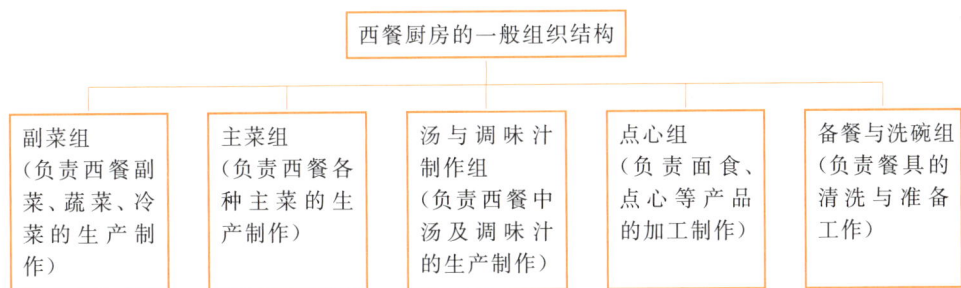

图 6-3 西餐厨房的一般组织结构

显然,西餐厨房以产品对象为原则来搭建自己的组织结构。其原因是:西餐的产品种类明显少于中餐,加工工艺相对简单,这些都极大地方便了西餐的生产管理工作,比较符合管理学中所讲的"方便实施专业化分工"的情形。

(三) 切配中心制厨房的组织结构

近年来,国内外许多大型餐饮企业和大型酒店都建立了切配中心制组织结构,各分厨房所需原料由切配中心统一进货、统一加工,统一发放。切配中心制下的厨房组织结构如图 6-4 所示。

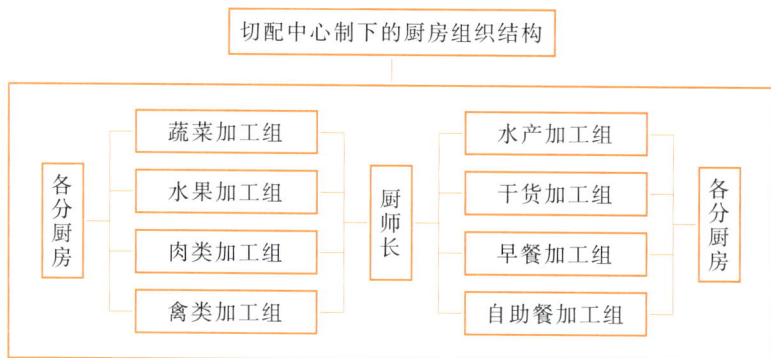

图 6 - 4　切配中心制下的厨房组织结构

这种组织结构的特点是以一个进行集中加工的切配中心(又叫主厨房、中心厨房或加工厨房)负责所有经营产品的原料初步加工工作,甚至配份。这种加工方式有别于普通的初加工,将原料加工成可以直接烹调的半成品,并按产品规格进行配份,然后进行冷藏,随时供各烹调厨房领用。各个烹调厨房根据各自供应的品种,向切配中心订取半成品,再由切配中心集中向采购部申订加工所需的原料。

目前,国内外的大型餐饮企业厨房和一些发达地区的酒店厨房采用的就是这样的组织结构。这种组织结构是工业革命浸润餐饮行业的标志之一。在这种结构下,所有的原料验收入店之后均依标准加工方法成形,产品本身的质量可以得到极大程度的保证;由于采用了标准配份方法,产品的数量标准也可以得到维持;集中统一的加工配份制度,使得原料的利用程度达到最高,有利于企业的效益保持在最佳状态。

【项目实施】

厨房的生产工作是为餐厅服务的,厨房应该以餐厅的需求为中心来组织、调配自身的生产业务。所有的厨房工作人员都必须树立"厨房工作服务于餐厅需要"的观念。

任务一　了解岗位配置和工艺流程

一、厨房工作岗位的配置

根据经验,餐饮企业厨房工作岗位的配置方法大致可分为以下几种:按相关工作岗位确定厨房工作岗位;按厨房工作量确定厨房工作岗位;按厨房工作岗位的描述确定厨房工作岗位。

厨房生产人员的选配包括两层含义:一是指满足餐饮生产需要的厨房所有员工(含管理人员)的配备,也就是厨房人员定额的配置;二是指生产人员的分工定岗工作,即为厨房各岗位选择、安置合适的人选。厨房员工的选配情况,定员、定额是否恰当、合适,不仅直接影响劳动力成本的开支、厨师队伍的士气,而且对餐饮生产效率、产品质量以及餐饮生产管理的成效有着不可忽视的影响。因此,此项工作是我们开展正常生产经营活动的基础,必须抓细、做好。其主要内容如下。

(一)确定生产人员数量的要素

不同规模、不同档次、不同规格的饭店的厨房,其员工的数量自然各不相同。即使是同一地区、同一规模、同一档次的饭店的厨房,其员工的数量也不尽相同。决定生产人员数量的因素是多方面的,只有在综合考虑以下因素的基础上再进行的生产人员的定额配置才是全面且可行的。

1. 餐饮生产规模

厨房的大小、多少以及厨房的生产能力对生产人员定额具有重要的决定作用。厨房规模大,餐饮服务接待能力就大,生产任务也就较重,配备的各方面生产人员也就多;厨房规模小,餐饮服务对象有限,厨房则可少配备一些人员。

2. 厨房的布局和设备

厨房结构紧凑、布局合理、生产流程顺畅、相同岗位功能集中、货物运输路程短,餐饮生产人员就可以减少;厨房多而分散,各加工、生产厨房相距较远,或不在同一座建筑物、同一楼层中,配备的餐饮生产人员则要适当增加。

厨房设备性能先进、配套合理、功能全面,不仅可以节省厨房人员,还可以提高生产效率,扩大生产规模;反之,厨房则需多配备人员以增加产能,满足生产需要。

3. 菜单与产品标准

菜单是餐饮生产的任务书。菜单品种丰富,规格齐全,加工制作复杂,加工产品标准要求较高,无疑会加大工作量,需要配备较多的生产人员;反之,人员可相对减少。快餐厨房菜式固定、品种有限,因此,厨房人员应比零点厨房少一些。

4. 员工的技术水准

员工技术全面、平稳,操作熟练程度高,工作效率就高,厨房员工就可少些;员工大多为新手,或不熟悉厨房产品的规格标准,或员工来自四面八方,缺乏默契配合,工作效率低,生产的差错率也较高,就要求我们多配备员工。

5. 餐厅营业时间

餐厅的营业时间与生产人员配备也有很大关系。有些饭店、餐馆除经营一日三餐外,还要经营夜宵,负责饭店住客 18 小时或 24 小时的房内用膳,甚至外卖。随着营业时间的延长,厨房的班次就要相应地增加,就要多配备人员。仅开午、晚两餐的厨房,人员则可少配 1/3 至 2/5。

厨房布局类型

6

（二）确定生产人员数量的方法

生产人员数量很难得到十分精确的确定,但以下几种方法可提供参考。生产人员的数量,既可以一种方法测算,也可以几种方法加以综合测定。

1. 按比例确定

国外餐馆一般为 30～50 个餐位配备 1 名生产人员,同时根据经营品种和风味的不同而加以调剂。国内档次较高的餐饮企业一般为 15 个餐位配 1 名餐饮生产人员;规模小或规格高的特色餐饮企业,甚至会为每7～8 个餐位配 1 名生产人员。中西方厨房的员工配比思路有较大的差别,这主要是由于产品结构、品种、生产制作的繁简程度以及原料的加工和设备、设施的配套使用情况等的不同而引发的。

粤菜厨房内部员工的配备比例一般为 1 个炉头配备 7 名生产人员。2 个后镬(炉头)配 2 名炉灶厨师,2 名打荷,1 名上杂,2 名砧板,1 名水台,1 名大案(面点),1 名洗碗,1 名择菜、煮饭,1 名走楼梯(跑菜),2 名插班(如果炉头数在 6 个以上,可设专职大案,专职伙头)。其他菜系的厨房,炉灶与其他岗位人员(含加工、切本、打荷等)的比例是 1:4,点心与冷菜工种人员的比例为 1:1。

2. 按工作量确定

将规模、生产品种既定的厨房全面分解并测算每天所有加工生产制作菜点所需要的时间,累积起来,即可计算出完成当天所有餐饮生产任务的总时间,将计算结果乘以一名员工轮休和病休等缺勤系数(一般为10%),除以每个员工规定的日工作时间,我们便能得出餐饮生产人数。公式为:

$$餐饮生产人数 = 总时间 \times (1 + 10\%) \div 8$$

3. 按岗位描述确定

采用该方法时,我们根据厨房规模设置厨房的工种岗位,将厨房所有工作任务分各岗位进行描述,进而确定各工种岗位完成其相应任务所需要的人员,汇总厨房的用工数量。

（三）岗位人员的选择

将厨房员工分配于适合的岗位,不仅是人事管理部门的责任,餐饮生产管理者更要拿出主导意见。所属岗位需要配备什么样的人,餐饮生产管理者应该比人事部门更清楚。同时,到位后的员工培训也应当更加有针对性,管理起来也较方便。人事部门提供员工的背景材料、综合素质鉴定以及岗前培训的情况等也必不可少。因此,密切人事部门与餐饮生产管理者之间的协调与配合,共同确定厨房岗位人员,是十分必要且有利的。此外,在对厨房进行岗位人员的选择和组合时,我们还应注意以下两点。

1. 量才使用，因岗定人

厨房在对岗位人员进行选配时，首先要考虑各岗位人员的素质要求，即岗位任职条件。选择上岗的员工要能胜任并履行其岗位职责。同时，我们要在认真细致了解员工的特长、爱好的基础上，尽可能照顾员工的意愿，让其有发挥聪明才智、施展才华的机会，此外，力戒照顾关系、情面，因人设岗，否则将为餐饮生产和管理工作留下隐患。

2. 不断优化岗位组合

厨房人员分岗到位后并非永远保持不变。在生产过程中，我们可能会发现一些学非所用、用非所长的员工，或者发现一些班组群体搭配欠佳、团体协作精神缺乏等现象。这不仅影响员工的工作情绪和劳动效率，久而久之，还可能产生不良风气，妨碍管理。因此，厨房岗位的优化组合工作是必需的，但在优化岗位组合的同时，我们必须兼顾各岗位尤其是主要技术岗位工作的相对稳定性和连贯性。

二、厨房生产的主要工艺流程

餐饮企业的厨房是生产加工餐饮产品的场所，其生产加工的主要对象是食品原料，其生产加工的结果是菜肴与点心，其生产加工的工艺流程，无论在中餐厨房还是西餐厨房的组织架构下，大致都是相同的。菜肴产品都先后经历食品原料初步加工、食品原料切割与配份、菜肴烹饪加工、菜肴点缀与装盘、菜肴出品等流程。厨房生产与工厂生产极其相似，过程完整、齐全。其主要工艺流程包括以下内容。

（一）原料验收

首先需要强调的是：此处所讲的验收，是指厨房对进入厨房生产环节的食品原料的验收。无论这些原料是来自企业自身的食品仓库，还是直接来自市场，而不是专指在原料进入企业前的进行验收。

验收的地点通常位于厨房工作区域的入口处；验收的时间，为进货的时间；验收者一般为厨房的分管厨师长或其他专、兼职验收人员。验收的重点有两个方面：一是进入厨房食品原料的质量，关注进入厨房的原料是否符合生产加工的要求（以餐饮企业的"食品原料采购规格书""标准菜谱"为准绳）；二是进入厨房原料的数量是否符合生产需求。

（二）原料初（粗）加工

原料验收后，进入初（粗）加工阶段。此阶段的主要工作内容有：❶分拣原料，去除不符合要求的部分，留下可用的部分；❷对原料进行清洗，为进一步加工作好准备；❸对原料进行削切，根据不同菜肴产品的需要，将其分割成不同的部分。

（三）原料切割与配份

原料在分割成不同的部分后，应交给厨房的切配组。切配组的主要工作包括两项内容：一是用刀将原料按标准菜谱要求的形状加工成形；二

6

是按标准菜谱对每一道菜肴中每种原料用量的要求,将原料分别配份到位。

(四)产品加工出品

根据餐饮企业自身制定的标准菜谱要求,炉灶厨师将原料烹饪、调味成菜,然后进行菜肴的装盘、点缀。菜肴产品经炉灶厨师加工后,由负责打荷的厨师根据标准菜谱的规定,选择相应的餐具,按规定进行造型并装盘,有需要时,我们还应备妥对应的酱汁。

菜肴离开厨房前,厨师长或其他指定人员应进行出品检查。

任务二 厨房生产管理

一、厨房生产管理的重点

餐饮企业的厨房,在某种程度上相当于生产实物产品的工厂,从食品原料的进入到各个生产加工过程,直至最终产品被送出厨房,均一应俱全。我们可以从两个方面开展厨房生产管理工作:一是按生产的先后过程进行管理;二是按生产中的关键环节进行管理。

(一)按生产的先后过程进行管理

餐饮企业厨房的生产运转流程,可分为食品原料购储、食品生产和食品消费三大阶段。在每一阶段加强检查、控制与管理,对保证餐饮生产全流程管理有着重要的意义。

1. 食品原料购储管理

原料购储管理主要包括原料的采购、验收和储存控制。在这一阶段,我们应重点管理原料的采购规格、验收质量和储存方法。

(1)严格按采购规格书采购各类食品原料,确保购进的原料能最大限度地发挥应有的作用,并使加工生产变得方便快捷。没有采购规格标准可以遵循的一般原料,也应以方便生产为前提,选购规格相当、质量上乘的物品,不得购买残次品或以次充好,不得收取回扣。

(2)全面细致验收,保证进货质量。把不合格原料杜绝在企业之外,可以在厨房加工生产过程中减少不少麻烦。验收各类原料时,我们要严格依据采购规格书规定的标准。对没有制定规格书的采购原料、新上市的品种或质量难以把握的品种,我们要随时约请有关专业厨师进行认真检查,保证验收质量。

(3)加强储存原料管理,防止因原料保管不当而降低质量标准。严格区分原料性质,进行分类保藏。各类保藏库要加以及时检查清理,防止将不合格或变质原料发放给厨房加工生产部门。对于厨房已申领但暂存在小库(周转库)的原料,同样要加强检查、整理,确保质量可靠和卫生安全。

2. 食品生产阶段的管理

食品生产阶段的重点是控制申领原料的数量与质量，控制菜肴加工、配份、烹调工作的质量。

（1）初加工是菜肴生产的第一个环节，同时又是原料申领和接受使用的重要环节。进入厨房的原料的质量要在这里得到认可，因此，我们要严格计划领料，检查各类将要加工的原料的质量，确认可靠后才可进行生产。对各类原料进行的加工和切割，要根据烹调做菜需要进行，事先明确规定加工切割规格标准，进行培训并督导执行。经过初加工和切割后，大部分动物、水产类原料还需要进行浆制（上浆）。这道工序可以对菜肴的色泽、嫩度和口味产生较大的影响。缺少标准，烹调岗位则无所适从，成品难免千差万别。因此，企业应对各类菜肴的上浆用料作出规定，以指导操作。

（2）配份是决定菜肴原料组成及分量的工序。我们不仅要在开餐前将所需的干货原料涨发到位，还要准备一定数量的配菜小料。对于大量使用的菜肴主、配料，配份人员则应当严格按菜肴配份价格表称量取用，保证菜肴风味。

企业应就中菜切配、西菜切配以及冷菜装盘设定关于品种和数量的标准。随着菜肴的翻新和菜肴成本的变化，如有必要，餐饮生产管理人员还应及时测试用料比例，调整用量，修定配菜规格，并督导执行。

经常使用的主要味型的调味汁应批量兑制，以便开餐烹调时各炉头随时取用，减少偏差，保持出品口味、质量的一致性。调味汁的调兑应由专人负责，根据一定的规格比例制作。

3. 食品消费阶段的控制

菜肴由厨房烹制完成后，即交餐厅出菜，其内容主要包括备餐和上菜。

（1）备餐要为菜肴配齐相应的佐料，食用、卫生器具及用品。加热后调味的菜肴（如炸、蒸、白灼菜肴等）大多需要配以佐料，如果疏忽，菜肴则淡而无味；有些菜肴若不借助一定的器具用品，食用起来必然很不雅观或不方便（如吃整只螃蟹等）。因此，备餐间有必要对有关菜肴的佐料和器具用品的搭配情况加以规定，督促、提醒服务员在上菜时带齐。

（2）服务员上菜时，要保证及时规范，主动报告菜名。对于食用方法独特的菜肴，服务员应向客人进行适当介绍或说明。服务人员要按照上菜次序，把握上菜节奏，循序渐进地从事菜点销售服务，分菜要注意菜肴的整体美和分菜后的组合效果，始终注意保持餐饮产品在宾客食用前的美观形象。客人需要打包的食品和外卖的食品，要尽可能地保持其各方面质量的完好。

综上所述，针对餐饮产品的各生产阶段，我们应制定一定的规格标准，控制员工的生产行为和操作过程。对生产结果和目标的控制，还有赖于对各个阶段和环节开展全方位检查。总而言之，建立并实行严格的检查制度，是餐饮产品控制工作的有效保证。

中国预制菜
产业联盟

（二）按生产中的关键环节进行管理

厨房的管理工作既可按工艺流程的先后顺序逐一进行，也可按生产过程中的重点环节有针对性地进行。

1. 餐饮生产场所的空间布局安排管理

餐饮生产场所的空间布局安排，是指确定食品生产各部门的具体位置，将生产所需要的设备、用具合理地组合成操作加工的点、线并将其植入生产场所内的过程。这是一项复杂的、受多种因素影响的工作，因此，在进行布局安排时，布局设计者、管理者、生产者、设备专家应当共同讨论、研究决定工作方案。具体内容见项目三的任务二。

2. 餐饮生产场所硬件布局的管理

古人云："工欲善其事，必先利其器。"优良的工作环境、顺心的工艺流程、一流的实施设备是厨房生产的硬件保证。在对餐饮生产场所硬件布局加以管理时，我们应该做到：

（1）保证工作流程通畅、连续，避免回流现象。

（2）厨房各部门应尽量安排在同一楼层，力求靠近餐厅。

（3）兼顾厨房的促销功能。

（4）保持作业点紧凑。

（5）设备尽可能兼用、套用。

（6）创造良好的工作条件（主要包括通风、照明、温度、湿度的控制以及噪声的处理）。

（7）符合卫生和安全要求。

3. 餐饮产品质量管理

餐饮产品的质量主要指餐饮产品在卫生、营养、颜色、香气、滋味、外形、质感、器皿、温度、声效等指标上的表现。一个完整、优秀的餐饮产品，其质量应该是这些指标的高度综合与统一。

完整的餐饮产品质量的形成过程至少包括三个阶段：产品设计过程、产品生产制作过程、产品推销服务过程。对餐饮产品设计、制作、服务三个过程的统一管理，主要体现在"标准菜谱"的设计与贯彻落实上。

"标准菜谱"是餐饮企业为了规范餐饮产品的制作过程、产品质量和经济核算工作而制定的，印有产品所用原料、辅料、调料的名称、数量、规格和产品的生产操作程序、装盘要求以及制作成本、价格核算方法等内容的书面文件。

"标准菜谱"起源于西方国家的餐饮企业。"标准菜谱"的结构由两部分组成：普通菜谱和有关这个产品的成本数据等内容。"标准菜谱"是厨房生产的保证。在结合"标准菜谱"安排厨房生产场所时，我们应该注意以下事项。

（1）确定原料及数量。这是很关键的一步，它确定了产品的基调，决定了该产品的主要成本。对于批量制作的产品（例如点心等较小的品种），我们只能以平均分摊的方式测算数量，但无论如何，我们都应力求精确。

（2）规定调味料品种，确定每份用量。调味料品种、牌号要明确，不同厂家、不同牌号的同一种调味品也会存在较大质量差别，价格差距也较大。调味料的成本只能根据批量分摊的方式测算。

（3）根据主、配、调味料用量计算成本、毛利及售价。随着市场行情的变化，单价、总成本会不断地发生变化，每项核算都必须认真、全面地进行。

（4）规定加工制作步骤。对必需的、主要的、易产生歧义的加工方法及加工步骤加以统一规定，防止问题的发生。

（5）选定盛器，落实盘饰用料及式样。

（6）明确产品特点及质量标准。标准菜谱既是企业开展培训、推动生产制作的依据，又是企业检查、考核生产成效的标准，其质量标准应更加明确具体、切实可行。

（7）填制标准菜谱。字迹要工整，使员工都能看懂。

（8）按标准菜谱培训厨师，开展统一生产，落实出品标准。

二、厨房安全管理

厨房是餐饮企业中安全隐患最多的地方。厨房里的人员较多，东西也杂乱，许多东西都是易燃易爆之物。因此，厨房的安全管理工作是极为重要的事情。为了做好厨房的安全管理工作，我们必须做好以下事项。

（一）关注厨房安全管理环节

在餐饮生产经营管理工作的各个环节中，不安全因素很多，从菜品加工过程到销售过程隐藏着很多不安全因素。厨房管理者应警示、培养员工提高安全防范意识，采取措施预防烫伤、扭伤、跌伤、刀割伤以及电气设备造成的事故，注意防火与灭火。安全生产必须在日常工作中着手，防患于未然。

（二）建立厨房安全管理规定

（1）所有在岗厨师在上岗前应对厨房的机械设备性能加以熟练掌握，使用各种机械设备时，严格按照操作规程进行操作，不得随意更改操作规程，严禁违章操作。设备一旦开始运转，操作人员不准随便离开现场。电气设备、高温作业的岗位，在作业中应随时注意机器运转情况和油温的变化情况，发现意外要及时停止作业，及时上报厨师长或经理。遇到故障时，操作人员不准随意拆卸设备，应及时报修，由专业人员进行维修。

（2）厨师使用的各种刀具应加以严格管理，操作人员应严格按要求使用和放置刀具，不用时将刀具放在固定位置，不准随意拿刀用于其他用途，或用刀具指对他人。下班后，操作人员应将刀具放在固定位置，厨师不得随意把刀带出厨房。

（3）个人的专用刀具应在固定位置加以保管，不准随意借给他人使用，不得随处乱放，否则，造成不良后果，由刀具持有人负责。

（4）各种设备均由专人负责管理，他人不得随意乱动。负责人应定期检查厨房的各种设施设备，及时消除安全隐患。

（5）每天工作结束后，应由专人逐一检查油路、阀门、气路、燃气开关、电源插座的安全情况，发现问题应及时报修，严禁私自进行处理。

（6）不可使用湿抹布擦拭电源插头，严禁私接电源，不准在故障发生时使用设备。

（7）厨房若发生被盗现象，值班人员或发现人员应保护好现场，及时报送上级处理，协助领导了解情况。

（8）责任人员应当掌握厨房和餐厅内消防设备和灭火器械的安放位置以及使用方法，每天仔细检查电源线路，发现超负荷用电及电线老化现象及时报修，并向上级汇报。

（9）一旦发生火灾，责任人员应当迅速拨打火警电话说明起火位置并设法灭火，根据火情引导客人安全疏散。

（三）完善厨房防火管理细节

（1）使用酒精炉时，不得往正在燃烧的酒精炉内添加酒精；备用的酒精，其存量不得超过两天的用量，且应放在备餐间由专人保管。

（2）液化气鲍鱼车必须严格按照安全操作规程使用。使用前，操作者要检查输气胶管、气瓶，发现漏气立即停止使用，先点火后开炉。鲍鱼车在点火后才能推入餐厅，使用的小气瓶要由专人管理。出于安全考虑，许多餐厅已不再使用液化气。

（3）各厨房厨师在开炉前先打开风门，然后先点火种后开气，下班后关牢气阀，熄灭火种。

（4）餐厅营业期间各出口的门不得上锁，保持畅通。

（5）每季度或半年清洗一次厨房抽油烟机及其管罩。厨工清洗厨房时，不要将水喷洒到电插座、电源开关处，防止电器短路引起火灾。

（6）烧热油时，注意控制油温，防止油锅着火。

（四）做好厨房防火检查

（1）严格遵守操作规程。

（2）厨房晚班结束前，责任人员应细致检查，熄灭火种，关严各油、气阀门。

（3）保持工作环境的清洁，清除工作台上的各种油污，定期对抽油烟机进行清洗。

（4）严禁员工在工作时抽烟。

【项目回顾】

在本项目中，我们主要学习了与厨房生产管理活动有关的知识。学生应当熟悉厨房生产活动的基本特点和组织结构，掌握厨房工作岗位配置和工艺流程的相关原则；掌握厨房生产工作的管理重点，包括根据生产流程的先后顺序和生产的关键环节实施管理；熟悉厨房安全管理原则，能够做好相关工作。

【项目测试】

1. 厨房生产活动的基本特征包括哪些内容？
2. 厨房生产制作的工艺流程包括哪些内容？
3. 按生产的先后顺序进行厨房生产管理时,我们应当注意哪些内容？
4. 按生产的关键环节实施厨房生产管理时,我们应当注意哪些内容？
5. 厨房安全管理工作包括哪些内容？

案例分析

苦涩的鱼类菜肴

一、案例介绍

某工业城市有家四星级宾馆,由于管理有方,经营环境良好,生意十分兴隆,餐厅高朋满座,人气旺盛。但该宾馆近来经常接到客人的反馈,说鱼类菜肴总有一股轻微的苦涩味。这既影响了菜肴的质量,也影响了酒店的形象。餐饮部经理得知这一情况后,会同厨师长、采购部经理,商量寻找问题的原因。采购部经理通过采购人员检查了采购环节,没有发现货源渠道存在问题,供应商是长期合作者,鱼也都是鲜活的,不可能出问题。厨师长从切配环节入手回顾了从切配到烹制的全流程,找不出任何问题。从加工环境看,厨师长仍没有发现可能引起鱼味苦涩的原因。问题出在哪里呢？

餐饮部经理百思不得其解。正在此时,负责粗加工的领班来报,最近一段时间新招来两名青年,不会干活,粗加工的速度跟不上下道工序的要求。会不会是他俩引起的问题？餐饮部经理赶紧前往粗加工组,两名青年正笨拙地给一批鲜活的草鱼开膛。再问,原来两名青年来之后,由于业务繁忙,没时间开展培训,加之两名青年从不干家务活,故时常造成部分草鱼苦胆破碎,导致鱼味苦涩。

二、案例思考

1. 如何在原料的采购、验收环节加强管理？
2. 在对原料进行粗加工时,我们应注意哪些事项？

【项目延展】

厨房管理五常法

五常法是一种用来创造和维护良好工作环境的技术标准,其内容包括常组织、常整顿、常清洁、常规范、常自律。它源自五个以"S"为首的英语单词,故又称"5S"。

1S——常组织

内容:判断必需与非必需的物品,并将必需物品的数量降到最低,将非必需的物品清理掉。

目的:把"空间"腾出来以备活用并防止误用。

做法:

（1）对所在的工作场所进行全面检查。

（2）制定必需和非必需的判别标准。

（3）清除非必需物品。

（4）调查必需物品的使用频率进而决定其日常用量。

（5）根据物品的使用频率实施分层管理。

2S——常整顿

内容：要用的东西依规定定位、定量、标示明确地加以摆放。

目的：整齐、有标示，保证所有人在 30 秒就能找到要找的东西。

做法：

（1）对可供存放的场所和物架进行统筹（画线定位）。

（2）将物品在规划好的地方摆放整齐（规定放置方法）。

（3）视管理重点做好四项工作：❶分析现状；❷物品分类；❸储存方法；❹贯彻储存原则。

3S——常清洁

内容：清除工作场所内各区域的脏乱物，保持环境、物品、仪器、设备处于清洁状态，防止污染。

目的：环境整洁、明亮，保证取出的物品可以正常使用。

做法：

（1）建立清洁责任区。

（2）清洁要领。❶对工作场所进行全面大清扫，涉及地面、墙壁、天花板、台面、物架等；❷注意清洁隐蔽的地方，尽量使物品于高处放置；❸仪器、设备每次用完要清洗干净并上油保护；❹破损的物品要清理；❺定期开展"大扫除"活动。

（3）履行个人清洁责任，谨记："清洁并不是单纯的弄干净，而是用心来做"。

4S——常规范

内容：不断坚持以上活动，养成坚持的习惯，并辅以一定的监督措施。

目的：通过制度化的手段来维持成果。

做法：

（1）认真落实前述工作。

（2）分清文明责任区，分区落实责任人。

（3）加强视觉管理，落实透明度。

（4）制定稽查方法和检查标准。

5S——常自律

内容：人人依规定行事，养成好习惯。

目的：自觉养成工作规范认真的好习惯。

做法：

（1）持续推动前述工作。

（2）制定共同遵守的有关规定。

（3）持之以恒，坚持每天应用五常法，使五常法成为日常工作的一部分。

（4）加强五常法管理，制订质量检查标准。

"五常法"虽然内容简单但却实用、高效。实施"五常法"不仅有助于减少浪费、减少损坏、减少意外，还有助于改善工作环境，改善产品及服务质量，增强客人的满意度，提高生产力，还有利于提升公司形象，增进员工沟通，加强团队精神，增强核心竞争力。

项目七

餐饮营销管理

学习目标

1. 分析餐饮营销影响因素,具有餐厅营销能力。
2. 具有客人信息保密意识,设计完善客史档案。
3. 树立网络安全营销意识,规范网络营销方式。
4. 具有节约意识拒绝浪费,进行诚信销售服务。

典型任务

1. 结合营销理论,确定餐饮营销工作内容。
2. 根据企业实际,选择几种内部营销方式。
3. 结合企业实际,确定几种外部营销方式。
4. 广泛搜集资料,设计一份完整客史档案。

【项目导入】

2020 年是我们迈向内容营销时代的重要节点。

如何让用户"注意"并"记住"自己,这是营销者最关注的问题。互联网时代,用户被广告所包围,一个品牌若想让用户记住自己,就必须以更高的频次出现在受众眼前,这意味着更高的成本,而结果往往不甚理想。

2020 年 10 月,微信朋友圈、小红书、抖音、微博等社交平台都被"秋天的第一杯奶茶"刷屏了!在微博上,"秋天的第一杯奶茶"登上"热搜",话题阅读量高达 23 亿次,讨论次数达 91.2 万;抖音上名为"秋天的第一杯奶茶"话题下,就有 37.1 万个视频,总计 26.5 亿次播放量。"秋天的第一杯奶茶"已经成为现象级的全民话题。对追求个性化表达的年轻人来说,"奶茶"就是不得不追求的热点,这为他们提供了足够的社交价值。年轻人通过"跟风"表达自己的娱乐态度,通过"跟风"宣扬自己在最新潮的网络文化中不曾落伍。

有人指出:"人们喜欢传递信息的主要原因是,交谈是人与人社交的基本方式,人们聚在一起就会交谈,而交谈就需要话题和谈资。这个谈资就是你的社交货币。"这样的观点在流量泛滥的当下极具启发意义。我们可以这样认为,品牌营销的实质就是提供一种"社交货币"——谈资,让你的潜在顾客甚至是陌生人在看到你的产品时就主动地为你拍照,发朋友圈,为你的产品热议,这时候,流量自然会为你而来。

市场竞争激烈、产品同质化严重、消费者需求增加、经济萎靡、信息过载⋯⋯在这样的背景下,普通广告、价格战等传统营销手段已经很难取得理想的传播效果。请思考,在这样的环境下我们该何去何从?

【知识储备】

一、餐饮营销管理的含义和内容

(一)餐饮营销管理的含义

餐饮营销是指餐饮经营者为了使客人感到满意,实现经营目标而展开的一系列有计划的、有组织的活动。实际上,餐饮营销是一种沟通激励的活动,它是与客人之间的沟通,是对客人消费需求的激励。其目的是通过沟通和激励,引导客人认可卖方的观念。这里的卖方,是指餐饮企业、酒店。每一个餐饮经营者都要关注的重要内容,就是通过和客人的沟通,以及对消费需求的激励,来引导客人对企业消费观念、企业产品的认可。

餐饮营销管理是指对餐厅理想的经营项目和营销活动进行计划、组织、执行和控制,以期创造、建立和维持与餐厅目标市场的良好交互关系,达到实现餐厅总体目标的过程。

其中,餐厅利益与客人利益是对立统一的,而营销是两者利益的协调者。也就是说,餐饮营销是指依靠餐厅一整套营销活动,不断地跟踪客人需要的变化,及时调整餐厅整体经营活动,努力满足客人需要,获得客人信赖,通过客人的满意来实现餐饮经营目标,从而达到消费者利益与餐厅利益统一的过程。

(二) 餐饮营销的内容

美国著名饭店营销学家考夫曼在《饭店营销学》一书中,将营销因素组合概括为"6P",即人(people)、产品(product)、价格(price)、促销(promotion)、包装(package)和运作(performance)。所谓餐饮产品与服务的组合营销,就是指以目标市场为中心,通过综合运用这六个因素,达到企业的营销目标,并获得最佳效益的过程。

1. 人

主要指客人,即需求市场。餐厅(酒店)的任务是通过市场调研确定目标市场消费者,然后详尽地了解他们的需求和愿望,即了解服务对象。

在餐饮营销活动中,我们特别要注意的是"人"的作用。无论是餐厅经营者还是服务人员,都是在与人打交道,而人的需要是千变万化的。就菜单和酒单而言,无论品种多么丰富,都没有办法完全满足不同类型客人的所有需求,只能尽最大努力去满足大部分客人的需求。

2. 产品

产品不仅指餐饮企业所提供的有形的实物产品,还包括无形的服务。我们应根据客人的需要,向他们提供所需要的产品和服务,这是消费者进行购买的根本原因,也是消费者需求的核心内容。

餐饮产品的营销组合中,最重要的就是要把"人"和"产品"结合起来,把生产和创新作为日常的工作任务,不断满足客人的需要。在产品创新方面,餐饮企业要时时刻刻注意地方特色、时间特色和餐饮消费风尚,使客人感到餐饮产品层出不穷,不断有新产品出现。

3. 价格

价格,一方面要适应客人的需要,另一方面也要满足餐饮企业对利润的要求。在定价的过程中,我们除考虑客人的承受能力外,还要考虑企业成本。一个零点餐厅很可能会接待不同国家、不同地区、不同民族、不同阶层、不同职业、不同情感的客人,必须将客人的特点作为制定价格的前提。有时,价格便宜并不能使客人满意,反而使其觉得降低了身份。

4. 促销

促销的目的是使客人深信本餐厅(酒店)的产品就是他们的需要,并促使他们前来消费。例如,全员推销就是餐饮促销的有效方法之一。在餐厅服务过程中,服务员应当通过服务了解客人的需求,适时推荐产品,强调菜肴、酒水的质量。

5. 包装

餐厅(酒店)的"包装"与一般商品的包装不同。餐厅(酒店)的"包装"把产品和服务结合起来,能够在客人心目中形成本餐厅(酒店)的独特形象。餐厅(酒店)的"包装"包括外观、外景、内部装修布置、维修保养、清洁卫生、服务人员的态度和仪表、广告和促销印刷品的设计方案等。

6. 运作

运作是指使客人重复购买和大量购买本企业餐饮产品的一种方法，有人把它解释为绩效。但确切地说，运作是指餐饮的运作或者餐饮营销的运作，其核心是我们通过什么方式将产品信息传递给客人，使消费者能够不断地购买我们的产品。

二、餐饮营销的影响因素

（一）外在因素

心理学原理告诉我们，人对外界事物的认识活动首先是从感觉开始的，感觉是其他一切心理活动的基础。消费者走进餐厅后，首先用各种感觉器官去感知周围，用眼睛去审视，用耳朵去倾听，用鼻子去闻。感性认识后逐步上升为理性认知，能否获得好感只是瞬间的事。因此，餐厅经营管理者应努力为客人创造一个优美舒适的消费环境。影响客人选择的外在因素很多，其中，以下四点是最为重要的。

1. 环境

环境在销售活动中的作用，和商品包装在销售中的作用相仿。光线、装饰、色彩、温度、噪声等环境因素构成服务的"包装"，向客人表明餐厅能提供什么样的服务，并对人们的饮食爱好产生一定的影响。餐厅灯光的强弱与光线的照射方式，对消费者的就餐情绪有着重要的影响。合理的餐厅光色，既可以激发消费欲望，又可以使消费者乐于在舒适的餐厅环境中就餐。不同的色彩能引起餐饮消费者联想不同的意境，产生不同的心理感受。餐厅的色彩，如果搭配得当，对消费者和服务员的情绪都会产生积极的作用，有利于避免冲突。

2. 食品自身因素

食品自身因素是指食品本身的色、香、味、形、温度、质量以及与此直接相关的因素。装盘的方式、食品供应时的温度、服务方式等都会对客人的消费决策产生影响。

3. 时间和季节性变化

某些季节性食品，特别是蔬菜和水果，对人们选择食品的方式有很大影响。此外，餐饮营业时间、就餐时间、用餐时间的长短，都会对客人的选择产生影响。

4. 广告

广告起引导作用，能对人们的消费态度产生一系列的影响。

（二）内在因素

餐厅客人并非仅由需求基本一致的客人所组成，相反，餐厅客人是一个由许多的，具有不同需求的客人所组成的异质性群体。根据马斯洛的需求层次理论，客人对餐厅食品和饮料的需求主要可分为两个层次：一是为了替代家中日常的进餐活动,满足生理需求;二是把在餐厅进餐作为休闲和娱乐活动,满足社交、求尊重和自我价值实现等较高层次的需要。餐厅若想使客人感到满意,必须使客人在这些高层次需要上得到满足。

因此,餐饮市场的消费者需求,一般可分为两大类:一是生理需求;二是受到社会影响而产生的各种心理需求。

1. 生理需求

(1) 安全。安全是客人的基本需求之一,也是决定就餐客人满意与否的重要因素。在餐厅,我们要避免以下可能发生的安全事故:汤汁洒滴在客人的衣物上;破损的餐具划伤客人的手;地面打滑导致客人摔跤;用餐时吊灯脱落击伤客人。餐饮企业要经常进行安全检查,采取必要的安全防范措施。

食品及餐饮环境的卫生也是客人安全需求的重点。客人进入餐厅后就开始自觉或不自觉地观察和判断各方面的卫生状况。一旦客人发现餐厅的环境不洁净,即使是不太显眼,也会产生反感。不卫生的环境往往与食物中毒紧密关联,如发生食物中毒,会给客人带来极大的伤害和痛苦,也会严重影响餐厅的声誉。因此,餐厅要重视卫生,确保客人不受疾病的威胁和感染。

(2) 营养。营养是从饮食中获得的,因此,营养取决于每一天、每一餐的饮食质量。客人希望饭店提供的饮食能够科学地满足他们的营养需求,并希望标明饮食的营养成分及其含量。餐饮经营管理人员有责任确保自己提供的饮食有着合理的营养成分,以供客人挑选,同时保证食物质量。

(3) 风味。人们光临餐厅的主要动机是品尝菜肴的风味。风味是指客人用餐时对菜肴或其他食品产生的总体感觉印象。它是食物最重要的鉴别因素,人们会凭借味觉、嗅觉、触觉等感官体验来感受菜肴的风味。

客人对风味的期望和要求各不相同,有的喜爱清淡爽口,有的喜爱色浓味重,有的喜爱原汁原味。餐厅应尽量针对宾客的不同需求,提供各种风味的菜肴。

2. 心理需求

客人精神享受的欲望越高,他们对于餐厅的环境、气氛及服务的要求也就越高。也就是说,他们的心理需求也就会更加复杂乃至苛刻,这主要表现在以下几个方面。

(1) 方便。所有的客人都希望餐厅能够提供各种方便,希望自身享用饮食能和在家一样方便。这就要求服务人员提供周到的服务,处处为客人着想。例如,在餐厅出入口、洗手间、酒吧、吸烟室和安全门等地方设置明显易懂的指示牌,方便客人出入,可以给客人留下极好的印象。

(2) 宾至如归的感觉。"宾至如归"是描述餐厅对客人光临的欢迎程度的词,在这种氛围中,客人不感到陌生拘束。这正迎合了客人希望受到欢迎的需求。客人一进餐厅,举目看见鲜花、微笑,餐厅迎宾员立即上前欢迎客人，并根据不同的对象，迅速地安排他们所喜欢的座位，尤其是在餐厅举办重要宴会时，餐饮部经理、公关人员等亲自迎接客人，这些都会给客人带来宾至如归的感受。此外，我们不可忽视对客人的送别，如"欢迎再次光临""请您慢走"等言语，将欢迎、送别的气氛融为一体，往往能够给客人留下美好、愉快、深刻的印象。

（3）物有所值。"物有所值"是指客人感觉自己所支付的费用与享用的菜肴、环境和服务的质量相匹配。例如，豪华或高级餐厅总要设置食品陈列柜或陈列桌，放上大龙虾、牛肉、水果、蔬菜等新鲜的食品和各种高级饮料，以显示其优良品质，使客人相信其购买的是货真价实的食品。相反，若餐厅服务员不善于介绍和推荐饭店的菜式、客人等候上菜的时间过长、服务操作不熟练、动作迟缓、上桌菜肴的温度过热或过冷，菜肴不熟等现象也会导致客人不满，表明餐厅没有做到"物有所值"，必然遭到客人的投诉。

（4）被尊重的需要。尊重客人，是服务人员必须加以保障的，也是客人较高层次的心理需求。当客人需要帮助时，服务人员应该表现出真诚与热情，并彬彬有礼地提供必要的服务；服务人员在任何时候都不能对客人的谈话表现出特别的兴趣，偷听更是不被允许的；服务人员绝不允许插话，特别是不能与客人发生争执，不可催促客人用餐。服务人员对女宾更要礼让三分，倍加尊重，切记"女士优先"的原则。

（5）显示气派。酒店应设有能够显示气派的专用餐厅及宴会厅，配以高标准的美味佳肴。环境布置应当高雅，气氛热烈，餐具用品必须考究，以显示客人的非凡身份。"从众"指个人的观念与行为受群体的引导或压力而趋向于与大多数人相一致的现象。消费者在很多购买决策上会表现出"从众"倾向。攀比心理是消费者基于对自己所处的阶层、身份以及地位的认同，从而选择以所在的阶层人群为参照对象而表现出来的消费行为。

客人除了受到以上因素的影响之外，还受到很多个性化因素的影响，具体包括经济收入情况、生活环境背景、文化水平和宗教信仰等。

【项目实施】

任务一　餐饮内部营销

内部营销是指餐厅针对前来就餐的客人，通过优质的服务使其成为酒店的忠实消费者，并为酒店进行义务宣传的过程。当客人进入酒店之后，所有工作人员应当共同努力开展全员营销工作。内部营销的方法主要包括以下七种。

7

一、菜单营销

制订菜单的目的不仅仅是告诉客人餐厅提供的菜品和酒水的价格如何,菜单本身就是重要的推销工具,我们可以从以下几个方面对其加以理解。

(一)推销作用

菜单是酒店和客人沟通的桥梁和纽带。一份内容齐全的菜单应该包括餐厅的名称、标识、餐厅的特色风味等信息。

(二)特色菜推销

从餐厅经营的角度出发,两类产品应该得到特殊推销:一类是能使餐厅扬名的菜品,另一类是餐厅试图扩大销售的菜品。推销特色菜品的作用主要有两个方面:对畅销菜、名牌菜做宣传;对利润高但不太畅销的菜做推销。

特色菜品可分为以下四类:

(1)特殊菜品。指畅销的或利润高的菜品。这种菜品可以是经常提供的某种菜品,也可以是时令菜。

(2)特殊套餐。推销一些特殊套餐有助于提高销售额,增强推销效果。

(3)每日时菜。有的菜单会留出空间来展示餐厅的每日特色菜和时令菜,其目的是增加菜单的新鲜感。

(4)特色烹调菜。指餐厅以独特的,秘而不宣的烹调方法烹制的特色菜。

对菜单上的重点菜可通过字体、色彩、位置以及文字、图片等方式作特殊处理。

(三)主要菜品推销

主菜应该尽量列在醒目的位置。在编排菜单的过程中,我们要注意目光集中点可以产生的推销效应,重点推销的菜品应当列在醒目之处。菜品在菜单上的位置对于菜单的推销效果有很大影响。若想产生显著的推销效果,我们必须遵循两大原则:最早原则和最晚原则。列在第一项和最后一项的菜品最能吸引人们的注意,并能在人们头脑中留下最深刻印象,因此,设计者应将利润最大的菜品放在客人第一眼和最后一眼注意的地方。

二、环境营销

现代社会的消费者,其消费行为往往带有许多感性的成分,容易受到环境氛围的影响。餐厅的环境营销包括硬件环境营销和软件环境营销。硬件环境营销包括外部环境营销和内部环境营销。餐厅外部环境包括餐厅的位置、建筑设计风格以及周围环境等;内部环境包括餐厅光线、餐厅色彩、环境营造等。许多餐饮企业在氛围营造上下了很大的功夫，力图营造出各具特色的、吸引人的情调，或新奇别致，或温馨浪漫，或清静高雅，或热闹刺激，或富丽堂皇，或小巧玲珑。内部环境的创新工作有助于吸引客人。

餐厅的软件环境营销以员工的服务质量为抓手。餐厅的每一名员工都是营销员，他们的外表、工作态度都是对餐饮产品的无形营销；餐饮服务员穿着制服，可以给人以清洁、统一和标准化的感觉，也便于客人辨认；良好的个人卫生习惯和清新整洁的外表，能感染客人，使其乐意接受服务。高品质的服务质量能使客人的心情舒畅，乐于消费，经常光顾；低品质的服务质量会使客人产生不满或投诉，甚至不再光顾。

三、服务营销

当下，很多高端酒店都设立了客服部长或者点餐员的职位，主要任务是与客人进行沟通，负责为客人点菜。在长期的交往中，这种职位还能够对客人的喜好有深入的了解，从而有针对性地为客人服务。服务营销主要包括以下六项内容。

（一）主动问候

服务员的主动问候，对吸引客人具有重大的意义。请设想：有位客人走进餐厅，正在考虑是否选择在此就餐。此时，如果有一位面带笑容的服务员主动上前问候"欢迎光临"，同时引客人入座，客人即使对餐厅环境感到不是很满意也不会离开。

（二）询问倾听

询问是指服务员根据推断，进行有针对性的询问，仔细倾听客人间的对话、语气，形成有效判断。同时，我们有必要观察客人的肢体语言、穿着、谈吐，判断客人的身份、消费能力、消费习惯、用餐重点、用餐时间长短等信息。

（三）推销介绍

1. 熟悉菜单

餐厅客服部长或者服务员应对餐厅所经营的食物和服务内容了如指掌，如食物的用料、烹饪方法、口味特点、营养成分、菜肴历史典故、各种菜肴及酒水的价位、菜肴的制作方式及营养价值、餐厅的营业时间、餐厅的历史背景等，以便向客人及时加以介绍，保证当客人询问时能够作出满意的答复。服务员在促销本店的食物和服务之前，要了解市场和客人的心理需求，并对客人的风俗习惯、生活忌讳、口味偏好有所了解，以便有针对性地推荐一些能够满足他们心理需求的产品和服务。

2. 进行推销介绍

根据判断，对不同性别、年龄、用餐目的的客人推销介绍菜肴、酒水。客人请客用餐，则可较全面地介绍各类菜肴；客人慕名而来，则重点介绍

7

餐厅经营的特色风味菜肴;家庭用餐,可推荐一些价格实惠且味道可口的大众菜肴;经常来餐厅用餐的客人,则应介绍当天的特色菜或者套餐,使客人有一种新鲜感;带着孩子来的客人,可推荐孩子喜欢的菜肴。在推销介绍菜肴的同时,我们可以向客人有针对性地推销酒水,可参考"红肉配红酒、白肉配白酒"的原则:在西餐厅,当客人点海鲜类菜肴时,可介绍 1～2 种白葡萄酒供其选择;客人点甜品时,可询问是否要白兰地或其他利口酒类;在中餐厅,则可以针对客人的国籍提供相应品种的酒水。

(四) 提出建议

通过对菜肴酒水的推销介绍,我们应当观察、了解客人可能感兴趣的对象,可以提出建议,鼓励客人品尝。此步骤对犹豫不决的客人尤为有效。在推销饮料等产品时,我们应当注意不要以"是"与"否"的问句提问,不要问:"先生,您要饮料吗?"这样问句的答复往往是"要"或"不要"。如果问:"先生,您要什么饮料?"客人往往不知道餐厅供应什么酒水,有时也会丧失销售机会。如果问:"先生,我们有椰汁、芒果汁、可口可乐,您要哪一种?"客人的反应往往是选择一种饮料,如此可以提升客人消费的概率。

(五) 仔细询问

客人点菜之后,我们应当提醒、询问客人在菜肴加工过程中的特殊要求。

(六) 复述内容

点餐结束后,我们应当复述客人所点的菜肴与酒水,待客人确认后,点菜服务即完成。

在席间服务的过程中,根据客人的就餐情况,我们可以适当地进行菜肴推销等活动。在客人就餐时,服务员要注意观察客人的需要,主动上前服务。在客人宴请时,服务员要注意将酒瓶中最后一杯酒斟在主人的杯里,接着顺便问主人是否再来一瓶;在客人的咖啡杯、酒杯空了以后,服务员应当立即上前询问客人是否再来一杯。在宴会、团体用餐、会议用餐的服务过程中,服务员在看到客人杯子空了之后要马上斟酒。在用餐过程中往往会发生多次饮酒高潮,这是增加酒水销售量的好机会。

四、展示营销

食品的展示是一种有效的营销形式,视觉的冲击往往胜于文字的描绘。展示营销是利用视觉效果,激发客人的购买欲望,吸引客人追加点菜的营销手段。展示营销主要可分为以下几种。

(一) 原料展示营销

陈列原料的核心目的是突出其"鲜""活"的特点,使客人信服本餐厅所使用的原料的质量。一些餐厅在门口用水缸养一些鲜鱼活虾,任凭客人挑选,厨师按客人的要求加工烹制。客人目睹原料后,容易对质量产生信任。当然,我们还要注意所展示原料在视觉上的舒适性,否则就会适得其反。

(二)成品陈列营销

一些餐厅将烹调得十分美观的菜肴展示在陈列柜里,客人通过对产品的直接观察,很快便完成点菜。但并不是所有的菜肴都可以做成展品加以陈列,许多菜肴在烹调后经过放置会失去新鲜的颜色,这样的陈列会起到相反的作用。将甜点、色拉陈列在玻璃冷柜中,营销效果较好。此外,在餐厅中陈列一些名酒也有助于增加酒水的销售机会。

(三)推车服务营销

许多餐厅会让服务员推着装有菜肴、点心的推车巡回于座位之间,向客人营销。推车服务营销既可方便客人,又可增加餐厅收入。有时,客人看推车上诱人的商品,便可以产生购买动机,发生"再来一盘"的购买行为。这种营销方式是增加餐厅额外收入的有效措施。

(四)现场烹饪展示营销

在客人面前表演烹饪过程,会使客人产生对菜肴的兴趣,引起客人品尝的欲望。现场烹饪能减少食品在烹调后的放置时间,客人当场品尝,味道往往更加鲜美。现场烹调展示营销还有助于利用烹调过程中散发出的香味和声音刺激客人的食欲。一些餐厅还让客人选择配料,厨师按客人的意愿进行现场烹饪,这样能够满足客人在口味、审美上的多层次需要。

进行现场烹饪时,我们要注意选择外观新鲜漂亮的菜品,烹调时避免产生难闻气味,烹调成熟速度快且工艺流程简单的菜,煮、烧烤类的菜品适合现场烹调。此外,用于烹调的器具一定要保持清洁光亮。

五、美食节营销

"美食节"即餐饮美食节,又称风味特色食品节,是由餐饮企业在一段时间或一个周期内推出某一主题的或某一风味的系列餐饮产品或服务的活动。除推出节庆与季节性专案外,我们还可以根据经营状况,在淡季推出美食活动,熨平经营周期所产生的波动。

(一)美食节主题的选择思路

(1)以某一原料为主题。

(2)以地方菜、民族菜为主题。

(3)以名人为主题。

(4)以食品功能为主题。

(5)以本地区、本酒店的菜点为主题。

(6)以餐具容器为主题。

（二）举办美食节要考虑的因素

（1）餐饮企业的效益。

（2）全体员工的培训。

（3）活动所需的场地和时间。

（三）美食节的策划流程

（1）把握契机，分析策划。

（2）确定主题，明确预算。

（3）成立班子，各司其职。

（4）制定菜单，落实人员。

（5）组织货源，开展宣传。

（6）实施运作，协调分析。

（7）总结评估，积累完善。

（四）美食节策划工作的注意事项

策划成功的美食节，有利于塑造酒店的良好形象，吸引客人，赋予酒店文化意义，给酒店带来许多长远利益。但是，美食节活动是一项系统工程，牵涉众多事项，我们在实际工作中应当着重注意以下内容。

1. 要有全面的计划

策划者不可心血来潮，盲目采取行动。举办美食节前，策划者应当加以细致周密地考虑：为什么要举办，举办的时机是否合适，本酒店的现有情况和接待能力如何，举办后会出现什么问题和结果等。这些问题都要经过酒店管理层的反复讨论，然后方可确认有无举办的必要和能力。在了解市场行情、进行广泛的市场调研后，我们还应当选择适宜的时间。例如，东北某酒店"消夏夜市"在 6 月至 9 月举办。之所以选择这个时间段，是因为这个时间段有两大优势：第一，此时是淡季，既无重要节日，也无重大事件，客流量较少，餐厅资源闲置；第二，由于天气相对炎热，适时推出"消夏夜市"正好满足了客人避暑纳凉的需求。

2. 要有恰当的主题

美食节的主题很重要，它决定了整个美食节对市场的吸引力。很多酒店的美食节举办得不成功，根本原因是忽视了主题。主题是我们策划美食节的指导思想，是推进一切工作的依据。活动内容、餐厅布置、宣传方案、员工制服和用具选择等都要贯彻主题，若主题是"消夏"，而活动内容是特色菜"铁锅炖"等，其活动内容与主题南辕北辙，则效果适得其反。

3. 环境布置要和谐

美食节的策划者应当尤其重视环境布置。合适的环境布置可以烘托气氛，脱节的环境布置会造成活动在视觉上的缺陷。人们来参加美食节时，视觉印象是极为重要的，与主题相偏离的布置会使客人感到困惑。美食节的布置要能够体现其文化主题和内涵。如以"乡土风味"为主题的美食节可在餐厅装饰来自乡间田野的物品、食品，彰显浓厚的乡村特色。

六、赠品营销

餐饮企业常采用赠送礼品的方式来达到营销的目的,企业要选择有助于获得最大效益的赠品。

(一)餐饮企业赠品的种类

1. 商业赠品

餐饮营销人员为鼓励客人经常光顾,赠送商业礼品给客人,这被称为商业赠品。

2. 个人礼品

为鼓励客人光顾餐厅,企业在就餐时间可免费向客人赠送礼品,在节日和生日之际向老人和常客赠送庆祝的礼品或纪念卡是一种极为常见的营销方式。

3. 广告性赠品

这种赠品主要起宣传餐厅、使更多人了解餐厅、提高餐厅知名度的作用。管理人员要选择价格便宜,可供大量分送的物品作为广告性赠品。礼品上常常印上餐厅的营销性介绍,最常见的广告性赠品包括给客人分发的打火机、火柴、菜单、购物提包等。广告赠品可以对过路的行人产生较强的吸引力。

4. 奖励性赠品

赠送奖励性赠品的主要目的是刺激客人在餐厅中多加购买菜品和再次光临。这种礼品是有选择地赠送的。餐饮企业往往根据客人光顾餐厅的次数、客人在餐厅中的消费额,有区分度地赠送礼品,有的餐饮企业也会根据抽奖结果给幸运者赠送礼品。酒店要选择价值较高的物品作为奖励性赠品。

(二)赠品的要求

1. 要符合不同年龄接受者的心理需要

为使礼品起到最佳效果,餐饮企业有必要针对不同赠送对象选择具体的礼品和场合。例如,为祝贺新婚夫妇,赠送有情调的礼品;在小孩生日或儿童节,赠送玩具类礼品。

2. 礼品的质量要符合餐厅的形象

一家高级餐厅绝不能赠送低档次的礼品。与其大量赠送低档次的礼品,不如用同等价钱购买少量的精致商品。赠品是协调餐厅与客人关系的重要渠道,餐饮营销员要注意赠送符合餐厅形象的独特礼品。

3. 所赠送礼品要附上卡片

礼品一定要附卡片赠送,以表示对赠送对象的尊重。在寄写卡片时,我们尽量不要使用印刷文字,经理亲笔写的文句、贺词或致谢词是极好的。这样的卡片可以更大程度地体现餐饮企业的诚意。

4. 包装要精致

漂亮的包装有助于提高人们对商品价值的评价。赠品的包装一定要

7

精致、漂亮、独特。对于有创意的礼品,赠予者还要考虑其包装物的再度利用。例如,用酒瓶做花瓶,用手帕包巧克力等。

5. 赠送气氛要热烈

为达到最佳的效果,餐饮工作人员要将赠品活动作为一项重要的营销活动加以周密地筹划,在赠送时尽可能地创造热烈的气氛。在颁发抽奖奖品时,与其让幸运顾客在收银台上领取,不如让其在人们的掌声、笑声中领奖。如此,赠品就能增加客人的幸福感,同时感染其他客人。

(三) 餐厅常用赠品

1. 活动节目单

餐厅往往将本周、本月各种餐饮活动、文娱活动的信息印刷后放在门口或电梯口。这种节目单的印刷质量,要与餐厅的等第一致,确定了的活动不能更改或变动。在节目单上,我们一定要写清时间、地点、餐厅的电话号码,印上餐厅的标记。

2. 火柴

餐厅每张桌子上都可放上印有餐厅名称、地址、标记、电话等信息的火柴,送给客人带出去做宣传。火柴可定制成各种规格、形状、档次,以供在不同情形下使用。

3. 小礼品

餐厅常常在一些特别的节日和时点,甚至在日常经营中送一些小礼品,这些小礼品必须加以精心设计。根据不同的对象分别赠送,其产生的效果会更加理想。常见的小礼品有生肖卡、特制口布、印有餐厅广告和菜单的折扇、小盒茶叶、巧克力、鲜花、精制的筷子等。

4. 菜单

作为赠品的菜单不同于餐厅中客人使用的菜单,赠品菜单可做得精致、小巧一些。一些餐厅将菜单做成心形,心形菜单对折在一起时,我们可以看到餐厅的外观和名称,打开时,我们可以看到菜单的内容,也有的餐厅将菜单做成折扇形状。策划者可以充分发挥其想象力和创造力。菜单并无固定模式,客人认为新颖有趣、能吸引其注意力、乐意收藏的菜单就是好的菜单。

七、特殊活动营销

为了搞活经营,活跃就餐气氛,增加餐厅和食品的吸引力以招徕客人。餐饮企业经理人经常举办各种类型的特殊活动,这也是有效的营销方法之一。

(一) 特殊活动营销的时机

1. 节日特殊营销活动

节日是人们愿意庆祝、开展娱乐活动的时光,是餐饮工作人员举办特殊营销活动的大好时机。在节日里进行餐饮营销,需要工作人员将餐厅装饰起来,烘托节日的气氛。在一年中的各种节日,如元旦、春节、情人节、中秋节、国庆节等,我们都可以举办相应活动。

2. 清淡时段营销活动

餐厅为增加清淡时段的客源、提高座位周转率,可在这段时间举办各种特殊的营销活动。有些餐厅将清淡时段的营销活动称为"幸福时光"(happy hour)活动,如在这段时间内对饮料进行"买一送一"的优惠销售活动,同时进行各种演出。

3. 季节性营销活动

餐厅可以在不同的季节中开展多种营销活动。这种营销活动可根据客人在不同季节中的就餐习惯和在不同季节上市的新鲜原料来加以筹划。最常见的季节性营销活动是时令菜的营销。同时,许多餐厅会根据人们在不同季节的气候条件下产生的不同就餐偏好和习惯设计活动,如在酷热的夏天推出清凉菜,在严寒的冬天推出火锅系列餐品等。

(二)特殊活动营销的类别

特殊活动营销应力求多样化以提高吸引力。常见的特殊活动营销方式有以下几种。

1. 演出型

为给客人带来欢乐,餐厅往往会聘请专业文艺团体和艺人来演出。演出的内容有很多种,如卡拉 OK、爵士音乐、轻音乐、钢琴演奏、民族歌舞等。

2. 艺术型

在餐厅中安排书法展览、国画展览、古董陈列等艺术活动也有助于吸引客人。

3. 娱乐型

为了活跃餐饮气氛并吸引客人,餐厅可经常举办一些娱乐活动,例如猜谜、抽奖、游戏等。有的餐厅甚至还会配备儿童游乐器械,诸如木马等。

4. 实惠型

餐厅可以利用客人追求实惠的心理进行折价营销,或者奉送免费礼品。例如,某餐厅在情人节的当日,对光顾的情侣赠送巧克力或玫瑰。恰当的礼物往往能够让客人感到惊喜。

(三)举办特殊活动的要点

策划特殊活动时,我们要保障以下特性的实现。

1. 话题性

举办的活动要具有话题性。产生话题、引起大众的兴趣有助于间接带动客人的情绪。

2. 时尚性

举办的活动要具有现代感。陈词滥调的老花样,毫无吸引力可言。以"环境保护""绿色"为主题举办的活动在构建社会主义生态文明的背景

7

下，颇能满足客人的心理。

3. 新奇性

正所谓"人无我有，人有我优，人优我奇，人奇我特"，出奇制胜、与众不同的活动必然可以引起大家的注意。

4. 简单性

有时，一项极富创意的计划，由于过分拘泥的安排会使其变得复杂，失去了应有的效果。以优惠券的赠送为例，与其按照总消费额换成积分赠送优惠券，不如简化手续，按照客人消费额加以分级，即刻发送，这更容易让客人接受。

5. 视觉性

在人的感觉器官所获得的信息中，有 70% 是通过视觉捕获的。可见，眼睛所扮演的角色非常重要。新闻杂志上的图片比密密麻麻的文字更受读者的欢迎。菜单上，图片介绍比文字更具吸引力与亲切感。这种规律在举办活动时也同样有效。

6. 参与性

参与性往往比观赏性更具吸引力。有歌星助唱或钢琴演奏节目的音乐餐饮店，往往比不上设有自助卡拉 OK 的餐饮店。同理，画廊餐饮店中，顾客的参与性也比不上涂鸦餐饮店。酒店要调动客人积极参与，以此达到活动的预期效果，甚至锦上添花。

任务二　餐饮外部营销

外部营销是指餐饮企业为招徕客人所做的一切工作。一般来说，对于新开业的餐厅或者酒店而言，最重要的工作莫过于通过外部营销，树立酒店的形象，吸引客人前来就餐。外部营销是相对于内部营销的概念，营销的地点可以是店外任何场所，促销对象也更加广泛。外部营销的方法主要包括以下五种。

一、电话营销

电话不仅是一种通信工具，而且还是一种重要的营销工具。不同的销售方式，如登门拜访、广告等，都要通过电话营销这一形式来实现。许多饭店和餐厅都设有专门的订餐员，负责接听电话，记录客人的有关信息。

电话营销可分为餐饮营销人员打电话给客人进行营销和营销人员接到客人来电进行营销两种。与派人登门拜访相比，电话营销费用小、费时少，因此，餐饮经营管理人员要积极利用电话进行营销。电话营销的工作流程包括：

（1）了解并熟悉新产品、新服务及优势，制订电话销售计划。

（2）了解客户的具体信息和背景，如姓名、性别、职务及兴趣爱好。

（3）调整好自己的状态，保持良好的工作情绪。

（4）主动向对方问好并作自我介绍。

（5）以接电话的人可能会感兴趣的事为突破点引起对方的兴趣。

（6）认真倾听，注意对方的反应，有意识地提问，了解客户的需求。

（7）根据客户的需求，用简明的词语介绍酒店的新产品及优势。

（8）运用各种销售技巧促使客户进行预订，或安排时间与客户面谈。

（9）对客户表示感谢后礼貌地推销。

（10）在铃响三声内接听电话，做好笔录，详细记录咨询的主要内容等。

（11）抓住客户咨询的主要内容，详尽地解答客户的各种问题并主动推销。

（12）主动推销时，注意客户心理状态的变化，灵活运用各种销售技巧。

（13）若客户有意预订，则立即敲定并确认。

（14）确认客户的话已经说完后，感谢客户并待客户放下电话后再挂断电话，切忌催促。

（15）整理电话销售记录，将资料归档并适时地加以跟进，强化联系。

二、登门拜访

登门拜访是指餐饮营销人员通过登门向客人传递产品信息、引导客人光顾餐厅、享用本餐厅的产品和服务的过程。

（一）登门拜访营销的优点

登门拜访与其他营销形式相比，具有以下六点优势。

（1）营销员可以给客人留下较好的印象。

（2）营销员可以直接接触客人，认真观察客人。

（3）营销员可以加深客人对饭店餐饮产品与服务的印象。

（4）营销员有机会纠正客人对本餐厅菜品和服务的偏见，改善其印象。

（5）营销员可以随时回答客人的提问。

（6）营销员可以从客人那里获得明确的许诺和预订。

登门拜访营销也有缺点：成本费用较高，覆盖面较小。

登门拜访主要适用于新店开业、宴会和其他大型活动销售等。新开业的餐厅比较适宜登门拜访。很多大、中型餐厅设专门的营销人员，从事餐饮活动的营销工作，他们对餐饮营销比较精通，职责明确，营销效果也比较好。

（二）登门拜访的工作流程

1. 收集信息，寻找客户

刚开业时，营销人员要通过新闻媒体、网络、行业协会等途径收集企业客户资料并选择目标客户,分析并列出重点客户及普通客户名单。在运营中,营销人员要建立各种资料信息簿,建立餐饮客史档案。注意当地市场的各种变化,了解本市各种活动的开展情况,寻找营销机会。大型公司和外商机构的庆祝活动、开幕式、周年纪念等,都是极好的营销机会。

2. 计划准备

在上门营销或与潜在客户接触前,营销人员应做好准备工作,确定本次访问的对象和要达到的目的,列出访问大纲,备齐营销用的各种有关资料,如菜单、宣传小册子、照片和图片等。

3. 礼貌拜访

守时是一种美德,销售拜访时不可以迟到。仪容仪表十分重要,营销人员应穿着职业装,保证端庄整洁、大方得体。与客户见面时,应先递上自己的名片并问候对方,然后说明拜访目的并递上事先准备送给对方的宣传材料,尽量使谈话内容吸引对方。

4. 介绍餐饮产品和服务

与客户洽谈时,保持良好的精神状态,热情谦和;着重介绍本餐厅餐饮产品和服务的特点;针对所掌握的关于对方需求的信息进行介绍,引起客人的兴趣,突出本餐厅所能给予客人的好处和额外利益;还要设法让对方多谈自己的想法,从而了解客人的需求,再证明自己的菜品和服务最能适应客人的要求。

5. 处理异议和投诉

碰到客人提出异议和投诉时,餐饮销售人员要保持自信,设法让客人明确说出怀疑的理由,再通过提问的方式,力求让他们在回答问题的过程中否定这些理由。对客人提出的投诉和不满,营销人员应首先表示歉意,然后请求对方给予改进的机会,千万不要为赢得一次争论而得罪客人。

6. 商定交易,跟踪营销

要善于掌握时机,商定交易,签订预订单。营销人员要使用一些技巧,如代客下决心、给予额外利益和优惠等,争取订单。签订订单后,还要进一步保持联系,采取跟踪措施,逐步达到确认预订的目的。即使不能最终成交,营销人员也应分析原因,总结经验,保持继续向对方进行营销的机会,便于以后的合作。

7. 做好记录

每一客户洽谈完毕,应做好洽谈工作情形报告,并填写"业务报告表",其内容包括:日期、公司名称、洽谈人姓名、地点及内容、其他重要事项、酒店销售代表签名等;对拜访过的公司,第二天必须打一个电话或发一个传真表示感谢;新签约客户的资料要完整地转交给部门文员,责成其建立客户资料档案。

三、广告营销

餐饮广告形式多样,包括店面广告、报纸广告、电视广告、广播广告、户外招牌广告,以及标语和传单等。餐饮广告的目的就是向公众或特定市场中的潜在客人宣传其餐饮产品和服务,吸引客人到餐厅用餐。广告在生产者、经营者和消费者之间起着重要的沟通作用。

(一) 主要广告媒介

1. 报纸广告

报纸广告目前已非常普遍。

报纸广告具有时效性强、费用便宜、灵活性较大、覆盖面较广等优点。要树立良好的市场形象,餐饮企业应当经常刊登广告,反复传递重要广告词语,还要偶尔介绍最新信息与新的服务项目等。

报纸广告也有展示质量差、色彩单调、无法传播声音和动作等缺点。

在选择刊登广告的报纸时,我们应考虑报纸的内容特点、读者对象、出版时间、声望、广告位置、广告费用等因素。如北京的餐厅可选择《北京晚报》,而不能选择政府机关的报纸。

2. 杂志广告

杂志广告近年来也很流行,行业性杂志是杂志广告的重要载体,甚至一些有名的学术性期刊也开始刊登广告。杂志广告具有针对性强、资料性强以及印刷质量好等特点,但出版的周期较长,成本也较高。

能够承接餐饮广告的杂志一般都是餐饮行业性杂志,如《中国烹饪》《中国饭店》《饭店世界》等。阅读这些杂志的多为行业人员、科研人员、教师以及学生,会在他们之间形成口碑效应,对餐厅进行宣传,以树立餐厅形象,培养潜在客人。

3. 电视广告

电视广告的优点是:宣传范围广泛、表现手段和形式丰富、宣传的影响和作用巨大、便于重复宣传、直观性强和声誉高等。

电视广告的缺点是:广告费用高、缺乏选择性、播放的时间较短、比较容易被遗忘。

4. 交通广告

交通广告是指在飞机、火车、轮船、汽车等交通工具上投放的广告。这些广告内容一般包括饭店餐厅的名称、地址、电话、服务项目,以及交通可及性等。这类广告可引起客人的兴趣,其宣传效果相当显著。

5. 户外广告

在交通路线、商业中心、机场、车站等行人和车辆较多的地方设立的路边广告牌、标志牌也是餐饮营销的重要抓手。

户外广告的优点是:信息传播面广、费用较低、持续时间长、宣传地点灵活等。

7

常见的户外广告有：

（1）广告牌，设在行人较多的马路边上、交通工具经过的道路两旁或主要商业中心和闹市区。

（2）空中广告，指利用空中飞行物进行的空中广告宣传。

（3）餐厅招牌，指饭店建筑物外部的指示牌，给人留下鲜明的第一印象。

（二）广告应该注意的问题

1. 不要超前做广告

有些餐厅做出开业的广告后，由于装饰工程未完工，没有按期开业，只好写致歉书请求客人原谅；有些餐厅仓促开业，设施、设备又未完全到位，客人需求无法满足；有些餐厅在菜品质量和服务质量差的情况下超前做广告，等客人上门时，服务质量却跟不上。因此，餐厅在没有准备好的情况下，最好不要超前做广告。

2. 广告内容必须真实无欺

以诚待客，是经营成功的基础。餐厅追求的是持续的效益，欺诈顾客，最后受损失的仍然是餐厅本身。

3. 广告标题简洁明了

餐饮广告的标题要短，开门见山，一般情况下在八个字以内为好。过于长的标题，客人自然不感兴趣，更不会来餐厅就餐。

四、网络营销

互联网快速发展，网络营销已经成为很多餐饮企业广泛采用的营销手段。许多餐饮企业都有自己的网址，在网上宣传和推销自己的产品。在线订餐、在线团购、微博营销、微信营销都已经成为网络时代快速发展的新营销手段。

（一）网络营销的特点

1. 双向沟通，增值服务

通过网络展开快捷方便的沟通，我们能够与客户完成双向信息沟通，提供增值服务。充分利用各种体验营销方式在网络上进行品牌传播，不但可以大范围地传播餐饮消费者所喜好的体验，吸引目标消费者，达到产品销售的目的，更能通过给予消费者人情化、感性化的体验，与餐饮消费者建立一条特殊的情感纽带与沟通渠道。具体来说，我们可以借助网络订餐、微博点餐让消费者进行评价，将微博塑造成消费意愿的监测器。利用微博，我们可以用最简单的方法，即以企业的名字为关键词，添加"话题"，在第一时间发现用户对酒店的评价，同时进行客户关系管理，回应客人的需求，消除客人的不满并树立酒店的正面形象。

2. 网络营销，效果鲜明

我们可以在互联网上建立超级链接，通过交互联结和网络环境等方式与其他热门网站进行链接,与相关的网站进行链接,建立内容共享关系,在更多的用户面前展示食品,从而增加知名度。网络团购,有助于达到营销的目的。例如,当餐厅经理发现当日还有座位、服务员人力又足够时,只要打电话给网络营销员,请他把限时、限量的特惠专案内容发布出去,很快就能吸引到特别喜欢打折的网友。

我们还可以将品牌个性融入微信推广工作,对酒店的品牌价值和特性进行深度诠释,使自己在网络上呈现某种特别的性格特征,让客人感到亲近。广州某假日酒店的一条微博令人印象深刻。这条微博用了一张绿油油的菜地照片作为主题图片。大家一眼看去可能会觉得这是在一个普通温室内拍的照片,但仔细一看,原来照片拍自酒店的天台,酒店正利用闲置的空地精心培育有机蔬菜,全部自产自销,欢迎客人去酒店的餐厅品尝。如此绿色、低碳、环保的经营理念,让这条微博得以迅速、广泛传播,酒店也在短时间内得到了人们的喜爱和信任。

3. 积极参与,方便快捷

现在,越来越多的用户利用微博等社交网络与他人分享自己当前所在地理位置等信息。客人到达餐厅的第一件事,不是点菜,不是找洗手间,而是在微博上"签到"。客人会很自豪地把自己的感受告诉他的关注者。越来越多的餐厅针对这种用户提供了更为贴心的互动服务。

(二)网络营销场所

如今,人们的交流方式逐渐从"面对面交流"向"线上交流"转变,这对餐饮业的生产、经营、管理活动以及营销活动所带来的影响是革命性的。在新技术和传统技术共存的环境下,如何抢占先机,利用网络开展营销工作,正成为人们广泛关注并探讨的热门话题。网络营销的出发点是利用网络的功能和特征实现与顾客的沟通。这种沟通方式不是企业强行将营销信息"推送"给消费者,而是赋予消费者主动权,任其选择是否接收企业的营销信息,被称为"软营销"。

网络营销的载体主要有网络广告、活动内容等,人们也可以将网络文化与产品广告相融合,从而吸引消费者。无论采用怎样的形式,主动权都在消费者手中,消费者可自主选择是否查看广告内容并参与营销活动,从而决定是否进一步做出购买决策。具体而言,网络营销场所可分为以下 3 大类。

（1）内容场所:搜索引擎、门户网站、新闻、音乐、游戏、图片、视频。

（2）社交场所:论坛、QQ、微博、微信、婚恋交友网、社群。

（3）购物场所:购物分享平台、购物平台、虚拟超市及网上支付平台。

(三) 网络 O2O 营销渠道

网络将餐饮企业和消费者连在一起,给企业提供了一种全新的销售渠道乃至商业模式。这为餐饮企业了解消费者的购物信息提供了途径和平台,方便收集消费者的购买数据,从而更好地维护并拓展客户,进行精

7

准营销。消费者可以得到丰富、全面、及时、价格实惠的商家折扣信息，订购更方便。

O2O 即 online to offline（线上到线下）的缩写，是指将线下的商务机会与互联网结合，让互联网成为线下交易的线上平台的营销模式，是连接线上、线下资源的纽带，是互联网时代的新型网络营销模式，主要包括线上平台、线下实体店、消费者、在线支付途径等要素。其中，在线支付途径为其核心要素，主要有下面的两种消费模式。

1. 线下体验、线上消费

这是主流模式，通过提供打折信息、服务预订等方式，把线下实体店的消息推送给互联网消费者，将消费者由线上引流到线下实体店进行消费，餐饮、健身、娱乐等本地服务多采用该模式。美团外卖和大众点评是这种模式的典型平台。在这种模式下，消费者的消费流程可以分解为五个阶段。

（1）引流阶段。线上平台作为线下消费决策的入口，可以汇聚大量有消费需求的消费者，或者引发消费者的线下消费需求。常见的 O2O 平台引流入口包括：消费点评类网站，如大众点评、美团外卖；电子地图，如百度地图、高德地图；社交类网站或应用，如微信、抖音、快手。

（2）转化阶段。线上平台向消费者提供商铺的详细信息、优惠（如团购、优惠券）、便利服务，方便消费者搜索、对比商铺，并最终帮助消费者选择线下商户、完成消费决策。

（3）消费阶段。消费者利用在线上获得的信息前往线下商户接受服务，完成消费。

（4）反馈阶段。消费者将自己的消费体验反馈到线上平台，有助于引导其他消费者做出消费决策。线上平台通过梳理和分析消费者的反馈，形成更加完整的本地商铺信息库，可以吸引更多的消费者使用该平台。

（5）存留阶段。线上平台为消费者和本地商户建立沟通渠道，帮助本地商户维护与消费者的关系，使消费者重复消费，成为回头客。

2. 线下消费、线上体验

这种模式被广泛应用于传统的线下企业中。在互联网营销的大趋势下，很多传统的线下企业开始寻求互联网上的发展，搭建自己的电子商务平台，将线下流量引至线上，打开线上市场。扫码加入会员并下单是该模式的典型表征。

（四）新的网络营销方式

1. 病毒式营销

病毒式营销是一种常用的网络营销方法，常被用于进行网站推行、品牌推行等。病毒式营销使用的是"用户口碑传达原理"，在互联网上，这种"口碑传达"变得更为方便，就像病毒一样迅速蔓延。因此，病毒式营销成为一种高效的信息传达方式。此外,这种传达是用户自发进行的,所以几乎不需要任何费用。

2. 聊天群组营销

聊天群组营销是即时通讯的延伸,是使用各种即时聊天软件中的群功用打开的营销通道,现在常见的聊天群组有微信群、qq 群等。

这种营销方式借用即时通讯工具,具有成本低、即时作用快和互动作用强的特点,广为企业所采用。企业通过发布一些文字、图片,传达企业品牌、产品和服务的信息,然后让目标客户更加深刻地了解企业,最终达到宣扬企业品牌、产品和服务的目的,加深受众认知度。

3. 网络事件营销

网络事件营销,是指企业以网络为传达平台,精心策划能够让公众直接参与并享受的有趣味的事件,并通过这样的事件达到吸引或转移公众注意力的目的,增进企业与公众的联系,塑造企业形象,从而谋求更大市场的营销传达活动。

4. RSS 营销

RSS(really simple syndication)营销,又称电子杂志营销,是指使用 RSS 这一互联网工具传递营销信息的网络营销模式。RSS 营销比其他邮件列表营销方式具有更多的优势,是对后者的替代和弥补。RSS 以专业人士为主要受众,如研发人员、财经人员、企业管理人员。他们会在一些科技型、财经型、管理型等专业性很强的网站,用邮件方式订阅他们感兴趣的杂志和日志信息,这为餐饮企业的营销工作提供了帮助。

5. 直播营销

现在,"网络直播"已经不再是传统意义上的网络电视直播,而是通过在现场架设独立的信号采集设备,导入导播端(导播设备或平台),将内容上传至服务器,发布至网上以供人观看的生产方式。如今,直播成为企业将线下业务转向线上的重要入口。随着 5G 时代的来临,视频正逐渐取代图片文字成为与消费者开展互动的主要形式。

餐饮直播具有门槛低、成本低、线上观众与线下顾客互转的优点。餐饮企业可以在短时间内通过集中的线上直播,把餐饮品牌推介出去,相较于传统的媒介推广方式,这种方式更加快捷、直接且反馈迅速。

网络营销的发展如火如荼,但在实际应用过程中,也暴露出了不少的弊病。网络上的商家来自不同的地方,缺乏统一管理,从而可能导致网络空间的混乱,客户有时会面对众多的选择甚至是陷阱。同时,关于知识产权的保护、个人隐私的维护以及隐性广告的规范等技术和法规都尚未完善。在进行网络营销时,企业应当在意其合法性,从而确保网络营销的成功实施。我们一方面要提供技术保护手段,另一方面也应当制定相应的法规,防止商家在营销活动中擅用或者滥用客户的相关资料。餐饮企业需要不断地规范自己的网络营销行为,从而获得长远的发展。

7

网络营销与电子商务的发展历史很短,未来应努力打造风清气正的网络环境。

五、其他营销方法

除了以上的销售方法外,在酒店的实际工作中,餐厅还会采取以下营销方法,推动营业收入的提高。

(一)免费品尝

推广新品种最有效的方法便是赠送食品给客人品尝。让他们在不花钱的情况下品尝产品,一般会十分乐意寻找产品的优点。不花钱食用所产生的感情联系,使客人乐意无偿宣传该产品。

(二)折扣赠送

现在,国内的一些餐厅向客人赠送优惠卡,客人进餐时,凭卡可享受优惠价。这实质上也是一种让利促销的办法。此外,当客人向管理人员提出打折的请求时,管理人员应该尽量满足客人的合理需求,或者通过赠送果盘等方式使客人感到满意。

(三)宣传小册子

设计制作宣传小册子的主要目的是向客人提供有关餐厅餐饮设施和服务的信息,使他们相信本餐厅的餐饮设施和服务优于其他餐厅。同时,宣传小册子有利于使尚未确定就餐地点的客人相信本餐厅正是他们的首选目的地。

(四)赠送代用券

赠送代用券是餐饮企业开展营业推广工作的重要方法。它为客人提供了代替他人购买餐厅餐饮产品和服务的机会。

(五)直邮推广

直邮推广是指餐厅餐饮部门通过邮局向客人、单位寄邮件进行营业推广的营销手段。邮件一般包括信件、回函单、饭店内刊物、新闻稿、复印件、日历、菜单、明信片、公告、小册子以及其他印刷品。装帧精美、内容翔实的印刷品有助于提升酒店的公关形象。

任务三 客史档案管理

一、客史档案的含义和作用

客史档案是指服务人员将在日常工作中收集到的所有关于客人的信息进行详细记录所得到的一套系统、规范的文本。建立客史档案有利于企业准确掌握客人在消费过程中的个性需求,培养酒店的忠诚消费群体,达到信息互动共享、全面提升服务质量的目的。客史档案在酒店管理工作中的重要性日益凸显,已成为酒店的基础管理工作之一。

出于竞争的需要,每个企业都有属于自己的客史档案,客史档案的作用包括以下内容。

(一) 培养忠实客人

扩大客源市场、塑造品牌固然重要,而形成并维系酒店的固定客源更是成功经营的关键。据统计,酒店开发一位新客人的成本是留住一位老客人成本的 6 倍,因此,留住老客人对酒店来说至关重要。在激烈的市场竞争中,客人拥有了更多的选择空间,因此,要想使客人继续保持对酒店的忠诚,我们只有不断提升酒店自身的服务质量、完善服务设施,方可换取客人的满意度和忠诚度。而为了赢得客人的满意,最重要的工作就是要让客人有"宾至如归"的感觉,也就离不开通常所说的个性化、亲情化服务。综上所述,建立一个详细的、不断扩展完善的客史档案系统就显得极为重要。

(二) 更好地提供有针对性的服务

客史档案有助于了解客人的需求,记录在案后,下次为客人提供服务的时候,我们就能提供更加完善的个性化服务。在客史档案里面,有一个非常重要的内容叫作"特别好恶",该项目记录客人的特别喜好,例如客人对烟酒、原材料、菜肴、点心、服务方式的特别嗜好。把这些在档案上一一列出后,企业可以根据客人的特殊需求提供有针对性的服务。这种服务应该是在客人开口之前提供的,可以给客人带来惊喜,带来物超所值的感受。

(三) 为酒店营销决策提供依据

通过对客史档案的分析,管理者可发现关于住店客人的共同特征、消费倾向、服务需求等重要营销信息,还能找出客人希望有而饭店没有的服务项目,从而更有效地开拓酒店营销渠道。同时,通过客史档案,管理者还能进一步挖掘酒店的潜在客源市场,在恰当的时间,通过合适的渠道,向潜在客源市场发出营销信息,提升酒店的市场占有率。

(四) 有利于改进产品

客史档案和产品质量的提升、产品的改进、创新有着直接的关系。客史档案记录了客人的口味特征、特殊爱好等,而这些信息情报,实际上可以帮助我们了解市场、关注市场、了解需求、研究需求,如此,酒店在进行产品设计的时候也就有了方向,有了针对性,避免了现代餐饮企业随意进行菜肴创新但收效甚微的现象。

二、客史档案的信息收集途径

客史档案能够较好地反映酒店的服务意识,拉近与客户之间的距离,让客人产生信任、安全、亲切的感觉。酒店员工在服务中要用心倾听、细

客史档案的含义及作用

7

心服务,认真感受客人的一举一动,捕捉机会,尽可能多地获取客人信息。要想达到这一目的,酒店全员必须共同参与,共同进行客史档案的建设和管理工作。

客史档案的收集是酒店做好客人管理工作的基础。要了解一位客人,我们首先要收集其相关信息,做到知己知彼。客史档案,是由酒店各部门、各班组在平时的服务过程中,对客人的特殊要求、消费习惯等有意识、有目的地收集的,主要来自客人的订房单、住宿登记表、账单、投诉及处理结果记录、大堂副理拜访报表、宾客意见簿等。信息在整理之后逐层上交,最终由酒店销售部经理负责,将所有关于该客人的情况资料进行汇总整理并输入电脑,建立立体的、全方位的宾客档案,并定期对档案进行补充与更新。

门童和迎宾员是最早接触客人的服务人员。一名优秀的迎宾员能够在客人到来时准确地用姓氏尊称客人,同时能够将宾客的详细信息,如特殊喜好、生日、联系电话、喜爱的菜品、爱喝的酒水等准确地传达给总台服务员或点菜员。迎宾员在与客人交流过程中可委婉地询问客人的姓氏,并做好传递和记录工作。

餐厅服务员也是获得客人信息的重要渠道,可以通过用餐过程中的细心服务,借询问茶水、酒水等机会,及时与客人沟通,记下客人的姓氏尊称,在服务中注意客人的举动,特别是其对某一菜品的喜好等。在服务过程中,餐厅服务员与客人的交往较多,是获取客史信息的重要抓手。

管理人员要具有良好的沟通能力。在餐厅巡检过程中随机拜访客人,征求客人的意见,用姓氏尊称客人,应是管理人员与客人交往所具备的基本能力,这样会使客人产生一种受照顾的感觉。对于不熟悉的新客户,管理人员可以积极征询客人的意见,同时运用委婉的语言与客人沟通,询问客人姓氏并即刻使用,然后形成文字记录。

总台接待员和吧台收银员也是经常接触客人的岗位。优秀的收银员、接待员应熟悉关系单位及老客户的姓氏、结账方式或特殊需求、联系电话等。

此外,我们也可通过客户的司机、朋友了解其相关信息,还可以通过建立会员制度,留下客人相关信息。

三、客史档案的建立与管理

(一)客史档案的建立

收集足够的客人信息后,要派专人对信息进行筛选整理,然后分门别类地进行汇总,储存于电脑数据库中。我们也可以将客史档案编制成册,置放于各吧台和收银台处,以便相关人员及时查阅。客史档案样例如表 7-1 所示。

表 7–1　　　　　　　　　　　　　客史档案样例

建档日期：　　　　　　　　　　　　　　　　　　　　　　　　No.

姓　名		性别		国籍/籍贯		出生日期	
工作单位			职　业		职　务		
单位地址			电　话		传　真		
家庭地址					电　话		
健康特征							
用餐时间		消费次数		消费金额		积　分	
用餐餐厅							
餐厅布置							
用餐效果		服务人员			服务评价		
用餐菜单							
特别好恶							
烟　酒		原　料		菜　肴		点　心	
其　他							

　　应该指出的是，建立客史档案后，我们要注意把客人每次来就餐的菜单收集到客史档案中去，注明客人对菜品的评价，以便作出相应的调整。这是餐饮客史档案的独特作用，需要我们积极地加以利用。

（二）客史档案的管理

　　餐饮客源按照年度消费总额大致可分为三类：A 类，大客户（VIP）；B 类，普通客户；C 类，普通散客（或新开发客户）。在这三类客户中，我们要特别注重做好 A 类客户和 B 类客户的客史档案建设。销售部应负责酒店总体客史档案的补充、更新与管理，餐饮部应负责餐饮档案的补充、更新与管理，保持同步，推进信息共享。销售部每月应对 A 类客户进行回访，并协同餐饮部有针对性地进行月度回访。销售部应会同餐饮部负责人每月召开一次客史档案补充更新专题会议，确定月度重点关注的客人名单。销售部应会同餐饮部每季度召开一次消费分析会议，并根据客户消费情况，对其进行 A、B、C 类客史档案动态转换，做好 A、B、C 类客户上半年、下半年及年度消费情况的分析会议。餐饮客史档案管理制度的主要内容包括。

　　（1）客史档案是餐饮部经营活动的机密文件，除餐饮部领导、厨师长、销售人员可借阅外，未经餐饮部经理同意，无关人员不得查阅。

　　（2）客史档案应包含各类别、各档次宴会的相关情况。

　　（3）客史档案应着重记录高层领导、企业家和社会各界知名人士、美食家的口味特点和对菜点质量、服务质量的意见。

（4）客史档案的内容要定期加以核对,经常补充调整。

（5）客史档案应该根据客人姓氏首位字母顺序或者行业进行系统划分,并按宴请日期排列存档。

（6）销售部每月、每季、每年要根据档案做好统计工作,作为餐饮部领导分析和了解市场的依据。

（7）预订员把每次任务结束后的反馈意见和从走访接待单位征求来的意见记录在客史档案内。

（8）应由专人负责客史档案的整理、编排、清理、存放工作。

【项目回顾】

在本项目中,我们主要学习了餐饮企业营销管理工作的相关知识。通过学习,学生应当熟悉影响餐饮营销的外部因素和内部因素;掌握餐饮内部营销和外部营销的内容和方法;了解客史档案的含义、作用,掌握客史信息的收集、建立和管理方法。学完本项目后,学生应能够根据客人的不同需求,进行有针对性的营销和服务。

【项目测试】

1. 影响餐饮营销工作成效的因素有哪些?
2. 服务营销工作包括哪些内容?
3. 美食节营销的策划流程包括哪些内容?
4. 电话营销的工作流程包括哪些内容?
5. 登门拜访的工作流程包括哪些内容?
6. 餐饮客史档案管理制度包括哪些内容?

7

案例分析

积极的电话营销

一、案例介绍

星期六下午,马先生打电话到北京某饭店的中餐厅。电话铃响后,餐厅服务员小刘迅速接起电话并问好。马先生说:"今晚我要宴请宾客,请问贵餐厅有什么特色菜? 必须是口味清淡、不太辣的菜。"于是,餐厅服务员小刘便开始向马先生推荐中高档的广东菜,并介绍广东菜的特点:"广东菜由广州菜、潮州菜和东江菜组成,讲究原料和加工方法,口味清淡鲜美,突出菜的质量和原味。比较有名的菜是'红烧大裙翅''片皮乳猪''蛇羹''清汤鱼肚''一品天香''盐焗鸡''冬瓜燕窝''油爆虾仁'等。我们餐厅有从广州请来的特级厨师,加工的菜肴都保持了广东菜的正宗风味。如果您感兴趣,可以在我给您推荐的菜中挑选几样尝尝。"

听了小刘的介绍,马先生很放心,并按推荐进行了预订。晚上,用餐结束后,马先生确实感到这家饭店的菜品鲜美,味道不同寻常。

　　马先生临走前非常高兴地对小刘说："这顿饭我感觉非常满意,有机会我还要来这里吃,我会推荐给我的朋友,让他们都到你这里品尝一下。"

　　二、案例思考

　　1. 向客人进行电话营销时,我们应注意哪些问题?

　　2. 小刘成功营销的原因何在?

　　3. 服务员应如何选择合适的营销策略?

【项目延展】

外部营销应考虑的因素

　　外部营销是指酒店为招徕客人所做的一切工作。一般情况下,新开业的餐厅或者酒店,需要通过外部营销树立酒店的形象,吸引客人前来就餐。在开展外部营销,前去拜访客人之前,我们需要考虑以下事项。

一、我卖什么

　　每一个投资者、经营者,都要清楚地了解"我卖什么",对自己的产品有一个清醒的认识。我的产品是什么、价格怎么样、品牌是什么、市场定位是什么,这四个问题是每一个餐饮经营者都必须考虑的。关键点是:产品的特色是什么,亮点在哪里;我如何通过产品来吸引消费者。另外一个要考虑的问题是:我的产品如何才能和市场需求相吻合;能不能满足客人的需求;当客人的需求发生变化以后,我的产品如何去调整,如何去改变。

二、我卖给谁

　　我们要去了解客人,了解目标客户,了解目标消费群体。

　　任何一个餐饮企业,都必须确立自己的目标市场、目标客人,在这个问题上不能含糊。不同消费群体的消费需求是不一样的。中老年消费群体强调物美价廉,他们非常注重菜肴的优惠;年轻的消费群体关注时尚,喜欢新奇的产品、新奇的消费方式。了解不同类型的消费群体,是投资者、经营者要关注的事情。因此,餐饮企业要清楚自己的目标消费群体。

三、在什么地方卖

　　餐饮营销的第三个突破点就是销售地点,也就是销售终端。餐饮经营者要研究餐馆和客户的接触点。每一个餐饮经营者都要清楚地知道,有了好的产品、好的设施、好的服务之后,这些东西要往哪里销售,去哪里卖。寻找到销售的切入点有利于引起消费者的注意,让他们主动消费。

四、通过谁来卖

　　第四个突破点是"通过谁来卖"。这是一个关于销售渠道或销售方式的问题。传统的营销活动注重广告,现代营销活动强调的是整体的组合。我们通过什么销售方式把我们的产品销售出去;我们的产品比较适合什么样的销售渠道;这是我们要关注和研究的问题。

五、如何让人知道并且相信我

现在的消费者对广告宣传有一定的抵触情绪。因此,餐饮的经营者们要思考:在进行广告策划的时候,如何去展现产品的特色;如何去吸引客人的眼球。在正常的经营过程当中,经营者、销售人员、服务人员和客人之间建立一个良好的客户关系很重要。通过良好客户关系的建立,不但能让客人知道我们,更能让客人对我们产生信任感。

六、客户为什么买

餐饮营销的第六个突破点是思考"客户为什么购买我们的产品"。现在的消费者,选择的主动性很大,可选择的对象很多,客户为什么到我们这里来,这是我们要去思考、研究、关注的问题。客人肯定看中了餐厅在某一个方面上的特色,可能是就餐环境、营销手段,也可能是优秀的服务质量,甚至有可能是某一种菜肴,而客人的关注点实际上就是产品设计工作的关键点。

7

项目八

零点服务管理

学习目标

1. 具有工匠精神劳动精神,掌握餐饮服务六大技能。
2. 了解中餐西餐菜肴特点,熟悉各项技能培训内容。
3. 熟悉中餐零点服务内容,掌握零点服务工作流程。
4. 记忆西餐上菜内容顺序,熟悉西餐扒房服务内容。

典型任务

1. 运用餐饮专业服务技能,有效做好对客服务工作。
2. 弘扬中华优秀传统文化,展现中餐零点服务过程。
3. 运用西餐服务工作内容,模拟西餐扒房服务工作。

【项目导入】

某高档仿古餐厅,晚餐时间,一位领导宴请外国贵宾。高级服务员小邹等人提供宴会服务。宴会前,她们作了充分的准备。宴会中,小邹做好每一个环节的服务,穿插介绍每道菜品的典故。每讲一个典故,客人们都报以热烈的掌声,宴会气氛非常活跃,客人对她们的服务也感到非常满意。

宴会正在热烈的气氛中进行,餐厅的灯突然全灭了,顿时漆黑一片。客人发生了一阵小小的骚动。这时,小邹没有惊慌,镇静地说:"非常抱歉,可能是线路出了故障,我想很快就会修好,不过,请各位不要错过这个机会,正好体验一下烛光晚餐的情景。"小邹一边说一边点燃蜡烛,放在临窗的条案上:"您看这餐厅,在烛光的映照下显然更加金碧辉煌、典雅华贵了。此刻各位有什么感受呢?"话音刚落,电灯亮了,客人们仿佛还在思索小邹的话。片刻,餐厅里又响起了掌声。

宴会结束后,餐厅经理征求客人的意见,客人们连忙称赞说:"你们这里不仅饭菜好,服务员更是一流的,是她们让我们度过了一个美好而难忘的夜晚,谢谢你们!"

小邹工作认真,反应机敏。请思考:优质的餐饮服务工作者应该具备哪些知识和技能呢?

【知识储备】

一、中国菜肴的特点

在漫长的发展过程中,中式烹调技艺融合了各民族的智慧与文化特色,中式菜肴从而具有鲜明的民族特点和不同的地域文化特征。同时,风格迥异的风味流派也得以形成。中餐菜肴的特点包括以下内容。

(一)取料广泛,选料讲究

我国地跨寒、温、热三带,疆域辽阔,物产丰富,动植物原料丰盛,应有尽有。历代厨师在烹调实践中,善于开发、运用各种类型的原料。时至今日,入菜原料可达两千多种,还有不少新兴的原料正逐渐被人们采用。

在选料时,我们除了要讲究鲜活外,还要注重产地、季节、品种、部位、质地等,以适应不同的烹调方法和地方风味。甲鱼、鲥鱼、桃花虾在桃花盛开的季节最为肥美;黄海、渤海盛产的梭子蟹,在中秋节时最饱满;火腿以金华、宣威的为好;鳊鱼以湖北樊口产的为佳。在山东,苍山大蒜、莱芜生姜、烟台苹果、莱阳梨、微山湖鳜鱼、泰山赤鳞鱼质量上乘。家畜各个部位的肉质不同,为不同的菜肴所选用,如"红烧肉""米粉肉"讲究带皮五花肉;"油爆肚仁"一定要用肚头。用鸡做菜时,当年小嫩鸡是理想的原料。吊汤时,老母鸡是理想的原料。制作盐水鸭时,老鸭滋味好、补益性强。烤鸭则适宜使用三个多月大的幼鸭,脂厚肉嫩。

(二)刀工精湛,配料巧妙

中式烹调讲究刀工,其技艺之精湛在世界上是绝无仅有的。为了满

8

足加热、造型、消化和文明饮食的需要,我们可将原料加工成整齐划一的条、丝、丁、片等形状;通过混合刀法,还可以加工麦穗、荔枝等花刀,达到美化菜肴的目的。

中式烹调讲究合理配料,主要体现在对形状、质地、色泽、口味、营养的关注。配色方法可分为顺色配和俏色配,目的是使色泽协调,突出主料;在形状方面遵循的原则是"丝配丝、条配条、丁配丁、片配片",辅料不能大于主料;质地上,讲究"脆配脆、软配软"等;味道上讲究原料本味,同时辅料要突出,烘托主料的味道,大部分菜肴中,常用的笋片和火腿就起到了这样的作用;营养上讲究荤素搭配,为人们提供合理全面的营养,维护人体的酸碱平衡。

(三) 调和重味,味型丰富

味是菜肴的灵魂。宋代的林洪在《山家清供》中提出"食无定味,适口者珍",原料的天赋之味并非样样迷人,只有依赖调味手段,根据各种调料的化学性质,艺术地进行组合,才能突出原有的美味,祛除腥膻臊臭。中餐中常用的葱、姜、蒜、醋、料酒、糖、盐以及各种香料都具有增味、调味的作用。

世界公认中国菜好吃的主要原因便是其味型多样,主料、辅料、调料都含有不同的呈味成分。以酸、甜、苦、辣、咸、鲜、香、麻为基础,经过不同的烹制方法,在不同阶段合理投料,我们可以变幻出无数种味型,如"鱼香""麻辣""蜜汁""糖醋"等。

(四) 精于用火,技法多样

《吕氏春秋》中记载:"火为之纪,时疾时徐。灭腥去臊除膻,必以其胜,无失其理。"古人强调要注意掌握和调节火候,根据原料的质地、味道的特点,适度用火,不得违背用火的道理,旺火短时间加热,慢火长时间烹调,还可以大中微火交替进行,形成爽、滑、酥、嫩、烂、软、糯、浓、弹、韧、硬等口感。

中式烹调,技法多样,在世界上首屈一指,主要诀窍在于对热能的调节运用。现在行业中常用的就有近五十种烹调方法。此外,不同地区也创造了自己独特的烹调技法,如山东的"汤爆"、广东的"盐焗"、四川的"小炒"和江浙的"泥烤"等。

(五) 菜品繁多,讲究盛器

中国地域广阔,历史悠久,文化、习俗各异,形成了不同的风味流派,地方风味名菜有五千多种,花色菜品在万种以上,这是世界上其他国家所无法比拟的。

盛器和美食同样重要,配上精美典雅的盛器,好的菜肴锦上添花。用烹饪原料做造型文章,其发挥的空间毕竟是有限的,结合原料的自然形色,巧用各式各样的盛器,即可更大限度地表情达意。多种多样的盛器与众多美食构成这样恰当的关系:整禽整鱼宜用腰盘,煎炒爆熘宜用圆碟,汤羹甜菜宜用海碗,精炖焖煨宜用陶砂,粉蒸酵点宜用蒸笼,涮煮羊鱼宜用火锅,酱菜醋姜宜用白盏,参翅燕鲍宜用华皿。古人云:"宜大则大,宜小则小,或全席之皿,青成一色,或满桌之皿,杂色多形,皆成天趣。"食与器的完美结合,充分体现了我国的饮食文化特色。

(六)中西结合,借鉴求新

中式烹调在继承优秀传统文化的同时,还善于"以我为主,为我所用",借鉴西餐中一些优秀的成分,在原料的选择、调料的使用、加热方法的改进及工艺的革新等方面皆有所建树。咖喱粉、吉士粉、西红柿酱、可乐、火鸡、鸵鸟肉,在中餐中得以广泛使用,有人把中餐调味品用于西餐烹调技法中,有人在中式烹调技法中添加西餐调味品。上海、广东的餐饮企业在保持民族特色,推进文化交流上做得比较好。社会的发展繁荣与人类的广泛交往,是中式烹调创新的真正动力。

二、西餐菜肴的特点

"西餐"这个词的含义是由它特定的地理位置所决定的。"西"是"西方"的意思,一般指西欧各国,"餐"就是指饮食菜肴。我们通常所说的"西餐"不仅包括西欧国家的饮食菜肴,还包括东欧各国、美洲、大洋洲等国的饮食。在西餐中,我们可以区分几大典型的烹饪方法及相应的服务方式,法国、英国、美国、俄国等国的菜式及相应的服务方式,都显示出各自的风味特色。以上菜式的共同特点有。

(一)取材丰富,用料讲究

西餐取材包括肉类、水产类、野味类、家禽类、蔬菜类、水果类、乳品类和谷类等多种。西餐用料十分讲究,仅肉类就可以划为特级、一级、优良标准级、普通级及经济级。同时,由于西餐菜肴大多不宜烹制得太熟,其加热的温度和时间往往达不到杀菌的标准,有些菜需要生吃,故而选料特别考究,力求新鲜精细。因此,西餐烹饪应分档取材,保证质量。

(二)调料、香料品种繁多

西餐的调料、香料品种繁多,除常用的盐、胡椒、酱油、番茄酱、芥末、咖喱外,人们还会在菜肴中添加香料,如桂皮、丁香、茴香、薄荷叶等,以增加菜肴的香味。此外,烹制菜肴所用的酒类也是丰富多样的,如葡萄酒、白兰地酒、朗姆酒等,不同的菜肴使用不同的酒。

(三)烹调方法独特

常用的西餐烹调方法有煎、焗、炸、炒、烤、烩、烘、蒸、熏、煮、炖、扒、铁板煎、铁扒等。其中,扒、烤、焗三种方法最具特色,正餐中的常见主菜都用这些方法烹制,如扒牛排、烤火鸡、焗蜗牛等。

(四)沙司单独制作

沙司(sauce)是西式菜肴的调味汁。沙司与菜肴主料分开烹调是西餐

8

的一大特点。沙司是西式菜肴的重要组成部分,将单独制作的沙司浇在单独制作的菜肴上面,可起到调味、增色、保温的作用。常见的沙司可分为冷沙司和热沙司。

(五) 注重肉类菜肴的鲜嫩程度

西餐特别讲究肉类菜肴的鲜嫩,注重保持营养。每位客人对火候的要求不尽相同,服务员在接受点菜时,必须问清客人的需求,以便厨师按客人的口味进行烹制。牛羊肉通常有五种不同的成熟度,即全熟、七成熟、五成熟、三成熟和一成熟。

菜肴的生熟程度不合要求,会引起客人的投诉。但并不是针对所有肉类都要询问成熟度,食草动物的肉及海产品的火候可以小些,甚至可以生吃,杂食动物的肉必须保证全熟才能吃。

(六) 搭配丰富,营养均衡

对于西式热菜而言,在主料烹制好并装盘后,人们还要在盘子边上或另一盘子内配上少量加工蔬菜、米饭或面食,才能组成一道完整的菜肴。这样的搭配一方面可以提升菜肴的美观程度,使菜肴富有风味特色,另一方面也可使菜肴的营养搭配更为合理,从而达到营养平衡的要求。

(七) 尽善尽美,品质精良

西餐服务秉承尽善尽美的传统,注重礼节,力图体现对客人的特别照顾,甚至可能有两名服务员为一桌客人服务。提供正宗的西式大菜时,有的菜肴直接在客人餐桌边烹制,烘托气氛,体现服务。餐具用品豪华高档、品质精细、款式传统,让客人在豪华、典雅的环境中,享受周到体贴的用餐服务。

三、西餐服务方式

(一) 美式服务

美式服务因所有菜肴均在厨房分别装盘而被称为"盘子服务"或"盘式服务"。美式服务是最简单、最快捷且最廉价的服务方式。通常,一名服务员可以看管数张餐台,这名服务员要完成客人整个就餐过程的全部接待服务工作。因此,美式服务方式能有效地节省时间及人力,解决了人力成本昂贵的问题,比较适合高速周转和大规模经营的餐饮企业。

美式服务的所有菜肴都由厨师在厨房中分别装盘,服务员直接端着装上菜肴的餐盘并将其送给客人即可。服务员能一次托四个主菜盘,用于上菜的手端一个盘子,另外一只手端三个盘子,盘底不压食物。面包、奶油及菜肴的配料应由服务员用左手从客人左手侧服务,右手用于从宾客右侧撤盘,并从客人的右手边上饮料、斟酒。需要说明的是:"左上右撤"的礼仪没有什么实际意义,其成因可能是盘子比较重,用右手来端三个盘子比较容易达到平衡。目前,行业普遍遵循"右上右撤"的原则,从而避免过多地干扰客人。

汤或餐前开胃品要用托盘从厨房直接送到客人面前。汤匙或开胃品叉子既可放在垫盘的右边，也可放在餐具的右边。面包和黄油要在开胃品之前送上。作为主菜的肉和蔬菜要在厨房装盘直接送给客人，咖啡要同主菜一起上。客人用完主菜后，要把甜食单递上。甜食也应直接送上，放在客人的左边。咖啡要从右边添续。

（二）法式服务

法式服务是由西查·李兹在 20 世纪初发明的一种用于豪华餐厅的服务方式，又称为"李兹服务"，是各种形式中最豪华、最奢侈的服务。服务过程涉及许多餐具，需要许多受过专门训练的服务员，故法式服务是最烦琐、人工成本最高的服务，也是最周到的服务。其主要特点是，餐厅的每一餐桌都由一名服务员（waiter）和一名服务助手（busboy）共同服务。服务员主要为客人拉椅让座、点菜，在客人面前完成上菜的准备工作；服务助手主要传送菜单，将半成品菜装在餐车上送到餐桌旁，由服务员现场加工。整个过程中，服务员和服务助手分工合作，互相配合。

服务助手用右手从客人的右侧送上每一道菜和饮料，并从客人右侧撤盘。面包、黄油、配菜则从客人左侧送上。

法式服务的优点在于遵循礼仪，讲究豪华服务，可以满足部分客人的心理需求；服务员在客人面前完成调味、浇汁、装盘的过程，能够活跃用餐气氛，激发客人的食欲，吸引力非常大；在法式服务中，客人受到了全心全意的周到服务，服务档次非常高，比较容易满意。但是，法式服务也存在服务节奏慢，设备、餐厅空间、人力成本高，餐价昂贵，空间利用率、座位周转率低的缺点。

目前，除了某些特色餐厅外，许多饭店都已经不再提供法式服务了。

（三）俄式服务

俄式服务起源于俄罗斯宫廷，并渐渐为欧洲其他国家所采用。俄式服务也是一种豪华的服务，使用大量的银质餐具，十分讲究礼节，风格典雅，使客人能够享受到体贴入微的照顾。俄式服务已成为目前世界上所有高级餐厅中最流行的服务方式。因此，俄式服务也被称为国际式服务，同时也因使用银质餐具而被称为大银盘服务。

俄式服务中，一名桌旁服务员专门为一桌客人服务，厨房出菜前，桌旁服务员先用右手从客人右侧送上空盘。冷菜上冷盘（即未加温的餐盘），热菜上热盘（即加温过的餐盘，主要是方便保存食物温度），上空盘依顺时针方向操作；食品由厨师在厨房加工，然后放入服务盘，讲究食品美观。走菜服务员送菜时采用小组作业法，一名走菜服务员专拿主菜，另一名走菜服务员专拿蔬菜，他们在厨房里面排列成行，然后在适当的时机进入餐厅，把食品给客人观赏后，将其放在工作台或边架上；桌旁服务员左手托菜盘，站在客人左侧，右手灵巧地操持叉匙（叉上匙下，食指夹中），从

8

客人左侧依逆时针方向分菜、上菜,避免退行。

上空盘时,用右手从客人右侧,以顺时针方向进行;上菜时,左手托菜盘,右手从客人左侧逆时针方向上菜;撤盘时,从客人右侧撤盘;斟酒或者上饮料是从客人右侧进行的。

俄式服务与法式服务相似,也是一种讲究礼节的豪华服务。与法式服务相比,俄式服务节省人力,服务效率较高,大量的银质餐具能够增添餐台的气氛,让每位客人都能得到比较周到的服务。整套服务程序由一名服务员来完成,注重实效,讲究优美文雅的风度。

零点餐厅的客人常点选不同口味的菜肴,无法装在一个大盘中送给客人,故俄式服务主要用于西餐宴会等大型宴会。

(四)英式服务

英式服务与欧美家庭用餐方式类似,因此也被称为"家庭式服务"。服务员从厨房取出烹制好的菜肴,盛放在大盘里或热的空盘里,放到主人面前,由主人亲自动手将其分发在菜碟里,服务员充当主人的助手,将主人分好的菜碟依次端送给每一位客人。

调味品、沙司和配菜都摆放在餐台上,由客人自取或相互传递,仿佛在家中就餐一样。英式服务多为专门接待家庭就餐客人的小餐馆所用,不适合酒店,因此,在欧美的旅游酒店中,这种服务方式已几乎被淘汰。

(五)大陆式服务

大陆式服务又称综合式服务,综合了美式服务、法式服务、俄式服务和英式服务的特征,常用于西方宴会服务。在服务过程中,服务方式是根据菜肴特点选择的,如头盘用美式服务,主菜用俄式服务,甜点用法式服务。无论如何,服务方式应符合"既方便客人就餐,又方便员工操作,同时也便于餐厅管理"的原则。

【项目实施】

任务一 服务技能管理

一、托盘服务

托盘是餐饮从业人员,尤其是餐饮前台工作人员都应该熟悉和掌握的第一项基本技能。托盘因使用的场合不同而类型各异,其使用方法和要求也因操作场合不同而存在差异。因此,掌握托盘服务的基本方法已经成为餐饮企业工作人员的重要任务之一。

托盘按照材质可分为木托盘、金属托盘和胶木防滑托盘(酒店中常用的托盘为胶木防滑托盘);按照规格可分为大、中、小三种规格的长方托盘

托盘服务

和圆托盘;按照用途可分为长方托盘和中方盘(用于装运菜点、酒水,收运餐具和盆、碟等重的器具),小方盘,大、中圆盘(用于摆台、斟酒、上菜、上饮料),小圆盘和小银盘(主要用于递送账单、收款、信件等小物品)。

(一) 托盘的作用

1. 满足安全操作的需要

餐厅服务人员需要将各式菜肴从厨房运送到客人餐台上,许多菜肴本身的温度很高,盛器的温度也很高,如铁板烧类、砂锅类菜肴等,因此,托盘是保护服务员不被烫伤的重要防护工具。

2. 满足卫生操作的需要

使用托盘上菜,可以减少服务员的双手和盛菜容器长时间接触所引起的交叉污染。使用托盘收拣脏餐具,可以防止残汤剩菜在运送过程中溢出,弄脏地面,破坏环境卫生,乃至造成人员滑倒摔伤。

3. 满足高效服务的需要

托盘如同一个活动的工作台,可以同时承运多位客人所需的食品、饮品和餐具物品,可以使服务员的工作效率成倍提高。

(二) 轻托的操作流程

根据所托物品的重量,托盘可分为"轻托"和"重托"。"轻托"又叫胸前托,通常使用中、小圆托盘或小方托盘上酒、上菜。盘中运送的物品的重量较轻,一般在 5 千克以内,故称为"轻托",又因盘子平托于胸前,故又称为"平托"或"胸前托"。

1. 理盘

选择合适的托盘,将托盘洗净擦干,在非防滑托盘内垫上干净的餐巾或专用托盘垫布,铺平拉直,四边与盘底对齐,力求美观整洁。为避免盘内物品的滑动,我们也可用盘巾适当蘸些水,使盘巾呈半干半湿状。

2. 装盘

根据所盛放物品的形状、体积、重量以及使用先后顺序合理安排,将较轻的、较低矮的物品摆放在托盘外侧,将较重的、较高的物品摆放在托盘内侧(靠近身体的一侧),将先用的物品摆放在前面或上面,将后用的物品摆放在里面或下面。注意盘中所有物品的均匀分布,平均摆放,使成品安全稳妥,便于运输。

3. 起托

在一般的平台上装盘后,用右手将托盘的 1/3 拉出台面,左脚向前一步,上身前倾,左手托住盘底,掌心位于底部中间,右手协助将托盘托起,待左手掌握好重心后,右手即放开,左脚收回一步,保持站立。假如托盘较重,则先屈膝,双腿用力使托盘上升而不是直接用臂力,然后用左手掌托住盘底,右手协助起盘。

4. 轻托行走的注意事项

(1) 左手托盘,左臂弯曲,呈 90 度,平托于胸前,略低于胸部,基本保持在第二和第三枚衣扣之间,距胸部约 15 cm,并利用左手手腕灵活转向。

（2）托盘行进时,手肘离腰部约 5 cm,左掌心向上,五指分开。用拇指指端到手掌的掌根部位和其余四指托住盘底,手掌自然成凹形,掌心不与盘底接触。切忌用拇指从上方按住盘边以及用四个手指托住盘底,这种方法不符合操作规范,也不礼貌。

（3）托盘行走时,头要正,上身保持直立,肩膀放松,不要紧张,集中精神,保持步伐稳健。随着盘中物品数量、重量、重心的变化,手指应进行相应的移动。

（4）行进时,与前方人员保持适当的距离,注意左右两侧。托盘不可越过宾客头顶,切忌突然变换行进路线或突然停止。

5. 落托

当物品被送到餐厅时,餐厅员工可以将托盘放在邻近的桌面或操作台上。落托盘时,一要慢,二要稳,三要平,右脚在前,上身前倾,使左手与台面处于同一平面,将托盘前端 1/3 放在台面上,然后用右手向前推,左手慢慢向后收回,以使托盘全部平放于台面。落托动作结束后,及时将盘内物品整理好,将所托物品依次递给客人。

如果所托物品较轻,可以直接进行服务,用右手将物品从托盘两边交替取下并递给客人。物品被取走部分之后,餐厅员工应及时用右手将盘中物品进行调整,左手也要随着盘子重心的变化作出轻微调整,使托盘保持平衡。

（三）重托的操作流程

重托以上肩来托送物品,故也叫"上肩托",主要用于运送较重的菜点、酒水、盘碟等。重托通常使用大型托盘,运送物品的重量一般大于 5 kg。

1. 理盘

重托常用于送菜、送汤和收拾碗碟,油污较多,我们必须清洁盘面并消毒,铺上洁净的专用盘巾,起到防油、防滑的作用。

2. 装盘

托盘内的物品应分类摆放,分布均匀,物品应按高矮大小协调摆放。装盘时,物品之间应保持适当的间隔,以免托盘行走时发生碰撞而产生声响。重托装汤锅一般能装三只汤锅,在装盘时应将两只汤锅装在近身的一边,另一只汤锅则可装在外框处,成斜"品"字形,这种方法比较安全。在收拾台面餐具时,最好能将物品分门别类地装盘,切忌将所有物品不分大小、形状、种类混装在一个盘内,否则容易滑动,甚至落地破碎。

3. 起托

起托时,应先将托盘用右手相助拉出 1/3,右手扶托盘将托盘托平,双脚分开呈八字形,双腿下蹲,略成骑马蹲裆势,腰部略向前弯曲。左手五指分开,用整个手掌托住托盘的底部,手掌移动,找到托盘的重心。左手向上弯曲臂肘的同时,手腕向左向后转动 90°至左肩上方。手掌略高出肩

2 cm,五指自然分开,用五指和掌根部控制托盘的平衡。掌握好重心后,用右手协助左手向上用力,将托盘慢慢托起,同时,左手和托盘向上向左后旋转送至左肩外上方。确保盘底不搁肩、盘前不靠嘴、盘后不靠发。

4.重托行走注意事项

重托行走应力求"平、稳、松"。

(1)"平"就是在托盘的各个操作环节中都掌握好重心,保持平稳,不使汤汁外溢,行走时托盘平稳,肩部放平,两眼平视前方。

(2)"稳"就是装盘合理稳妥,托盘稳而不晃动,行走时步稳不摇摆。

(3)"松"就是动作表情要轻松,面容自然,上身挺直,行走自如。步幅不宜过大、过急,盘面应始终保持平衡平稳,防止汤水外溢。右手应自然摆动,或扶住盘前角,避免与他人发生碰撞。

5.落托

落托时,左脚向前迈一步,用右手扶住托盘边缘,向右转动左手手腕,同时将托盘向右旋转,待盘面从左肩移至与台面平行时,再用左臂和右手将其向前推进,平放于台面。

二、餐巾折花

随着旅游行业的蓬勃发展和餐饮行业礼仪层次的提高,餐巾折花已经被广泛应用于宴席、酒吧、橱窗等场合。餐巾(napkin),又名口布、茶巾、席巾等,是餐厅中供宾客在用餐时专门提供的卫生清洁用品。餐巾按质地可分为全棉餐巾、棉麻混纺餐巾、化纤餐巾和纸质餐巾;按颜色可以分为白色餐巾和彩色餐巾;按边缘的形状可分为平直形餐巾和波浪曲线形餐巾两种。

餐巾折花就是服务人员通过艺术创造,将餐巾折成各种动、植物形态并摆放在酒具或者盘碟中供客人欣赏的服务过程。

(一)餐巾折花的作用

1.完善餐台造型设计,烘托餐台布置气氛

服务员用一张小小的餐巾可创造出栩栩如生的花、鸟、鱼等,摆在餐桌上,既可起到美化餐台的作用,又能烘托宴会的气氛。

2.标明餐台造型档次,融洽主客关系

餐巾折花还是一种无声的语言,表达宴会主题,起到沟通宾主感情的作用。餐巾折花还能够标明宾主的座次,体现宴会的规格与档次。

3.保洁作用

餐巾是一种卫生用品。宾客可把餐巾放在胸前或膝盖上,一方面可以用来擦嘴,另一方面可以用来防止汤汁油污弄脏衣裤。

(二)餐巾折花的分类

餐巾折花是餐厅服务技能的重要组成部分,许多餐厅、酒店都把它作为提高服务质量的重要内容。

8

1. 餐巾折花按摆放位置和方式可分为杯花、盘花和环花

杯花属于中式花型，需插入杯中才能完成造型，出杯后花形即散。杯花造型丰富，折叠手法也较为复杂；盘花属于西式花型，造型完整，成型后不会自行散开，可放于盘中或其他盛器及桌面上。盘花简洁大方，美观适用，现在高级酒店采用盘花的居多。环花就是将餐巾平整卷好或者折叠形成一个尾端，套在餐巾环内，餐巾环有银制的、象牙制的、骨制的，有的环上还有纹饰和标记。在一般餐厅，餐巾环也用色彩鲜明、对比感强烈的丝带或者丝穗代替。餐巾环花通常放在垫盘或者面包盘上，特点是传统、雅致、简洁、明快。

2. 餐巾折花按造型可分为植物类、动物类、实物类

植物类即根据植物花型折叠而成，如荷花、月季花、玫瑰花等，也有根据植物的叶、茎、果实造型的，如慈姑叶、芭蕉叶、竹笋、玉米等。植物类花型变化多，造型美观，折叠简单，在中餐服务中应用很广。动物类包括鸟、鱼、兽等，以飞禽为主，如白鹤、孔雀等。动物类造型有的选取动物的整体，有的选取动物的特征，形态逼真，生动活泼。实物类是模仿日常生活中各种实物折叠而成的，如扇面、皇冠、花篮等。

（三）餐巾折花花型的选择原则

1. 根据宴会的规模选择花型

一般大型宴会选用造型简单、美观挺括的花形，可以每桌选两种花型，使每个台面的花型不同，令台面显得多姿多彩。小型而规格高的宴会可选用造型较为复杂且形象逼真的花型。仅有1～2桌的小型宴会，可以在桌上各自使用不同的花型，也可以将2～3种花型加以相间搭配，形成多样又协调的布局。

2. 根据时令季节选择花型

根据时令季节的变化选择花型，可以有意地选择象征一个美好季节的一套花型，如夏季选择荷花，冬季选择梅花、冬笋，从而突出季节的特色。

3. 根据接待对象选择花型

可以根据宾客风俗习惯选择花型，如日本人喜欢樱花，忌用荷花，美国人喜欢山茶花，法国人喜欢百合花，英国人喜欢蔷薇花等。

4. 根据宾主席位选择花型

根据宾主席位选择花型时，宴会主宾、主人席位上的花称为主花。宴会主人座位上的餐巾花也称为主位花。主花一般为品种名贵、折叠细致、美观醒目的花，要具有一定高度，达到突出主人、尊敬主宾的目的。

5. 根据宴会主题选择花型

主题宴会主题各异，形式不同，所选择的花型也不同。在接待国际友人的宴会上，叠和平鸽表示和平，叠花篮表示欢迎；为女宾叠孔雀表示对其美丽的赞美，为儿童叠小鸟表示活泼可爱，使宾主均感到亲切。婚宴宜

选择鸳鸯等造型的餐巾花,不宜选择扇子,因为"扇"的谐音为"散"。寿宴宜选择仙鹤、寿桃等造型的餐巾花,不宜选用菊花等图形。

(四)餐巾折花摆放的基本要求

1. 正确放置

放花宜选择大小适宜、清洁明净的酒杯。放花入杯时,要注意卫生,手指不能接触杯口。餐厅服务员将已经叠成造型的餐巾折花放入杯中时,深度要恰当。过浅,花型会容易散开;过深,造型会被破坏。

2. 主花放于主位

主花应摆放于主人、主宾的席位上,一般的餐巾折花,应摆放在其他客人的席位上。摆放时,要注意高低分明,错落有致,在视觉上形成一种的美感。

3. 观赏面朝向客人

摆放餐巾折花,就是为了让客人欣赏,因此,餐厅服务员在摆放适合正面欣赏的造型,如和平鸽、孔雀时,要将其正面朝向客人。同理,适合侧面观赏的餐巾折花,要将最佳观赏面朝向客人。

4. 相似花形错开摆放

在同一餐桌上,应摆放不同造型的餐巾折花。形状相似的餐巾折花则应交错摆放,保持对称。

5. 摆放距离要均匀

餐厅服务员在摆放各种餐巾折花时,要注意保持均匀间距,做到不遮盖餐具,不妨碍服务。

三、摆台服务

餐台是餐厅为客人提供服务的主要服务设施之一。摆台服务是将餐具、酒具以及辅助用品按照一定的规格,整齐、美观地铺设在餐桌上的操作过程,包括铺台布、席位安排、餐具摆放等。摆台既可以打造方便舒适的用餐环境,又可以为就餐客人营造愉悦的心情。摆台在日常餐饮工作中大致可分为中餐摆台和西餐摆台,每一种又可以细分为零点便餐摆台和宴会摆台。

(一)摆台的基本要求

1. 整洁有序,配套齐全

摆台所用的物品要符合卫生要求,瓷器、玻璃器皿在使用前要仔细检视,凡有破损、污迹应立即剔除。台布、桌裙也要加以检查,判断是否干净,是否有褶皱、破洞、油迹、霉迹等,所配用具要保证配套齐全。

2. 艺术美观,展示主题

台面应根据就餐规格和形式进行设计。餐台的布局要保证设计考究、合理、井然有序,台面的设计要能体现宴会的主题、性质,力求造型逼真、美观、得体、实用。餐桌椅的排列要整齐协调、井然有序,既方便客人

8

就餐，又能确保服务工作顺利进行。台面的造型要根据宴会的性质加以恰当安排，突出主题。婚嫁酒席，应摆喜字席、百鸟朝凤席、蝴蝶闹花席等台面；接待客人的酒席，应摆设迎宾席、友谊席、和平席等。

3. 尊重风俗，遵循习惯

台面要尊重客人的民族习惯和饮食习惯加以设计，符合待客之礼。餐巾花要避免使用客人忌讳的颜色或图案。

4. 图案对正，方便就餐

摆台时，要保证餐具图案对正、距离匀称、整齐美观、席位距离适宜，既方便客人用餐，又便于提供餐间服务。

5. 认真检查，卫生安全

刀、叉、勺餐具应持柄端摆放。银器不能用手直接拿，要用口布包着摆放，以免留下指纹，刀叉不能交叉放。餐桌餐具摆设完毕，认真检查，将每一座椅摆放整齐；营业前或开席前 20 分钟，领班应做一次复检工作，凡有纰漏，立即纠正改善。

（二）铺台布

中餐便餐有两种形式，一种是团队，一种是零点。就餐标准固定、人数固定、餐桌固定，一般是 10 人一桌，座位无主次之分。零点则不固定桌次，客人任选座位，入座后按菜单点菜。便餐摆台可分为早餐摆台、午餐摆台、晚餐摆台。

铺好的台布应舒展平整，同一餐厅所有餐桌台布的折缝要统一，然后再将转圈和转盘放于中心点上。

1. 铺台布的基本要领

服务员站在副主人的位置上，用双手将台布抖开铺在桌面上。台布正面向上，中心线对准主位、副主位，十字中心点居于餐桌正中。台布四角下垂，分布均匀，若为圆台布，则台布边缘与地面的距离应相等。铺好的台布应舒展平整，同一餐厅所有餐桌台布的折缝要横竖统一。

2. 铺台布的准备工作

选择平整、清洁、无破损的台布。台布经送洗后，通常会折叠成四个部分，长的那面包括一个缝边、一个双面折叠及另一个缝边；其他面则有两个双面折叠。将双面折叠的一面放在桌子上较远的那一端，松开的那端则朝向桌面中央，中缝正对正、副主人。

3. 铺台布的方法

铺台布的方法有很多，常用的有以下三种。

（1）推拉式。这种铺法多用于零点餐厅或较小的餐厅，若有客人就座于餐台周围等候用餐，或空间狭小的情况下，这种方法也可使用。服务员站在副主人位置上，用双手将台布打开后放至餐台上，用两手的拇指和食指分别夹住台布的一边，其余三指抓住台布，台布沿着桌面用力向胸前合拢，然后沿着桌面用力向前推出、拉回，调整台布落定的位置。

铺台布

8

（2）**抖铺式**。这种铺台布的方法适用于较宽敞的餐厅,通常在周围没有客人就座的情况下才可以使用。服务员站在副主人的位置,用双手将台布打开,两手的拇指和食指分别夹住台布的一边,其余三指将多余的台布提拿于胸前,身体呈正位站立式,利用双腕的力量,将台布向前一次性地抖开并平铺在餐桌上。

（3）**摔铺式**。这种铺台布的方法曾经用于宽大场地或技术比赛场合,现在,酒店服务中已经禁止使用。服务员选好台布,站在副主人位置上,呈左脚在前、右脚在后的站立姿势,将台布正面朝上打开,用两手的拇指和食指分别夹住台布的一边,其余三指将多余台布提拿至右肩后方,上身向左转体,下肢不动并在右臂与身体回转时,将台布斜着向前撒出去,打在餐桌某点,展开平铺于餐台上,上身转体回位并恢复至正位站立。

西餐一般使用长台,铺台时,二至四名服务员分别站在桌子两侧,把第一块铺到位,再铺第二块。正面向上,中线相对,边缘一致,台布两边压角部分保证均匀、整齐、美观。西餐宴会一般先用毡、绒等软垫物按台的尺寸铺台面,然后用布绳扎紧,再铺宴会台布。台布一般为白色,洁净熨平,台布边垂下 30～40 cm 即可。

4. 检查台布,摆放转盘

检查台布铺放效果。铺好的台布,其图案、花纹应置于餐桌正中,然后,把转盘放在转轴上,转轴处于桌子正中心,检查转盘的转动是否灵活,电池是否需要更换,有无摆动或杂音。检查完毕后再开始摆台。

5. 更换台布的方法

更换台布是指将脏台布撤下的同时,将干净台布迅速地铺到台面上的一种做法,目的是不让台面裸露在客人面前。当台面上有玻璃转盘时,服务员应站在主位一侧,首先将脏台布收拢至转圈处,然后掀开转盘,取出转圈并将其移置于餐台一边,再移动转盘,置于转圈上,收起脏台布,接着将干净台布铺上后,再将转盘上一小边台布掀开,一手掀转盘一手取转圈,放于台布中央,然后双手将转盘立于桌面,再滚动放于转圈上,拉好台布。

西餐中,在周围有宾客用餐的情况下,撤换台布的方法是:将餐桌上脏台布的一半揭开,将餐桌上物品(如台号卡、花瓶、椒盐盅等)移到未揭开的那一部分上,然后将干净的台布打开,铺上一半,把餐台上脏台布上的用具移到干净的台布上,撤掉脏台布,把干净的台布铺好。无客人时,我们可以先撤掉台上所有的用具,再换台布。

（三）中餐宴会摆台

1. 中餐宴会席次安排

宴会席次安排即根据宴会的性质、主办单位或主人的特殊要求,根据出席宴会宾客的身份确定其相应的座位的过程。席次安排必须符合礼仪规格,尊重风俗习惯,便于席间服务。宴会中的台型设计思路见项目九任务二中的相关内容。中餐宴会宾主席位图如图 8 – 1 所示。

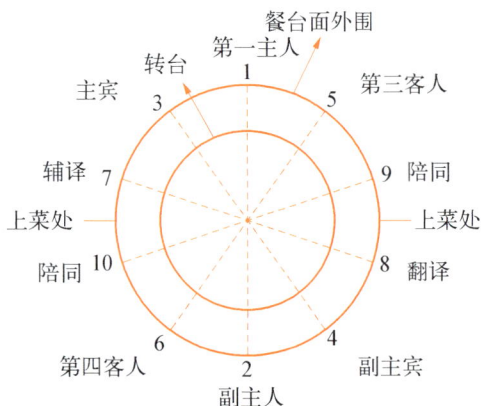

图 8 – 1　中餐宴会宾主席位图

2. 摆台前的准备

准备好摆台用的各种备用品。

3. 铺台布、放转盘、围桌裙、配餐椅

中餐宴会一般使用直径为 180 cm 的 10 人圆桌,玻璃转盘摆在桌面中央的转圈上。规格较高的宴会还要在圆桌外沿围上桌裙。餐椅按宴会出席人数配齐,以 10 人为一桌,餐椅的一般放置原则为"三三、两两",即正、副主人侧各放三张餐椅,另两侧各放两张餐椅,椅背保持在一条直线上。

4. 摆餐具

(1) 餐具一律使用托盘呈送,左手托盘,右手戴手套拿餐具。

(2) 骨碟定位。骨碟 10 个一摆放在托盘上,从主人座位处开始按顺时针方向依次摆放,碟边应距离桌边 1.5 cm,骨碟与骨碟之间的距离应当相等,若碟子印有店徽等图案,则应确保图案统一、摆放一致。

(3) 摆放小汤碗、小汤勺和味碟。找准骨碟中心点与转盘中心点的连线,在其左侧摆放小汤碗,将汤勺摆放在汤碗中,勺柄朝左,在其连线右侧摆放味碟,汤碗与味碟的横向直径在一条直线上。

(4) 摆放筷架、长柄勺、袋装牙签和筷子。在小汤碗与调味碟横向直径右侧延长线处放筷架、长柄勺、袋装牙签和筷子,筷尾离桌边 1.5 cm,与骨碟纵向直径平行,袋装牙签与长柄勺末端平齐。

(5) 摆放玻璃器皿。找准骨碟中心点与转盘中心点的连线,在味碟的正前方摆放葡萄酒杯,葡萄酒杯应在味碟正前方 2 cm 处,在葡萄酒杯的左侧摆放水杯,在葡萄酒杯的右侧摆放白酒杯,保证左高右低,呈 30 度角排列,三杯之间的距离应为 1 cm。三杯横向直径的连线与汤碗与味碟横向直径的连线平行。

(6) 香巾碟。在骨碟左侧 1 cm 处摆放香巾碟。

(7) 摆放烟灰缸、火柴。两个席位共用一只烟灰缸,主人和主宾共用一只烟灰缸。烟灰缸的上端与杯具在一条线上,烟灰缸的边缘有三个烟孔,摆放时一个朝向主人,另一个朝向主宾。也有的餐厅为每一客人准备一个烟灰缸。烟灰缸的边缘应摆放火柴,正面朝上。

(8)摆餐巾花。杯花需提前折叠,放置于杯具内,侧面观赏的餐巾花如鸟、鱼等要头部朝右摆放。注意把不同样式、不同高度的餐巾花搭配摆放,主人位上应摆高度更高的花式。

(9)摆公用餐具。在正、副主人杯具的前方,各摆放一个筷架或餐盘,将一副公用筷和汤勺摆放在上面,汤勺在外侧,筷子在内侧,勺柄和筷子的尾端向右。

(10)摆放宴会菜单、台号、座卡。10人座放两份菜单,正、副主人餐具一侧各摆放一份,菜单底部距桌边1 cm。高级宴会中,可在每个餐位放一份菜单。

(11)摆插花。在转台正中摆放插花或其他装饰品,表示摆台的结束。

5. 摆台后的检查工作

摆台后,再次检查台面餐具有无遗漏、破损,餐具摆放是否规范,餐具是否清洁光亮,餐椅是否配齐。中餐宴会摆台示意如图8-2所示。

图8-2　中餐宴会摆台示意图

(四)西餐宴会摆台

西餐宴会与中餐宴会不同,一般采用长方形餐桌。摆台工作要按照"一底盘、二餐具、三酒水杯、四调料用具、五艺术摆设"的程序进行。

1. 台型设计

西餐宴会的餐台是可以拼接的,餐台的面积和台形的排法,可根据人数和餐厅的面积加以确定,长台较为常用。人数较多时,宴会的台形可有多种,具体见项目九任务三的相关内容。

2. 席次安排

西餐宴会中,主人的座位应正对厅堂入口,其视线应能纵览全厅,西餐宴会宾主席位图如图8-3所示。

8

```
        9 5 1 主 3 7 11              4 7 11 9 5 1
    ×  ┌─────────────┐  ×        副 ┌─────────────┐
       │      1      │           主 │      2      │ 主
       └─────────────┘              └─────────────┘
        12 8 4 副主 2 6 10           2 6 10 12 8 3
```

```
     11 5 1 主 3 7 9                 9 5 1 主 3 7 10
    ┌───────────┐                 ┌─────────────────────┐
 16 │     3     │ 17           11 │          4          │ 12
    └──┐     ┌──┘                 │  ┌──────────────┐   │
  × ×  │     │ × ×            14 │ 8 4 副主 2 6       │ 15
       │ 14  15 │                 │  │              │   │
       │ 10  12 │             16 │ 19          20    │ 17
       │  8   6 │                 │  │              │   │
       │  4   2 │             18 │ 21          23    │ 22
       └────────┘                 │  │              │   │
          副主                24 │ 24 26       27    │ 25
                                  └──┘  ×      ×  └───┘
```

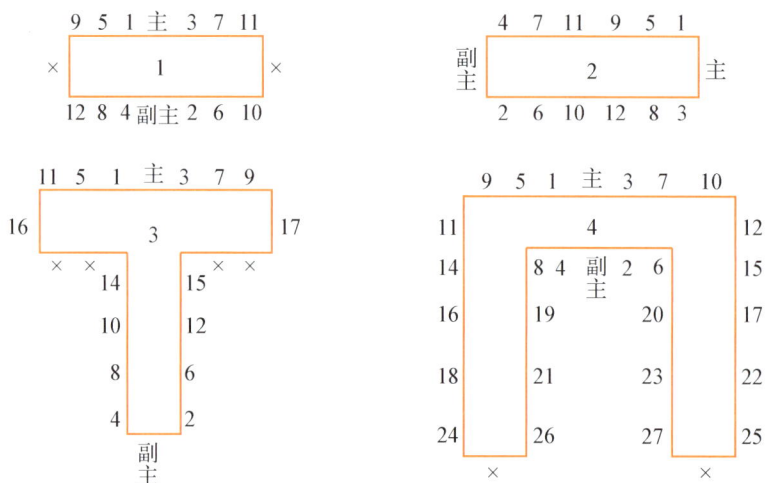

图 8-3 西餐宴会宾主席位图

3. 餐具的准备工作

根据菜单要求准备餐具,保证餐具齐全、配套分明、整齐统一、美观实用。

西餐宴会中,我们需要根据宴会菜单摆台,每上一道菜就换一副刀叉。餐具通常不超过七件,包括三刀、三叉、一匙,按照上菜顺序由外到内放置。西餐餐具按照"餐盘正中,左叉右刀,刀尖朝上,刀刃朝盘,先外后里"的顺序摆放。

4. 铺台布、摆餐椅

西餐宴会的餐桌一般使用数张方桌拼接而成。台布应由里向外铺,目的是让每张台布的接缝朝里,避免被步入餐厅的客人看见。铺好的台布应当中线相接,成一条直线,保持台布两侧下垂部分美观整齐,两边均匀。

5. 摆餐具

(1)摆餐盘。餐盘可用托盘端托,也可用左手垫好口布,将口布垫在餐盘盘底,把装饰盘托起,从主人位开始,按顺时针方向用右手将餐盘摆放于各餐位正前方。盘内的店徽图案要端正,盘与盘之间的距离应相等,盘边距桌边 1 cm。

(2)摆刀叉。在餐盘的右侧从左到右依次摆放主餐刀、鱼刀、汤匙、开胃品刀,刀口朝左,匙面向上,刀柄、匙柄距桌沿 1 cm。在餐盘左侧从右到左依次摆放主餐叉、鱼叉、开胃品叉,叉面朝上,叉柄距桌沿 1 cm。鱼刀、鱼叉要向前凸出 5 cm。餐刀、餐叉、汤匙之间的距离为 0.5 cm。如果开胃品为生蚝,则不需要摆放开胃品叉。

(3)摆水果刀叉(或甜品叉)、甜品匙。在餐盘的正前方横摆甜品匙,匙柄朝右。在甜品匙的前方平行摆放水果叉(或甜品叉),叉柄朝左。

（4）摆面包盘、黄油刀和黄油碟。在开胃品叉的左侧摆放面包盘，使面包盘中心与餐盘中心维持在一条线上，盘边距开胃品叉1 cm，在面包盘上右侧边沿1/3处摆放黄油刀，刀刃朝左。黄油碟应摆放在黄油刀尖上方3 cm处。

（5）摆玻璃杯具。玻璃杯具的摆放方法多种多样，可以摆成直线形、斜线形、三角形或者圆弧形，先用的放在外侧，后用的放在内侧。白葡萄酒杯应摆放在开胃品刀顶端，杯底距开胃品刀尖2 cm依次向左摆放红葡萄酒杯、水杯，使三杯呈45度角，各相距1 cm。

（6）摆餐巾花。将叠好的盘花摆放在餐盘正中，注意在主人位上放置有更高高度的盘花，将观赏面朝向客人，同时注意式样的搭配。

（7）其他。在西餐宴会中，如果是长台，一般摆两个蜡烛台，蜡烛台摆在餐台两端适当位置的台布的鼓缝线上。盐瓶、胡椒瓶、牙签筒按四人一套的标准摆放在餐台中线上。

（8）烟灰缸从主人右侧摆起，每两人之间放置一个，烟灰缸的上端与酒具在一条线上。菜单最少每桌摆放2张，高级宴会中，可每座摆放一张。插花或烛台等装饰品应摆放在长台的中线上。注意："吸烟有害健康"，公共场所禁止吸烟，很多西餐厅在摆台的时候已经不再摆放烟灰缸。

6. 摆台后的检查工作

摆台结束后，我们要进行全面检查，发现问题后及时加以纠正，保证台面整齐、大方、舒适。西餐宴会摆台简要示意图如图8-4所示，西餐宴会摆台实际示意图如图8-5所示。

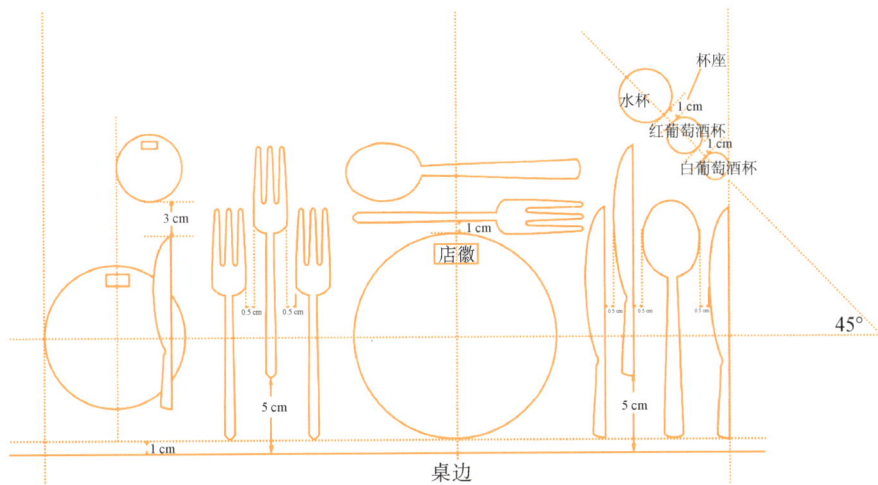

图8-4　西餐宴会摆台简要示意图

图 8-5　西餐宴会摆台实际示意图

四、斟酒服务

(一) 斟酒准备工作

1. 准备酒水

宴会开始前，各种酒水应当事先备齐。零点客人一般在点菜后问酒，取回酒水后，服务员需要认真检查酒水质量，查看酒水是否过期、变质，确定所取酒水是客人所需、酒瓶没有破裂，发现瓶子破裂或有悬浮物、沉淀物时，应及时调换。最后，将检查好的酒瓶擦拭干净，分类摆放在酒水服务台或酒水车上，商标朝外，整齐有序。

2. 示瓶

客人点完酒之后，就进入斟酒程序。示瓶是斟酒服务的第一道程序，它标志着服务操作的开始。示瓶是指向主人展示所点的酒水。这样做的目的是：对客人表示尊重；请客人确定所点酒水准确无误；征询客人开瓶及斟酒的时间，以免出错。示瓶的时候，服务员应站于主人的右侧，左手托瓶底，右手扶瓶颈，酒标面向客人，利于客人辨认。在客人认可后，再打开瓶口，继续下一项服务。如果客人不满意，则去吧台更换酒品，直到客人满意为止。

3. 酒水的处理

不同的酒水在不同的温度下，其口感是不同的，为了达到最佳的饮用效果，我们在斟酒之前还需要对酒水温度进行处理。处理方式一般有冰镇和温烫两种。许多酒水的最佳饮用温度是低于室温的，如啤酒的最佳饮用温度为 4～8℃，白葡萄酒的最佳饮用温度为 8～12℃，香槟酒和有汽葡萄酒的最佳饮用温度是 4～8℃，因此，在饮用前，我们需要对此类酒作冰镇处理，这是提供优质服务的重要内容之一。有些酒品的饮用温度则需要高于室温,这就要求我们对酒品进行温烫处理。此类酒主要包括黄酒、加饭酒、日本清酒以及某些鸡尾酒。温烫的方法有水烫、烧煮、燃烧、注入等。

4. 开瓶

酒瓶的封口通常有瓶盖和瓶塞两种。开塞前,应避免晃动酒瓶,否则会造成汽酒冲冒现象,陈酒则会发生沉淀物升腾现象。服务人员应将酒瓶揩拭干净,特别是将塞子屑以及瓶口擦干净。

开瓶器应正确使用。餐厅常用的开瓶器有两种,即多功能开瓶器(如图 8-6 所示)和翼型开瓶器(如图 8-7 所示)。

开瓶服务

图 8-6 多功能开瓶器

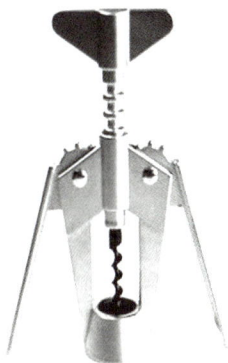

图 8-7 翼型开瓶器

开瓶时,动作要准确、敏捷、果断。开启软木塞瓶盖时,如出现断裂危险,可将酒瓶倒置,利用酒液的压力顶住软木塞,同时再转动酒钻,待软木塞快要拔出时,再将瓶口朝上拔出软木塞。开瓶时,要尽量减少瓶体的晃动。开拔瓶塞的动作越轻越好,防止发出突爆声。

开启瓶塞后,要用干净的餐巾擦拭瓶口,若软木塞发生断裂,还应擦拭瓶口内侧,以免残留在瓶口的木屑顺着酒液被斟入客人的酒杯。开启瓶塞后,应检查瓶中酒液是否有质量问题,也可以通过嗅闻瓶塞插入酒瓶部分的气味是否正常来判断。开瓶后留下的杂物应随手收拾。开瓶后的封皮、木塞、盖子等杂物不要直接放在桌面上。

5. 滗酒

陈酿红葡萄酒的储存时间较长,瓶内可能有酒渣存在,在斟酒前需进行过滤处理。这种利用器械(滗酒器)滤掉陈酒酒渣的过程被称为滗酒。

6. 验酒

验酒指在主人的酒杯里面倒上少量准备好的酒液,供主人品用,待主人认可后再从主宾位置开始进行斟酒服务的服务过程。

(二)斟酒的服务流程

1. 斟酒的顺序

(1)中餐斟酒顺序。中餐宴席的主宾入席之后,主人通常就要举杯祝

8

酒。餐厅员工应在开席前 5 分钟将客人所需的酒斟好。其顺序是：从主宾开始，按"男主宾、女主宾、主人"的顺序顺时针方向依次进行。如果两名服务员同时服务，则一名从主宾开始，另一名从副主宾开始，按顺时针方向依次进行。宾客入座后，再依次斟倒啤酒或者饮料。

服务零点客人时，我们可以根据宾客的饮食习惯和要求而定，通常在客人到齐后再开始斟酒，从主宾开始，按照顺时针方向进行。

（2）西餐宴会的斟酒顺序。西餐宴会用酒较多，几乎每道菜都配一种酒，吃什么菜跟什么酒，先斟酒后上菜。其顺序为：女主宾、女宾、女主人、男主宾、男宾、男主人。

2. 斟酒方式

斟酒方式有两种，一种是桌斟，另一种是捧斟。桌斟是较为常见的。桌斟是指将客人的酒杯放在餐桌上，服务员右手持瓶，身体挺直，向酒杯斟倒酒水的一种方法。这种方法又分为托盘斟酒和徒手斟酒。捧斟时，手握酒瓶的基本姿势与桌斟一样，所不同的是，侍酒员一手握酒瓶，一手将酒杯拿在手中，斟酒的动作应在台面以外的地方进行。

3. 斟酒量的控制

不同的服务场所对斟酒量的要求不同，服务人员应该掌握不同酒类的斟酒量标准，以便准确斟倒。一般情况下，红葡萄酒斟倒 1/2 杯，白葡萄酒斟倒 2/3 杯，香槟酒分两次斟倒，先斟倒 1/3，待泡沫平息后再斟至全杯 2/3；中国白酒和啤酒一般斟倒 4/5 杯。

4. 斟酒方法

（1）斟酒时，站在客人的右后侧，面向客人，右脚向前一步，切忌左右开弓。

（2）左手托盘或持巾，右手张开，掌心贴于瓶身中部，酒标朝外，四指用力均匀，手握酒瓶中下端，使酒瓶握稳在手中。斟酒时，尽量伸直手臂，避免胳膊肘过度弯曲，影响后面的客人。

（3）为客人斟酒时，酒瓶不可拿得过高，以防酒水溅出杯外。酒杯与瓶口相距 2 cm 为宜。

（4）斟酒时，上身应略向前倾，斟酒完毕，将瓶口稍稍抬高，顺时针旋转 45 度，让最后一滴酒均匀地分布在瓶口，再用左手的餐巾将残留在瓶口的酒液拭去。给下一位客人继续倒酒时，要用干净餐巾在酒瓶口擦拭一下，然后再倒。啤酒泡沫较多，斟倒速度要慢，让酒沿杯壁流下，减少泡沫，避免不必要的麻烦。

（三）斟酒注意事项

（1）操作不慎，将杯子碰倒时，应立即向客人表示歉意，同时在餐桌酒水痕迹处铺上干净的餐巾。

（2）在客人祝酒之前，要注意保证每个客人的杯中都有酒水。有人发表讲话时，服务员要停止一切操作，端正肃立在适当的位置上，不可交头接耳。主人离位或离桌去祝酒时,服务员要托着酒,跟随主人身后,以便及时给主人或其他客人续酒。在宴会进行过程中,看台服务员要随时注意每位客人的酒杯,见到杯中酒水只剩 1/3 时,应及时添加。

(3) 斟酒时,要注意瓶内酒量,控制酒水流出瓶口的速度。瓶内酒量不同,酒液的流速也不同,瓶内酒越少,出口的速度就越快,酒水越容易冲到杯外。因此,服务人员要掌握好酒瓶的倾斜度,使酒液徐徐地注入酒杯。

(4) 客人将酒杯倒扣、横置或在斟倒时以手掩杯,说明客人不再想续添酒水,不必勉强客人。

五、菜肴服务

上菜是服务员按照一定的程序将菜肴托送上桌的重要服务环节,也是服务员必须掌握的基本服务技能之一。宴会对上菜和分菜有较高的要求,对于上菜程序、上菜位置、服务节奏、菜肴台面图案等均有讲究。

(一) 中餐上菜

1. 上菜的位置和时机

(1) 上菜位置。中餐宴会的上菜位置一般在翻译和陪同之间,我们也可以在副主人右侧上菜,这样方便翻译和副主人向来宾介绍菜肴。切忌在主宾和主人旁边上菜,以免打扰他们谈话。中餐零点服务中的上菜工作比较简单,上菜的位置没有特别规定,但不要在小孩和老人旁边上菜。

(2) 上菜时机。冷菜应尽快送上,一般在五分钟之内。客人落座,开始就餐后,餐厅员工即可通知厨房做好出菜准备,待冷菜剩下 1/3 左右时,餐厅员工即可送上第一道热菜。在宴会中,服务人员应在开餐前 8 分钟上齐冷盘,在客人入座 10 分钟后开始上热菜,热菜一般在 30 分钟至 40 分钟内上完。切记,上菜节奏应以宾客的需求为准,要控制好出菜和上菜的速度。

(3) 注意上菜速度与节奏。冷菜吃到一半时上热菜,热菜一道一道上,注意节奏;当前一道菜快吃完时,餐厅员工就要将下一道菜送上,不能一次送得过多,否则放不下,更不能使桌上过分空缺,让客人在桌旁久等。这既容易使客人感到尴尬,也容易使客人在饮酒后没有菜肴佐酒,易于喝醉。

2. 上菜的顺序与原则

先上凉菜,然后上热菜、主菜,其后上汤菜,再然后上甜菜、面点,最后是水果。

上菜的原则是"先冷后热,先菜后点,先咸后甜,先炒后烧,先清淡后肥厚,先优质后一般"。

3. 上菜前的准备工作

(1) 上菜前仔细核对台号、菜品的名称,避免上错。

8

（2）带有调味佐料的热菜，如烤鸭、烤乳猪、清蒸蟹等菜肴上桌时，调料要一同上桌，服务员应略作说明。

（3）配备相应的服务用具。上刺身菜品时，挤辣根于调味碟内，倒入适量酱油或醋；上蟹时，同时配备调料、蟹钳和洗手盅，并介绍洗手盅的用途；上手抓排骨类菜肴时，提供一次性手套。

（4）上菜前，注意观察菜肴的色泽、新鲜程度，注意有无异常气味，检查菜肴及餐具上有无飞虫等不洁之物，将卫生达不到质量要求的菜肴及时退回厨房。

（5）提醒客人注意安全。在上菜之前提醒客人，请客人慢回身，切忌越过客人头顶上菜。

4. 上菜时的操作规范

（1）**正确端盘，礼貌提醒**。上菜时应该注意正确的端盘方法，端一个盘子时，用拇指紧贴盘边，其余四指扣住盘子下面，拇指不应该碰到盘子边的上部，更不允许留下手印或者让手指进入盘中，这样既不卫生也不礼貌。应用右手上菜，并用"对不起，打扰一下"提醒客人注意。将菜放到转台上（放菜时要轻）并顺时针转动转台，菜品观赏面转向主人与主宾之间。退后半步报菜名，报菜名应说普通话、口齿清晰、声音适中，主动介绍特色菜肴的菜品知识和营养价值，伸手示意"请用"。

（2）**看面调整，合理摆放**。要将主菜的观赏面摆在适当的位置，一般宴席中的头菜，其观赏面要朝向正主位置，其他菜的观赏面则对向其他客人。菜肴上有孔雀、凤凰图案的拼盘，其正面应放在第一主人和主宾的面前，以方便第一主人与主宾欣赏，遵循"**鸡不献头，鸭不献掌，鱼不献脊**"的传统礼貌习惯，在给客人送上鸡、鸭、鱼一类的菜时，不要将鸡头、鸭掌、鱼脊对着主宾，应当将鸡头与鸭头朝右放置。上整鱼时，鱼腹的刺较少，肉味鲜美腴嫩，故应将鱼腹而不是鱼脊对着主宾，表示对主宾的尊重。

（3）**讲究造型，调整台面**。菜品不宜随意乱放，要根据菜的颜色、形状、种类、盛具、原材料等因素摆放，讲究一定的艺术造型。常见的摆放方式为"一中心、二直线、三三角、四四方、五梅花"，即上一道菜时，将其摆放在餐桌中心位置，上两道菜时，将其并排摆放，上三道菜时，将其摆放成三角形，上四道菜时，将其摆成正方形，上五道菜时，将其摆成梅花形。我们应根据客人用餐情况及时与厨房协调，合理控制上菜速度。每道菜肴仅剩1/4时，为客人更换小菜盘，桌上严禁叠盘子。

（4）**掌握时机，语言规范**。当客人正在讲话或正在互相敬酒时，应稍微停一会儿，等客人讲完话后再上菜，不要破坏客人的进餐气氛。上最后一道菜时，告诉客人"菜已上齐，请各位慢用"。发现菜肴不够或客人特别喜欢某道菜时，征得客人同意后，予以加菜；若客人未点主食，应征询客人"先生/小姐，请问用点儿什么主食"；下单后，根据客人的要求，尽快将主食上到餐桌上。

（二）西餐上菜

西餐一般实行分食制，有的菜在厨房内烹制并已分好，只需托盘上桌，有的菜需要在客人面前烹制，然后进行分菜。

1. 西餐的上菜顺序

（1）头盘（appetizers）。西餐的第一道菜被称为头盘，也称为开胃品。头盘一般有冷头盘和热头盘之分，常见的品种有鱼子酱、鹅肝酱、熏鲑鱼、鸡尾杯、奶油鸡酥盒、焗蜗牛等。因为头盘的目的是开胃，所以头盘一般都具有特色风味，味道以咸和酸为主，数量较少，质量较高。冷头盘式样如图8-8所示。

图8-8 冷头盘式样

（2）汤（soups）。和中餐不同的是，西餐的第二道菜就是汤。西餐的汤大致可分为清汤、奶油汤、蔬菜汤和冷汤四类。品种有牛尾清汤、奶油汤、海鲜汤、美式蛤蜊汤、意式蔬菜汤、俄式罗宋汤、法式焗葱头汤。冷汤的品种较少，有德式冷汤、俄式冷汤等。西餐浓汤式样如图8-9所示。

图8-9 西餐浓汤式样

（3）**色拉**（salads）。色拉又称沙律、沙拉，即凉拌生菜，具有开胃、助消化的作用。色拉可分为素色拉和荤色拉两种。素色拉一般作为配菜和主菜同时上桌，一般用生菜、西红柿、黄瓜、芦笋等制作。色拉的主要调味汁有醋油汁、法国汁、千岛汁、奶酪色拉汁等。有一些蔬菜原料是熟的，如煮花椰菜、煮菠菜、炸土豆条。熟食中的蔬菜通常和主菜中的肉食类菜肴一同摆放在餐盘中上桌，称为配菜。

荤色拉是用鱼、肉、蛋类制作的，这类色拉一般不加味汁，可以作为头盘。品种包括各种淡水鱼或海水鱼、贝类及软体动物。鱼类等菜肴的肉质鲜嫩，比较容易消化，放在肉类菜肴的前面，叫法也和肉类菜肴主菜有区别。西餐中的鱼类菜肴讲究使用专用的调味汁，品种有鞑靼汁、荷兰汁、酒店汁、白奶油汁、大主教汁、美国汁和水手鱼汁等。荤色拉的常见品种如图 8-10 所示。

图 8-10　荤色拉的常见品种

（4）**主菜**（main course）。肉、禽类菜肴是西餐的第四道菜，也称为主菜。肉类菜肴的原料取自牛、羊、猪各个部位，其中最有代表性的是牛肉或牛排。牛排按其部位又可分为沙朗牛排（也称西冷牛排）、菲利牛排、"T"骨型牛排、薄牛排等。其常用烹调方法有烤、煎、铁扒等。肉类菜肴配用的调味汁主要有西班牙汁、浓烧汁、蘑菇汁、白尼斯汁等。西餐主菜式样如图 8-11 所示。

图 8-11　西餐主菜式样

（5）**甜品**（desserts）。西餐的甜品是在主菜后食用的。从严格意义上讲，它包括所有主菜后的食物，如布丁、煎饼、冰淇淋、奶酪、水果等。西餐甜点式样如图8-12所示。

图8-12　西餐甜点式样

（6）**咖啡、茶**（coffee or tea）。饮料（如咖啡或茶）在最后呈上。喝咖啡时，人们一般要加糖和牛奶。喝茶时，人们则一般要加香桃片和糖。主要西式饮品如图8-13所示。

图8-13　主要西式饮品

2. 西餐上菜的基本要求

（1）餐厅员工提供西餐服务的总体顺序是"先女主宾后男主宾，然后一般来宾"。

（2）餐厅员工应用左手托盘，用右手拿叉匙为客人提供服务。服务时，员工应当站在客人的左边。

（3）一般而言，酒水饮料要从客人的右侧送上。法式宴会所需食物都用餐车送上，由服务员上菜。除面包、黄油、色拉和其他必须放在客人左边盘子食物外，其他食物一律从右边用右手送上。

（4）客人将刀叉呈八字形摆放在餐盘中，表示客人还需要继续食用，不可以撤盘。不可以撤盘示意图如图8-14所示。

8

欧式　美式

图 8 - 14　不可以撤盘示意图

客人将刀叉平行放在餐盘中,表示不再食用,可以撤盘。可以撤盘示意图如图 8 - 15 所示。

欧式　美式

图 8 - 15　可以撤盘示意图

(5)上甜品前,应将主菜的餐具以及盐瓶、胡椒瓶、玻璃杯等撤去。甜点用完,服务员应从客人的右侧送上咖啡、茶。咖啡杯、茶杯放在垫碟上,碟内放一把咖啡匙,同时呈上糖和牛奶。

(三)中餐分菜

分菜又称让菜、派菜,指在宾客观赏菜肴后,值台员用服务叉、服务勺或其他工具,依次将菜肴分给宾客的过程。分菜是技术性很强的工作,要想熟练掌握,我们就必须对各种菜肴的烹制方法和菜肴成型后的质地特点有很好的了解,勤加训练,才能在实际工作中得心应手。

1. 分菜工具

中餐的分菜工具一般比较简单。分鱼类、禽类菜肴时,一般使用刀、叉、勺;分炒菜类菜肴时,可使用叉、勺和筷子;分汤羹类菜肴时,可使用长柄汤勺和筷子。

2.分菜的方法

（1）桌上分让式。服务员站在客人的左侧，左手托盘，右手拿叉与勺，将菜在客人的左边分派给客人。这种方式一般适用于分热炒菜和点心。

（2）两人合作式。由两名服务员配合操作，一名服务员右手持公筷，左手持长把公勺，另一名服务员将每一位客人的餐碟移到分菜服务员近处，由分菜服务员分派，另一位服务员从客人左侧为客人送菜。

（3）旁桌分让式。先将菜在转台向客人展示，然后由服务员将其端至备餐台，将菜分派到客人另外的餐盘，并将各个餐盘放入托盘，托送至宴会桌边，用右手从客位的右侧放到客人的面前。这种方式一般用于宴会。

（4）托盘分菜法。将菜取下，将菜肴放在托盘上，左手托住托盘，右手拿分菜叉和分菜勺，从主宾左侧开始，按逆时针方向绕台进行。

3.分菜的顺序

分菜的顺序应是"先宾后主"，即站在客人左侧操作，先给主宾分让，然后按逆时针方向依次分让。

4.分菜的注意事项

（1）手法卫生。服务员在分菜的时候要保持双手干净卫生、动作熟练、手法利落。

（2）动作娴熟。站立要稳，身体不能倾斜或倚靠宾客，脸斜侧与菜盘成一条直线，腰部略弯，用右手使用服务筷、勺进行分让。分菜时，呼吸要均匀，可以边分边向宾客介绍菜点的名称、风味。讲话时，头部不要离宾客太近。不要让菜汁滴在宾客身上。叉、勺不要在盘上刮出响声。分菜时，动作要协调利落，在保证分菜质量的前提下，以最快的速度、最短的时间完成分菜工作。

（3）分量均匀。分菜时保证心中有数，掌握好菜点的数量，事先估计分配的适当分量。在使每位宾客都能均匀分到一份的基础上再多分出一份，以备某些需要加菜的客人食用。分菜的时候，需要将菜肴中最优质的部分分让给主要宾客。

（4）跟上佐料。不同菜品所跟的佐料也不相同。例如，烤鸭，可配烤鸭皮、大葱、甜面酱、面饼、青瓜等；油炸的菜（如香炸鱼排、炸虾球）可配番茄酱和花椒盐；清蒸大闸蟹，可配上姜醋、蟹钳、糖姜茶、洗手盅、小毛巾。清蒸鱼，可配姜醋。

（四）西餐分菜

1.西餐分菜工具

西餐服务的分菜工具有：服务车、割切板、切肉刀、切肉叉、分调味汁的叉和勺。

2.西餐分菜方法

先由厨师将菜肴按份切好并装盘，由服务员上台分派。

（1）俄式分菜用具的使用方法。匙在下，叉在上。右手的中指、无名指和小指夹匙，拇指和食指控制叉，五指并拢，完美配合。

（2）法式分菜用具的使用方法。

❶ 分让主料：将要切分的菜肴取放到分割切板上，再把切板放在餐车上。分切时，左手拿叉压住菜肴的一侧，右手用刀分切。

❷ 分让配料、配汁：用叉勺分让，勺心向上，叉的底部朝向勺心，即将叉勺扣放。

3. 西餐分菜注意事项

（1）服务员在分菜时，应该注意客人所需要的分量以及盛置菜肴器具的摆放分配。

（2）西式分菜服务时，服务员以左手托菜盘，在客人左侧进行服务分菜。

（3）分菜时先配取主菜，摆置于盘中央，将配菜放置于主菜右上方，将淀粉主食类放置于左上方，将装饰类放置于主菜的正上方。摆放全鱼、虾时，鱼虾的头部应该朝向左侧，尾部应该朝向右侧，腹部应该朝向客人。

4. 特殊菜肴的分菜方法

（1）牛排。把烤牛排最大的一端放在平盘上，先将叉插入上面两根肋骨间，再从肥的一面开始，用刀（刀与肉的纹理垂直）横切肋骨；用刀尖沿肋骨把肉切下来，切时必须紧贴肋骨；把刀片进肉片下，用叉固定，挑起肉片放在盘边；边切边摆，直至完毕。

（2）火腿。左手将叉插入火腿大头部位，固定火腿；右手拿刀从火腿薄的一面切掉几片，以形成一个平面；把火腿转过来，将所切平面朝下放置火腿，从火腿的后部开始切掉一小块楔形的肉，然后垂直、均匀地切片，直至完毕。

（3）火鸡。将火鸡放在砧板上，用左手握住鸡腿下部，用右手切开鸡身和鸡腿之间的皮，并且将皮轻轻拉掉；左手拿叉插入鸡身紧靠鸡腿的地方，右手用刀从鸡身背部和鸡腿的主骨之间的关节处将鸡切开。

拿住切下来的鸡腿下部，放在盆上，与盆形成一个角度，再用刀把鸡的大腿肉从鸡腿下部一片片切到关节处，切完一面，再切另一面，直到全部切完。要从鸡胸脯中间开始切，一片片地切到胸骨为止。

任务二　中餐零点服务管理

酒店的午晚餐属于"正餐"，在餐厅预订、就餐服务等方面讲究礼仪，强调服务细节。酒店中餐的服务流程主要包括以下内容。

一、餐厅预订

高档酒店中餐厅的午晚餐一般需要提前预订，预订方式有电话预订、现场预订、网络预订等。引位员看到客人来到餐厅，需主动礼貌地问候客人；当知道客人是来订餐时，务必主动向客人介绍自己，表示愿意为客人服务;如果餐厅设有专职订餐员,要及时引领客人到达订餐处并做好交接介绍工作。接受客人订餐的服务员要礼貌地问询客人的姓名、房号或单位、用餐日期及时间、宴请对象、人数、台数及其他要求等;在征得客人的同意后,尽早为其安排相应的包房或餐台,填写预订单,并告知客人房号或台号,确认客人的姓名、电话等信息。最后,将预订的详细内容记录在预订登记本上,用后必须存档。

二、餐前准备

(一) 开餐服务

开餐服务是餐厅对客服务工作的开始,也是餐厅服务工作的重要环节,包括迎接客人、安排客人就座、点菜、把点菜单送入厨房以及从厨房出菜。此外,回答客人的询问、向客人推荐菜肴等事项也是开餐服务的重要内容。

开餐之前,服务员要在自己的服务区域将摆台餐具、服务用具准备完善,进行卫生清理,检查餐具(用具)清洁、破损情况;补充各种调味瓶的调料;全面检查备餐柜物品(备品)。备餐柜物品主要包括:

(1) 新鲜茶叶、茶壶、暖瓶。

(2) 备用的烟灰缸、火柴、牙签。

(3) 备用摆台餐具 1～2 套。

(4) 小毛巾、干净的台布和餐巾。

(5) 各种调味品。

(6) 点菜记录本或者点菜宝、笔、开瓶工具等服务用具。

(7) 餐巾纸、打包餐盒、方便口袋。

在完成各项准备工作,即将营业的前 30 分钟～1 小时,餐厅要举行一次餐前会,一般由餐厅经理或领班负责,检查服务人员的仪表、仪容及服务工具是否备好;讲解推荐菜肴;介绍客人情况以及重要客人的接待工作;向服务员说明投诉的解决办法;总结前一天的工作,强调当日工作的要点;说明其他部门对本部门的意见及请求协作的事项。

(二) 迎宾领座

1. 迎宾服务

(1) 开餐前 5 分钟,迎宾员和服务员各自站在指定的位置恭候客人的到来。

(2) 客人到来时,迎宾员主动迎上前去跟客人打招呼,用"欢迎光临"等礼貌用语问候。

(3) 了解客人是否有预订。如有,则按事先预订要求进行安排;如无,则询问客人人数,然后将其引领至合适的餐位。

(4) 协助客人接拿衣帽并予以妥善保管。

2. 领座服务

(1) 迎宾员左手持菜单,右手示意,与客人保持 1 米左右的距离,步速

8

与客人保持一致。在楼梯口或拐弯处稍作停留,提醒客人注意。

（2）将客人领至餐桌前,然后轻声征询客人的意见:"您喜欢这张餐桌吗?"若客人不太满意,则应重新安排客人喜欢的餐桌。

（3）帮助客人拉椅让座。在客人入座前将座椅轻轻移到使客人感到舒适的位置。

（4）待所有的客人入座后,迎宾员打开菜单第一页,站在客人右侧,用双手递呈并说:"先生/女士,这是我们的菜单。"

（5）向客人介绍值台员并祝客人用餐愉快。

3. 迎宾服务注意事项

（1）主动问候,认真观察。迎宾时,迎宾员要细心观察并判断来宾中谁是主人,谁是主宾,使主人、主宾得到应有的关照,同时也要做好其余客人的迎领服务,不至于使其他客人感到受冷落。一般情况是:先到达的客人先安排就座,后到的客人如未及时予以领座,应表歉意说:"对不起,请您稍候。"

（2）遵循"女士、儿童、老人优先"的原则,备好儿童座椅。

（3）掌握餐厅座位的使用情况,对整个餐厅的餐位、座位周转情况做到心中有数。

（4）为不同特点的客人安排不同的餐台。年轻夫妇或情侣应安排在餐厅的角落,即不明显处;年纪较大的客人应安排在灯光明亮、冷气不太强的安静之处,不要将年长的客人与年轻的客人安排在一起;商务客人应安排在靠窗的餐台;时装模特、漂亮女性应安排在餐厅最醒目的位置。

（5）安排餐台时,应尽量让客人靠窗、靠门口落座,给人以高朋满座之感,这是餐厅促销的手段。

（6）餐厅满座时,要做好候餐客人的接待,可将客人安排在休息室,准确地告知客人需要等候的时间,然后回迎宾台进行记录。

三、就餐服务

（一）餐前服务

（1）迎宾员为客人递呈菜单后,值台服务员应及时为客人递送第一道香巾。递送香巾时,迎宾员要站在客人的右边并使用敬语"请用香巾"。

（2）值台服务员在征询客人喝什么茶时,应介绍本餐厅的茶叶品种。在问茶的同时,服务员要为客人打开餐巾、撤筷套,注意主宾优先并使用敬语。服务员打开餐巾、撤筷套时都应站在客人的右侧。

（3）上茶,服务员应站在客人的右侧为客人斟茶,并使用敬语"请用茶"。

（4）问清客人需要的调料,服务员从主宾开始,站在客人的右侧斟倒调料,一般以倒至味碟的 1/3 或 1/2 为宜(注意,同一餐厅、同一餐桌遵循同一个标准)。

（5）服务员应视客人人数进行餐位的增减，在增减餐位时均要使用托盘，在不违反操作规范的前提下尽量使几件餐具一起收、摆，减少操作次数，避免打扰客人。

（6）服务员要做好点菜准备，事先填好点菜单上的台号、人数、餐别、工号等项目，留心观察客人的举动。

（二）点菜服务

1. 点菜服务工作要点

客人看完菜单或示意点菜时，服务员应立即上前询问："先生/女士，请问可以点菜了吗？"服务员介绍菜肴时，应根据客人的喜好及餐厅的特色有针对性地介绍菜肴，并注意语言技巧和客人的饮食禁忌。

点菜时，服务员应站在主人的左侧，如果客人各自点菜，应从主宾开始，按逆时针方向依次接受点菜。服务员应在点菜单上写清日期、台号、进餐人数、开餐时间、服务员姓名，认真记录客人所点的菜肴。使用电子设备点菜时，服务员应先将点菜的分量、品种、价格、总金额输入计算机，打印后交给客人，并通知厨房。

客人点完菜之后，服务员应向客人复述一遍所点菜肴以得到客人的确认，然后向客人道谢并说"非常感谢，请稍候"。确认菜单后，服务员还应主动征询客人所需要的酒水饮料。

2. 点菜服务注意事项

（1）点菜时，服务员应把冷热菜分开填写。

（2）注意客人的特殊要求，如分量、制作方法、老嫩程度、口味要求等。

（3）点菜单一般一式四份，一份交收银台，一份交厨房，一份交传菜员，一份交服务员作存根备查。

（4）酒水单一式两份，一份交吧台，一份交收银员。服务员到吧台开酒水单时，要记清楚客人要的酒水的种类和数量。

（5）介绍菜单时，服务员要做好客人的参谋，适当推荐菜肴，用看、听、问的方法来判断客人的需求，注意原料、口味、烹调方法、价格等因素的搭配。

（6）服务员帮助客人点菜时要主动了解客人的饮食习惯和口味要求，同时从客人的言谈举止、国籍、口音、年龄等方面了解客人的饮食需求。在接受点菜时，领班（或服务员）应当能用流利的中、英文介绍菜肴。

（三）上菜服务

领班或值台服务员在为客人点菜后，收银员在点菜单签字后盖章，随即将点菜单的第二、三联单送到传菜部。传菜部将其中一份交给厨房，主厨按照点菜单的顺序控制出菜速度、节奏和质量，并由传菜员将厨房做好的菜肴准确无误地送至餐厅（由餐厅服务员送上桌）；一份由划单员保管，传菜员准备上某一道菜时，划单员应将贴在白板上的同一台号的点菜单上的相应菜肴用笔划去，以示此台号的某道菜已经出品上菜。

8

在一些餐厅,在客人点菜后,服务员随即会送上免费的开胃小菜;上冷菜后,服务员要为客人开瓶斟酒,酒瓶不要放在餐台上;值台服务员应按上菜顺序及时为客人上菜。上菜服务的具体要求见本项目任务一中的相关内容。

(四) 巡台服务

良好的服务体现在服务员工作"快客人一步"。服务员要随时注意客人的进餐情况,时常巡视每桌客人的台面并做好以下工作。

1. 及时添加酒水,推销饮料

随时观察客人的酒水情况,在杯中仅剩 1/3 时,及时添加;掌握客人的酒水情况,及时推销,提供添加酒水服务。

2. 及时撤换烟灰缸

烟灰缸内有两个以上烟头或有其他杂物时应当马上撤换。撤换时,应用托盘托上干净的烟缸,用右手的拇指和中指捏紧烟灰缸的外壁,从客人的右侧将干净的烟缸覆盖在已用过的脏烟缸上;将两只烟缸同时移入托盘,然后再将清洁的烟缸放回餐桌,这有助于避免烟灰飞扬,污染菜点或落到客人身上。

3. 及时为客人换骨碟

上羹或汤之前,上一套小汤碗,待客人吃完后,送上毛巾,收回汤碗,换上干净的餐碟;吃完带骨的食物之后,吃完芡汁多的食物之后或者上甜菜、甜品前都应更换餐碟;残渣、骨刺较多或有其他脏物的餐碟也要随时更换。餐盘要待客人将盘中食物吃完后撤换,如客人放下筷子而菜未吃完,则应征得客人同意后才能撤换;按先宾后主的顺序依次撤换;使用托盘撤换时,先在客人的左侧送上干净的餐盘,再在客人的右侧撤下脏的餐盘,左手托托盘,右手撤餐具,动作要轻、稳;徒手撤盘时,应站在客人右侧,用右手撤下,将其放入左手,左手要移到客人身后。

4. 清理台面,保持台面清洁美观

时刻保持餐台清洁卫生,杂物或空盘应在征得客人同意后及时撤去;餐桌台面上的剩余食物,要用专用的服务用具清理,切记不可用手直接操作。对于需用手抓或剥壳的菜肴,应上洗手盅,洗手盅上桌时应用托盘和毛巾夹为客人更换香巾。

5. 注意询问

客人停筷后,服务员要主动询问是否需要水果、甜品,以及是否需要将剩下的菜肴打包带走。有的餐厅在客人用完所有菜点后会送一盘水果,有感谢并希望客人再次光临的寓意。

(五) 结账服务

结账方式包括现金结账、电子结账、支票结账、信用卡结账、签单等。服务人员要注意结账的时机,不可催促客人结账,结账应由客人主动提出,以免造成赶客人走的印象。账单要及时递送,不可让客人等候过久。

要注意结账的对象,尤其是在散客结账时,应分清由谁付款,搞错了付款对象容易造成客人对餐厅的不满。要注意服务态度,要始终如一,结账阶段也要体现出热情有礼的服务风范。绝不要在客人结账后就停止为其服务或马上去撤台收拾,而应继续为其端茶送水,询问他们的要求,直至他们离去。

1. 结账准备

菜已上齐后,服务员要到账台核对账单;当客人要求结账时,请客人稍候,立即去收银台处取回账单;服务员告诉收款员台号,核查账单台号、人数、食品及饮品消费数是否准确无误;将账单放入账单夹,确保账单夹打开时正面朝向客人;注意先上小毛巾,后递账单;随身准备结账用笔。

2. 递交账单

将取回的账单夹在结账夹内,走到客人右侧,打开账单夹,右手持账夹上端、左手轻托账夹下端,递至客人面前,请客人检查。注意不要让其他不买单的客人看到账单,同时对客人说:"这是您的账单。"

3. 认真核对

客人付现金时,服务员要礼貌地在餐桌旁当面点清钱款,将账单及现金送给收款员,核对收款员找回的零钱及账单上联是否正确;服务员站在客人右侧,将账单上联及所找零钱夹在结账夹内,送给客人;现金结账时,注意唱收唱付,客人不希望唱收唱付时除外。最后,真诚地感谢客人。

(六) 送客服务

热情送客是服务礼仪的具体体现,表示餐饮部门对客人的尊重、关心、欢迎和爱护。送客时,服务员的态度和表现直接反映出餐厅接待工作的等第、标准和规范程度,体现出服务员本身的职业素质与个人修养。因此,在送客服务过程中,服务员应做到礼貌、耐心、周全,使客人满意。服务要点如下。

1. 协助客人离座

客人起身准备离开时,上前为客人拉椅;客人起身后,提醒客人勿遗漏物品;礼貌地与客人道别,向客人表示感谢,诚恳欢迎客人再次光临。

2. 送客人离开

服务人员应走在客人前方,将客人送至餐厅门口;客人走出餐厅门口后,引领员或餐厅经理应再次向客人致谢、道别;餐厅在高层的引领员应帮助客人叫电梯,并在电梯到来后送客人进入电梯,目送客人离开;正门前方有车道的餐厅,引领员要帮助客人叫出租车;雨天要为客人打伞,为客人开车门,目送客人坐车离开。

3. 餐厅检查

服务员立即回到服务区域再次检查是否有客人遗留的物品;如有,应将其尽快交还客人;如客人已经离开,要向餐厅经理汇报,将物品交给大堂副理。

4. 减少灯光

营业结束,客人离开后,服务员应开始着手餐厅的清理工作;关掉大部分的照明灯,只留下适当的灯光供清场使用。

5. 撤器具布草

先清理桌面,再撤走服务桌上的所有器皿,送至洗碟机房清洗;把布草分类送往备餐间(干净的与脏的要分开);清洁四周护墙及地面,吸地毯。如有污迹,通知管家部清洗。

6. 安全检查

关闭水、电开关;除员工出入口以外,锁好所有门窗;由当值负责人做完最后的安全隐患复查后,填写管理日志;落实厅面各项安全防患工作,锁好员工出入口的门后方可离岗。

任务三　西餐扒房服务管理

扒房服务体现饭店西餐餐饮与服务的最高水准。目前,国际上的扒房常结合美式服务与法式服务向客人提供服务。扒房主要提供午餐与晚餐,有的仅提供晚餐。在欧美社会,晚餐比午餐更正式、更受重视。因此,扒房的服务节奏较慢。扒房的服务流程主要包括以下几项内容。

一、餐厅预订

扒房进餐节奏慢,就餐时间长,餐座周转率很低。为了保证到餐厅后能有座位,宾客往往需要提前预订。扒房中,一般由领位员或餐厅预订部负责接受宾客的电话预订或面订,接受预订后填写预订单,并根据宾客要求留好相应的餐台。

二、餐前准备

(一)摆台准备

按照预订的规格摆台。宾客台面应根据预订要求摆放,并放上留座卡,准备好各种调味品和服务用具。

(二)餐前会

开餐前半小时,由餐厅经理按规范召集餐前会。餐前会的主要内容有:任务分工;介绍当日的特别菜肴及其服务方式;了解当日客情、重要客户接待注意事项;检查员工仪表仪容。

三、就餐服务

(一)迎宾入座

由迎宾员或餐厅经理将宾客引领到预留的或适当的餐桌,先为女士拉椅,将其安排在面朝餐厅大门的最佳位置,同时为每位宾客呈上菜单。

(二) 餐前酒水

区域服务员上前招呼宾客,帮助就座,向宾客介绍开胃酒或鸡尾酒,记下每位宾客所点的酒水。酒水单一式三联:第一联交收银台以备结账;第二联交吧台取酒水;第三联自留备查。若一桌宾客的人数较多,可画出座位示意图,记下宾客各自所点的酒水,防止上错。

服务助手给每位宾客斟倒冰水,服务员应尽快将酒水送到宾客桌上,报出名称,并按规范为宾客斟倒酒水。

(三) 接受点菜

扒房中,一般由领班接受宾客点菜。西餐采取分食制,每位宾客所点的菜都可能不一样,服务人员应用座位示意图记下每位宾客所点的菜肴;然后根据示意图安排送入厨房的正式点菜单;安排送入厨房的菜单时,应注意控制出菜顺序。

1. 熟悉菜单

(1) 了解常见的烹调方法。

煎(fried):将原料放入平底锅中,用少而热的油进行加热。成品如蛋煎明虾等。

炒(sauted):将原料放入锅中,用少而热的油进行加热,快速翻动使之成熟。成品如英式炒土豆等。

炸(deep fried):将原料完全浸入热油中进行加热。成品如米兰式炸吉力猪排等。

烩(stewed):将食物放入装有水或汤汁的有盖容器中进行加热。成品如红烩牛尾等。

焖(braised):将大块肉放入水或汤汁中进行加热。成品如焖牛舌等。

焗(baked):把经过加工的原料或辅以某种沙司、蔬菜、比较湿的原料再加以烧烤。成品如焗蜗牛、奶酪焗鱼等。

烤(roast):将原料放入烤炉内,借助空气对流及热能辐射使其成熟。成品如烤火鸡等。

煮(boil):将原料完全浸没于水或汤中,通过加热使之满足要求。成品如煮大马哈鱼等。

铁扒(grill):利用铁架或铁板导热,使原料从生变熟。成品如西冷牛扒、各色铁扒等。

(2) 熟悉点菜分量单位。

西餐采取分食制,各位客人各自点自己想用的餐食,数量不受限制。食量大的宾客可能点头盘、汤、副盘、色拉、主菜、甜点等。食量小的宾客也许只点一个头盘、汤、主菜、水果等。因此,西餐的点菜分量因人而异。

8

（3）熟悉菜肴的调味汁和烹制要求。

色拉酱，即色拉通常跟配的调味汁酱。常见的有千岛汁（thousand island dressing），法汁（French dressing），意大利汁（Italian dressing），油醋汁（oil & vinegar），罗克福奶酪酱（Roquefort cheese dressing），蛋黄酱（mayonnaise dressing）等。

配羊肉的调味汁有薄荷啫喱（mint jelly）、薄荷沙司（mint sauce）等；海鲜类菜肴常配的调味有柠檬汁（lemon juice）、鞑靼沙司（tartar sauce）、奶油沙司（bechamel sauce）等；其他常备的西餐调味品有盐（salt）、胡椒（pepper）、伍斯特郡酱（Worcestershire sauce，又称吉汁、喼汁）、塔巴斯科辣椒酱（Tabasco）、芥末（mustard）、番茄酱（tomato ketchup）、橄榄油（olive oil）、帕尔马干酪（Parmesan cheese）等。

牛、羊排烹制要求：服务员应掌握牛、羊排的烹制方法，以便在接受宾客点菜时能够主动征询宾客的意见，及时提供准确服务。牛、羊排烹制要求一般有以下几种：全熟（well done），缩写为 W. D.；七成熟（medium well），缩写为 M. W.；五成熟（medium），缩写为 M.；三成熟（medium rare），缩写为 M. R.；一成熟（rare），缩写为 R.。

2. 点菜步骤

（1）接受点菜：在宾客看完菜单后，首先问主人是否可以点菜，得到主人的肯定答复后，从女宾开始依次点菜，最后为主人点菜。

（2）推荐菜肴，提供建议。

（3）记录内容。分别记下不同宾客所点的菜肴，不能混淆，宾客点牛、羊排时，须问清宾客的具体需求。

（4）复述确认。

（5）礼貌致谢，收回菜单。

（6）安排送入厨房的菜单。

西餐午、晚餐零点服务中，宾客食量大小不一，点菜的数量不同，在安排送入厨房的菜单时，所有宾客的头盘须安排在统一时间里一起上，所有宾客点的主菜也须一起上，而其他菜肴则根据不同宾客所点内容和用餐速度酌情提供服务。这就要求服务员在接受点菜后遵循西餐的服务规范安排好送入厨房的菜单。

例：甲宾客点的菜肴有：

海鲜鸡尾酒（seafood cocktail）——头盘；

浓豌豆汤（pea soup）——汤；

牛排（五成熟）（steak）（M.）——主菜。

乙宾客点的菜肴有：

大厨色拉（chef's salad）——头盘；

意大利浓菜汤（minestrone）——汤；

红鲻鱼（red mullet）——海鲜；

牛排（三成熟）（steak）（M. R.）——主菜。

丙宾客点的菜肴有：

法国洋葱汤（French onion soup）——汤；

西冷牛排（七成熟）（sirloin steak）（M. W.）——主菜。

综上，入厨房的点菜单如表 8 - 1 所示：

表 8 - 1　　　　　　　　　　　　点菜单

台号 5	人数 3	服务员姓名 Zhang	日期	9.12
数　量	品　　　　　名		金　额	
1	seafood cocktail			
1	chef's salad			
1	French onion soup			
	＊　＊　＊　＊　＊			
1	pea soup			
1	minestrone soup			
	＊　＊　＊　＊　＊			
1	red mullet			
	＊　＊　＊　＊　＊			
2	steak（M.）（M. R.）			
1	sirloin steak（M. W.）			
	＊　＊　＊　＊　＊			

（四）佐餐酒服务

领班或酒吧调酒师应根据宾客所点的菜肴，介绍、推销与其相配的佐餐酒，同时征求宾客用什么葡萄酒佐餐。对于葡萄酒，要问清是立即喝还是配主菜喝；如果配主菜喝，需问清是否需立即打开。红葡萄酒要盛放在酒架或酒篮里并展示给宾客。白葡萄酒需在冰镇后立即开瓶斟倒。

（五）重新安排餐桌

服务员应根据订单和示意图，为每位宾客按点菜内容和上菜顺序摆放刀、叉、勺。最先食用菜肴的餐具应放在最外侧，其余餐具应根据菜肴内容和服务顺序依次向中央摆放。

（六）上黄油、面包

黄油先上，面包可放在面包篮内上桌或分派。

（七）服务头盘

依据订单和座位示意图，按餐厅严格规定的服务方式上菜并报菜名。

进行巡台服务：撤走空的饮料杯；添加冰水、葡萄酒；添加面包及黄油。

头盘吃完后，征求宾客意见以撤盘，注意将刀、叉放在空盘里一同

8

撤下。

西餐服务中,应徒手撤盘,只有玻璃杯具、烟灰缸、面包盘、黄油碟等小件物品才可用托盘撤送。

收盘时,用右手将盘子从宾客的右边撤下,从主宾开始,按逆时针的次序撤下每位宾客的空盘。撤下的脏盘应直接送入洗碗间,分类摆放。

(八) 服务第二道菜

服务员用手推车或通过桌旁服务的方式送上第二道菜,将其直接放在装饰盘内。

汤盅下可垫用餐巾折的小荷花,既美观又保温。调味汁、奶酪粉等调料一律从宾客左手边分派。

第二道菜吃完后,空盘菜应连同装饰盘一起撤下。餐位上只留下吃主菜的刀、叉、面包碟、黄油刀等餐具。

(九) 服务主菜

在一些餐厅中,部分主菜常在宾客面前烹制并切割装盘,服务员要提前做好准备工作,然后由领班人员进行操作表演。

菜肴装盘时,要注意布局,蔬菜配菜一般放在主菜上方,汁酱不要挂在盘边。服务员从宾客右侧上菜并报菜名,羊、牛排要告知几成熟。放盘时,让主菜、肉类靠近宾客前面,跟配主菜的色拉可用木碗或小碟盛放,并放在主菜盘左上方。

当主菜全部吃完后,依次撤走主菜盘和刀叉,用服务巾和面包碟将桌上的面包屑清扫干净,征求宾客对主菜的意见。

(十) 推销奶酪和甜点

先展示放有各式奶酪的木板或手推车,再将宾客所点的奶酪当场切割装盘并摆位;服务时配好胡椒、盐瓶,重新分派黄油、面包,配好凉蔬菜如芹菜条、胡萝卜条、黄瓜条等。

待宾客吃完奶酪后,用托盘撤下用过的餐具,只留下甜品叉、勺及有酒水的杯子、烟灰缸、花瓶、烛台。

展示甜品车,呈送甜品。

有些扒房会呈递甜品单。甜品在厨房里准备,少数甜品(如苏珊特饼)可在宾客面前烹制。

(十一) 服务咖啡或茶

问清宾客需要咖啡还是茶,随后送上糖缸、奶壶或柠檬片,摆上咖啡具或茶具,再用咖啡壶或茶壶斟倒。

有些扒房还提供爱尔兰咖啡、皇室咖啡,其制作过程可以在宾客面前完成,渲染餐厅气氛。

(十二) 推销餐后酒

展示餐后酒车,问主人餐后是否需要利口酒、干邑白兰地。

用酒车上准备好的各式酒杯斟倒酒品,服务宾客,随后开单。

(十三)结账送客

宾客用餐完毕,示意结账时,按规范和宾客的要求进行结账。必须注意的是,在西餐语境中,有时宾客各自结自己的账,因此在点菜和服务过程中应记录好每位宾客的点单内容,保证账款准确。

宾客起身离座时,要帮助拉椅、穿外套,提醒宾客带上自己的物品,礼貌地说"谢谢光临""欢迎下次再来"或"希望能再次为您服务"。送客出餐厅门外时,要鞠躬并道一声"再见"或"晚安"。

整理台面,放好椅子,收拾餐巾;换上干净台布,准备迎接下一批宾客或为下一餐铺台。

【项目回顾】

娴熟的服务技能和标准的服务流程是为客人提供优质服务的基础。在本项目中,我们主要学习了零点服务管理的相关知识。通过学习,学生要了解中餐和西餐菜肴的特点与服务方式;掌握餐饮服务工作的六大技能,能够熟练使用托盘、折叠口布花、铺台布、进行中西餐摆台及为客人上菜、分菜,从而为提供优质服务打下良好基础。具体而言,我们应掌握中餐厅午、晚餐服务的具体流程,掌握扒房的服务流程,从而做好零点餐厅的服务管理工作,为成为一名优秀的服务人员和基层管理人员打下良好的技术基础。

【项目测试】

1. 轻托装盘的原则和基本要领是什么?
2. 餐巾花型的选择原则和基本摆放要求是什么?
3. 中餐斟酒的顺序和注意事项是什么?
4. 铺台布的基本要求是什么?
5. 摆台的基本要求是什么?
6. 简述中餐宴会的摆台程序。
7. 简述西餐宴会的摆台程序。
8. 中餐上菜的位置和方法是什么?
9. 中餐分菜的操作规范有哪些?
10. 中餐厅服务流程有哪些?
11. 西餐扒房服务流程有哪些?

8

案例分析

如何与客人沟通

一、案例介绍

在北京某四星级酒店的餐厅里,晚餐时间,生意兴隆,客人非常多,实习生小燕忙得不可开交,直到闭餐时间,客人们才渐渐离去,小燕这才稍微放松一下。这时,小燕环顾餐厅,看到有一位先生与一位小姐坐在那里聊天。小燕走近餐桌一看,盘子里的菜没有多少了,两位客人也不再吃了,就以为客人吃好了,便想把他们桌上的盘子撤掉,只留茶水,好为客人提供更好的谈话环境。小燕走过去为客人添了茶水,对客人说:"如果您不吃了,我可以把这些盘子拿掉吗?"谁知客人一听就不高兴地说:"你的意思是不是让我们走啊?"小燕连忙道歉:"对不起,我不是这个意思,请您慢用。"客人这才消了气。时间不长,那两位客人看看餐厅就剩他们了,就起身离开了餐厅。

二、案例思考

1. 客人的误会是如何产生的?
2. 如何避免引起客人误会,同时又能达到自己的初衷?

【项目延展】

扒房就餐礼仪

西餐扒房的就餐礼仪是十分体系化的,了解这些礼仪有助于更好地为客人服务。

一、预约

一般来说,越高档的饭店越需要事先预约。预约时,不仅要说清人数和时间,还要表明自己对于座位的偏好。如果是生日或其他特别的日子,可以告知宴会的目的和预算。在定好的时间内到达,是基本的礼貌。

二、着装和进入餐厅的礼仪

就餐时,穿着得体是常识。去高档的餐厅,男士要穿整洁的上衣和皮鞋,女士要穿套装和有跟的鞋子。如果指定穿正式服装的话,男士还必须打领带。切记,再昂贵的休闲服也不能随意穿着去西餐厅。

进入餐厅时,男士应先开门,请女士进入。服务员带位的时候,也应请女士走在前面。入座、餐点端来时,请女士优先。即使是团体活动,也应请女士们走在前面。

领位者把椅子推进,客人腿弯碰到后面的椅子时,就可以坐下来。就座时,身体要端正,背部紧贴椅背,手肘不可放在桌面上,不可跷足,与餐桌的距离以便于使用餐具为佳。此时,可把餐巾打开,往内折三分之一,让剩余的三分之二平铺在腿上,盖住膝盖以上的双腿。不可将随身携带的皮包放在餐桌上,餐桌上已摆好的餐具也不要随意摆弄。不可中途离席,如有特殊情况,应向同桌人说明情况,并表示抱歉。

三、进餐过程中的注意事项

进餐过程中,不要解开纽扣或当众脱衣。如主人请客人宽衣,男性客人可将外衣脱下搭在椅背上,不要将外衣或随身携带的物品放在餐桌上。进餐时,应与左右客人交谈,但应避免高声谈笑,不要只同几个熟人交谈。左右客人如不认识,可自我介绍。咀嚼食物的时候不要说话,更不可主动与别人说话。不可在餐桌边化妆或用餐巾擦鼻涕。用餐时,打嗝是最大的禁忌,万一发生此种情况,应立即向周围的人道歉。取食时,不要站起来,坐着拿不到的食物应请别人传递。

四、享用食品的规矩

面包的吃法是:先用两手撕成小块,再用左手拿来吃。吃硬面包时,用手撕不但费力而且会使面包屑掉落满地,此时可用刀先将其切成两半,再用手将其撕成块。避免像用锯子一样割面包,应先把刀刺入另一半。切时可用手将面包固定,避免发出声响。

吃鸡时,不可用手拿,应先用力将骨头去掉,然后一块块切开吃。吃鱼时,不要将鱼翻身,要吃完上层后用刀叉将鱼骨剔掉后再吃下层。吃肉时,要切一块吃一块,块不能切得过大,或一次将肉都切成块。处理鱼骨头时,应先用刀在鱼鳃附近刺一条直线,刀尖不要刺透,刺入一半即可。将鱼的上半身挑开后,从头开始,将刀放在骨头下方,往鱼尾方向划开,把骨剔掉并挪到盘子的一角,最后再把鱼尾切掉。

五、酒、汤和咖啡的饮用

酒不能吸着喝,饮酒者应倾斜酒杯,像是将酒放在舌头上似的喝。轻轻摇动酒杯,让酒与空气接触可以增加酒味的醇香,但猛烈摇晃杯子是不可取的。此外,一饮而尽、边喝边透过酒杯看人,都是失礼的行为。不要用手指擦杯沿上的口红印,用面巾纸擦是比较好的。

汤也不能吸着喝。应先用汤匙由后往前将汤舀起,汤匙的底部放在下唇的位置将汤送入口中。汤匙与嘴部呈 45° 较好。身体的上半部应略微前倾。碗中的汤所剩不多时,可用手指将碗略微抬高。如果汤是用有握环的碗装的,可直接拿住握环端起来喝。

喝咖啡时,如果愿意,可添加牛奶或糖,添加后要用小勺搅拌均匀,将小勺放在咖啡的垫碟上。喝时应右手拿杯把,左手端垫碟,直接用嘴喝,不要用小勺一勺一勺地舀着喝。

六、刀、叉、匙的使用

使用刀、叉、匙的基本原则是右手持刀或汤匙,左手拿叉。若有两把以上,应由最外面的一把依次向内取用。刀叉拿法的要领是“轻握尾端,食指按在柄上”。汤匙则用握笔的方式拿住即可。如果感觉不方便,可以换右手拿叉,但更换频繁则显得粗野。吃体积较大的蔬菜时,可用刀叉来折叠、分切。较软的食物可放在叉子平面上,用刀子整理一下。

如果吃到一半想放下刀叉略作休息,应把刀叉以八字形状摆在盘子中央。刀叉凸出到盘子外面,不安全也不好看。边说话边挥舞刀叉是失礼的举动。用餐结束后,应将刀叉平行摆放。

8

项目九

宴会组织管理

学习目标

1. 了解中西不同宴会种类,熟悉中餐宴会特点要求。
2. 明确中餐场景设计内容,识记中餐宴会服务流程。
3. 具备团队沟通协作能力,组织完成宴会服务工作。
4. 具有创新意识发展理念,凝练设计新颖宴会主题。

典型任务

1. 根据宴会主题和客人需求,设计主题宴会筹备计划方案。
2. 根据中餐宴会的服务流程,设计中餐宴会服务实施方案。
3. 根据西餐宴会的服务流程,设计西餐宴会服务实施方案。

🌱 【项目导入】

2016 年,"G20"峰会在中国杭州举办。这是这个组织自诞生以来首次来到中国,也是近年来中国主办的级别较高、规模较大、影响较深远的国际峰会。中国素有"礼仪之邦"之称,尤其注重"待客之道",正值有远客从八方来,齐聚杭城,共赴"G20"盛会之际,作为东道主,我们从每个细节向贵宾们展示了中国文化的独特魅力。西湖美景、江南风韵、丝竹声声、美酒佳肴,把全世界的目光聚焦在杭州的绝美夜色。

本次国宴在有近百年历史的西子宾馆举行。西子宾馆位于杭州"西湖十景"之一"雷峰夕照"山麓,与"苏堤""三潭印月""柳浪闻莺"等著名景点隔湖相望,湖光山色尽收眼底。音乐方面,国宴在经典名曲《喜洋洋》的欢快旋律中开始,其后,共有 26 首外国乐曲联奏,最后以中国名曲《花好月圆》压轴。

餐具方面,东道主共设计三套雅致大气的瓷花面餐具,主题分别为"西湖韵""国色天香""繁华盛世",设计创作灵感来源于西湖的山水。整套餐瓷体现"西湖元素、杭州特色、江南韵味、中国气派、世界大国"的基调。图案采用传统"青绿山水"工笔带写意的笔触创作,将杭州的绿水青山加以朦胧、清雅的展现,取景是人们熟知的西湖"三潭印月"。

菜品设计方面,上菜顺序依次为:清汤松茸、松子鳜鱼、龙井虾仁、膏蟹酿香橙、东坡牛扒、四季蔬果。这些菜肴大多是杭州名菜乃至江南名菜,但东坡牛扒显然融合了西餐的做法,体现兼收并蓄之胸襟。

用酒方面,宴会搭配的酒为张裕爱斐堡国际酒庄 2012 年份赤霞珠干红和 2011 年份霞多丽干白。菜是浓郁的江南风情,酒则是民族企业百年张裕的经典之作。

表演方面,水上情景表演交响音乐会《最忆是杭州》既体现出人们对中国自然景观的热爱和对故乡风物的眷恋,又书写了全人类共通的情感。晚会在交响乐《欢乐颂》中落幕。整台晚会借助灯光水影,亦真亦幻,精彩纷呈,高潮迭起,赢得阵阵掌声。

"G20"欢迎宴会将中华优秀传统文化展现得淋漓尽致,彰显大国风范,也传达了与世界各国相知相近的美好寄望。对此,同学们有什么思考?

🍷 【知识储备】

一、宴会的种类

宴会,是政府机关、社会团体、企事业单位或个人为了满足欢迎、答谢、祝贺等社交目的的需要以及庆贺重大节日,根据接待规格和礼仪程序而举行的一种隆重的、正式的餐饮活动。从不同角度来看,宴会可分为不同的种类。

(一) 根据内容和形式划分

1. 中餐宴会

中餐宴会是中国传统的聚餐形式。这种宴会遵循中国的饮食习惯,以饮中国美酒、吃中国菜肴、用中国餐具、遵循中国传统礼仪为主要特征。

其装饰布局、台面布置及服务等无不体现中国的饮食文化特色。

2. 西餐宴会

西餐宴会是按照西方国家的礼仪习俗举办的宴会。其特点是遵循西方的饮食习惯，采取分食制，餐食以西餐为主，用西式餐具，讲究酒水与菜肴的搭配。其布局、台面布置和服务均体现着鲜明的西方特色。

3. 冷餐酒会

冷餐酒会的特点是不排席位，菜肴以冷食为主，有时也会出现热菜。食品包含中菜、西菜或加以结合，菜肴提前摆在食品台上，供客人自取。宾客可自由活动，多次取食，酒水可陈放在桌上，上述菜品也可由服务员端送。冷餐会既可在室内又可在花园里举行，设小桌、椅子供宾客自由入座，也可以不设座位，宾客站立进餐。根据宾主双方的身份，冷餐酒会的规格和隆重程度可高可低，举办时间一般在中午 12 时至下午 2 时，或下午 6 时至 8 时。这种形式多为政府部门或企业在举行人数众多的盛大庆祝会、欢迎会、开业典礼等活动时所采用。

我国举行的大型冷餐酒会一般依大圆桌设座椅，主宾席排座位，其余各席不固定座位，食品和饮料均事先备好，置于桌上，宴会开始后，宾客自助进餐。

4. 鸡尾酒会

鸡尾酒会是欧美的传统聚餐形式。鸡尾酒会以酒水为主要饮品，略备有小吃食品，形式较轻松，一般不设座位，没有主宾席，个人可随意走动，便于广泛接触交谈。食品主要包括三明治、点心、小串烧、炸薯片等，宾客用牙签取食。鸡尾酒和小吃由服务员用托盘端上，或预先置于小桌上。酒会举行的时间较为灵活，中午、下午、晚上均可，有时在正式宴会前。请柬往往注明整个活动延续的时间，宾客可在任何时间入席或退席，来去自由，不受拘束。

（二）根据菜肴规格标准、服务水平划分

1. 国宴

国宴是国家元首或政府首脑为举办国家庆典或欢迎外国元首、政府首脑而举行的正式宴会。这种宴会规格最高，由国家元首或政府首脑主持，还有国家其他领导人和有关部门的负责人以及各界名流出席，有时还会邀请各国使团的负责人。国宴厅内悬挂国旗，安排乐队演奏两国国歌及席间乐，席间有致辞或祝酒环节。国宴的礼仪特别隆重，要求特别严格，安排特别细致周到。宴会厅布置力求烘托庄重、热烈的气氛。

2. 正式宴会

正式宴会通常是政府、社会团体以及其他有关部门为欢迎应邀来访的宾客，或来访的宾客为答谢主人而举行的宴会。正式宴会不挂国旗、不奏国歌，出席规格与国宴不同，其余安排与国宴大体相同。正式宴会有时

9

要安排乐队奏席间音乐,宾主按身份排位就座。许多国家的正式宴会十分讲究排场,在请柬上会注明对于服饰的要求。对餐具、酒水、菜肴道数、陈设及服务员的装束、仪态的要求都很严格。

3. 便宴

便宴是非正式宴会,常见的便宴有午餐、晚宴。这类宴会不拘泥于严格的礼仪,随便、亲切,可以不安排固定座位,不发表正式讲话,菜肴数也可酌减,多用于招待熟识的宾朋好友以及生意上的伙伴等。便宴的气氛比较轻松和自由,没有特定的主题和较为重要的背景,目的是使参加者心情舒畅。

二、宴会的特点和服务要求

(一) 中餐宴会的特点和服务要求

1. 消费标准高

中餐宴会注重排场,消费标准高,大多采用一些规格高、价格昂贵的名贵珍品为原料,做工精细考究。宴会的接待、宴会厅的布置、宴会中的服务都会花费较多的人力和物力,因而其消费水准比其他餐饮形式要高得多。

2. 就餐人数多

中餐宴会一般设十几桌至几十桌,甚至上百桌。每桌通常设 10 个座位。在同一就餐环境和同一时间段内,服务员要服务成百上千的客人同时就餐,和普通餐饮形式相比,服务员更要有随机应变的能力和在就餐过程中处理突发事件的能力。

3. 涉及部门广

宴会的服务和组织工作往往涉及酒店内部各部门、各工作环节,如原料的组织、产品生产、收入核算、安全保卫等。即使一般的中小型的宴会也如此。

4. 服务水平高

中餐宴会的服务严格遵循礼仪程式。在接待客人时,常常选用知识素养过硬、服务技能高超的服务人员,按照一定的服务标准有序地提供服务。

(二) 西餐宴会的特点和服务要求

西餐宴会的特点是遵循西方国家的饮食习惯,采取分食制,其菜点以西菜为主,用西式餐具,同时,讲究酒水与菜肴的搭配,注重营养搭配,讲究服务质量,具有标准的服务流程。西餐宴会的布局、台面布置和服务均具有鲜明的西方特色,注重营造浪漫、温馨、安静的就餐环境。

在西餐宴会中,服务人员在服务过程中还需要重点注意以下事项。

1. 同步上菜,同步收拾

在宴会中,同一种菜单项目需同时上桌。若有人不吃其中一项,仍需等大家皆用完该道菜并收拾完毕后,再和其他客人一起享用下一道菜。

2. 确保餐盘及桌上物品干净

上菜时,服务人员须注意盘子边缘是否干净,若不干净,应用服务巾将其擦干净后,再将菜上给客人。餐桌上的摆设物品,如胡椒罐、盐罐或杯子等,也须加以留意。

3. 保持菜肴应有的温度

服务时,应注意食物原有温度的保持。有加盖者,需于上桌后再打开盘盖,维持食物应有的温度。盛装热食的餐盘也需在预先加热后才能用以盛装食物。因此,服务用的餐盘或咖啡杯,必须存放在具有保温功能的保温箱中,而冷菜类菜肴绝对不能使用保温箱内的热盘子来盛装,以防破坏菜肴应有的温度。

4. 餐盘标志及主菜肴应放置在既定方位

使用印有标志的餐盘时,应将标志正对着客人。在盛装食物上桌时,菜肴要讲究一定的放置位置,主菜(例如牛排)必须靠近客人。点心、蛋糕若有尖头者,其尖头应指向客人,方便客人食用。

5. 调味酱应于菜肴上桌后呈送

调味酱分为冷调味酱和热调味酱。冷调味酱一般由服务员放在服务桌上,待客人需要时再取,例如番茄酱、芥末等;热调味酱则由厨房调制好后,再由服务人员以分菜的方式呈送。最理想的服务方式应为一人呈送菜肴,一人随后呈送调味酱,或者在端菜上桌之际向客人说明调味酱随后呈送,以免客人不知另有调味酱而先行食用。

6. 服务有壳类或需用到手的食物时,应提供洗手盅

凡是需用手处理的菜肴,如龙虾、乳鸽等,均需供应洗手盅。洗手盅内盛装约 1/2 的温水,碗中通常放有柠檬片或花瓣。有些客人可能不清楚洗手盅的用途,因此,服务员最好稍作说明。随菜上桌的洗手盅也是该道菜的附属餐具之一,收盘时必须一起收走。

7. 拿餐具时,不可触及入口的部位

基于卫生的考虑,服务人员拿刀叉或杯子时,不可触及刀刃或杯口等将与人口接触之处,而应拿其柄,当然,手也不可与食物碰触。水应随时添加,直到客人离去为止。服务人员应随时帮客人倒水,维持适当的水量,一般在满杯的 1/2～1/3,直到客人离去。

8. 注重气氛

西餐宴会十分注重气氛,但不同于中餐宴会,西餐宴会是在一种优雅文静的氛围中进行的。服务员应当反应灵敏,注意自己的举动,步履应轻快,动作应敏捷干脆,不得发出响声。向客人介绍菜单或征询(请示)意见时,声音以客人听得清为好。背景音乐要柔和,为客人营造美妙的气氛与浪漫的情调。

9

【项目实施】

任务一　宴会筹划设计

一、宴会场景设计

在设计宴会场景时，我们需要根据宴会的性质、形式、档次、参宴人数，对宴会举办场地进行选择和利用，并对环境进行艺术加工和布置创作。宴会场景设计工作的基本要求如下。

中餐主题
宴会题库

（一）宾客导向意识

"宾客满意的宴会，才是成功的宴会"。因此，场景设计者首先要考虑宾客的需求。宾客的需求具有多样化、层次性、多变性、流行性、突发性等特点，场景首先应满足大多数宾客的主要需求，然后侧重迎合其中少数特殊人物的特殊需求。参加宴会者通常由四种人组成，即主宾、随从、陪同和主人。主宾是宴会的中心人物，常被安排在最显要的位置；随从是主宾带来的客人，伴随主宾，烘云托月，其地位仅次于主宾；陪同是主人请来陪伴客人的人，相当于半个主人，在敬酒、劝菜、攀谈、交际、烘托气氛、协助待客等方面均起着积极的作用；主人即宴会的主办者，宴会要听从他的调度与安排，以达到他宴请的目的。因此，宴会的场景设计方案首先要满足主办者的要求，考虑主人的需求，兼顾其他参宴者的需求。对于大型宴会，设计者则要拟定应急方案，做到有备无患。

（二）立意清晰，突出主题

宴会主题就是宴会主办者的设宴意图。我们必须根据宴会主办者的设宴意图，设计准确的宴会主题，摆设、台布、布草、点缀、灯光、色彩等都需紧扣主题。其中，宴会厅的主墙面应是整个场景的重心，也是突出主题的重要载体。如婚宴，我们可在墙上挂"龙凤呈祥"图、双喜字，贴对联。

（三）科学选择场景

场景主要是指宴会所在场地的自然环境和餐厅装饰环境。不同的用餐环境对宴会主题和进餐者的心理状况可以产生不同的影响。良好的场景可以突出宴会的主题，增强宾客在宴饮时的愉悦感受，方便服务员工作。因此，设计者应针对主题选择美观、大方、实用的场景，首先利用自然美，让大地日月、湖光山色、海滩草原作为宴会背景，如海滩宴、船宴、湖畔宴、草地酒会等，让宾客在自然美景的环抱中享受美食，然后根据宴会主题和参加者的审美心理，选择相应风格的布局和装饰。

（四）合理布置场地

宴会的场地布置方案要根据宴会的性质、形式、主办单位的具体要

求、参加活动的人数、宴会厅的形状和面积等情况来进行科学的设计和安排。要遵循"中心第一,先右后左,高近低远"的台形布置原则,同时要注意餐桌间的距离。在多桌宴会中,要尤其考虑方便宾客进餐、离座敬酒,便于服务员穿行服务等事项。其次,当一厅之中有多场宴会同时举行时,要避免干扰,可用屏风或活动门加以隔断,若有必要,还要设计不同的出入通道。

(五) 注意环境点缀

为烘托、增强宴会场景的艺术氛围,我们必须注意对宴会场地进行适当的点缀和装饰。点缀的方法有:第一,放置一些花木,使宴会厅生意盎然;第二,在墙面或柱子上挂置一些字画、工艺刺绣挂毯、竹木金属浮雕、高分子瓷仿画、摄影作品及其他小饰物,借以增强宴会厅的文化艺术氛围,起到画龙点睛、烘托宴会主题的作用;第三,放置切合主题的古玩、雕刻制品、座屏及其他工艺品,使宴会厅具有高品位、高格调的特色;第四,利用色彩与灯光来渲染宴会主题,营造意境。

二、宴会菜单设计

宴会菜单设计工作一般包括菜点设计、菜名设计和装帧设计三项内容。

(一) 菜点设计

菜点是宴会的重要组成部分,菜点设计是菜单设计的核心。保证宴会菜点设计的质量是宴会活动最关键的一环。

1. 宴会菜点设计需要考虑的因素

(1)宴会的主题、性质。

(2)参宴宾客的口味、餐饮习惯、餐饮禁忌、心理需求及特殊要求。

(3)宴会的收费标准。

(4)宴会菜点的特点和要求,如菜点数量、菜点搭配、时令季节、菜点营养。

(5)厨房生产事项,如设备条件、技术水平、原料供应情况。

(6)宴会服务事项,如接待能力、服务方式、上菜次序。

2. 中式宴会菜点设计

关于中式宴会菜点的结构,人们有"龙头、象肚、凤尾"之说,一般由餐前冷碟、气氛菜(拼盘、特色菜)、热荤菜、汤菜、大菜、河海鲜、斋菜、单尾(主食、甜品、水果)等组成。冷菜造型美丽、小巧玲珑,热菜是宴会的精髓,包括热炒和大菜。大菜又有头菜和热荤大菜之分。其中,头菜是整桌菜点中原料最好、质量最精、名气最大、价格最贵的菜肴,常安排在最前面,统率全席,是判断宴会食品规格的标准,因此要保证设计醒目,盛器要大,装盘要丰,注意造型;热荤大菜是菜肴的支柱,常会安排 2～5 道,多由鱼虾、禽畜、蛋奶以及山珍海味组成。菜点要注意款式和档次,讲究造型

9

和配器,烘托宴会气氛,突出办宴意图,调节宴会菜点的营养构成,保证菜肴色、香、味、形、器、名、质的有机结合。

3. 西式宴会菜点设计

西式宴会中,正式宴会的菜点包括面包、黄油、开胃头盘、汤、鱼、副菜、主菜(可配色拉)、甜品、水果等内容。其中,主菜是整套菜的灵魂。冷餐会的菜点以冷菜为主,以热菜为辅,菜点品种丰富多样,一般在 20 种以上。举一例,如果共有 25 种菜点,冷菜则可安排 15 种,占 60%;热菜可安排 4 种,占 16%;点心可安排 6 种,占 24%。鸡尾酒会以饮为主,以吃为辅,菜点相对较少,结构为:鸡尾小点(canapes)、冷盘类(cold cut)、热菜类(hot item)、现场切肉类(carving item)、绕场服务小吃(pass around or special addition)、甜点及水果(pastries & fruit plate)、佐酒小吃(condiments),菜点制作精美,讲究营养搭配。

(二)菜名设计

美食配以美名,方显其名贵。宴会中的菜名,需根据宴会的性质、主题加以命名,使菜名主题鲜明、寓意深刻、清新雅致、如诗如画,让宾客见之悦目,听之悦耳,从而感悟到宴会的主题和饭店独具匠心的盛情。如婚宴菜单中常见的"花好月圆""鸳鸯戏水""龙凤呈祥""珠联璧合""百合莲心"等;寿宴中常见的"寿比南山""龟鹤长寿""松鹤延年""瑶池赴会""万寿无疆"等;凯旋宴中常见的"事事如意""全家福""玉凤还巢"等,都是具有美好寓意的菜名。

(三)菜单装帧设计

与零点餐厅菜单不同,宴会菜单既要体现情、礼、仪、乐的传统,也可以当是一份可供宾客留念收藏的菜单。因此,宴会菜单的装帧设计流程应很考究,主要包括选择制作材料,安排菜单内容,设计菜单的形状、大小、色彩、款式、字体,印刷。菜单的制作材料宜选为经久耐用的重磅覆膜纸、精美的铜版纸或亚光铜版纸。菜单内容按上菜次序排列,一般不印价格。菜单的字体可灵活调整,大小以适合主要宾客阅读为宜。中式宴会的菜单可用飘逸的毛笔字或正楷字;寿宴的菜单可用古朴的隶书、行草;正式宴会的菜单则可用端庄的字体。菜单的形状、款式、大小、色彩应符合别致、新颖、活泼的准则。此外,工艺扇、工艺瓷盘、微型石雕也是独具匠心的装帧设计形式。

三、宴会台面设计

中餐宴会和西餐宴会的台型设计思路不同,具体内容见本项目任务二和任务三,在此不加赘述。

四、宴会服务设计

任何宴会最终都是通过服务来完成的,服务是整个宴会不可或缺的重要环节。宴会服务设计主要包括服务程序与服务标准的设计、服务方式的设计、席间活动的设计以及突发事件处理方案的设计。

（一）服务程序与服务标准的设计

宴会的服务程序与服务标准的设计，就是设计宴会服务的先后顺序及时间安排，并具体确定每一环节服务要求的过程。宴会的服务程序可分为宴会前准备、迎宾服务、就餐服务和宴会收尾工作四个基本环节。宴请性质、规格档次不同，服务标准也不同。中餐宴会与西餐宴会的服务标准不同，国宴、便宴与家宴的服务标准也不同。一般情况下，宴请活动的规格档次越高，服务要求越高。

（二）服务方式的设计

宴会的服务方式取决于宴请的性质和规格档次，同时也反映宴会的规格，进而烘托宴会的气氛，既包括服务人员的礼仪要求，又包括对整个服务流程和服务内容的设计。

（三）席间活动的设计

宴会的席间活动取决于宴会的性质、主题、主办单位的要求、宴会厅设施设备的性能。宴会席间活动的形式主要包括席间音乐、表演活动、自娱自乐等。

1. 席间音乐

席间音乐是宴会必不可少的助兴工具。美味佳酿和优雅舒适的环境，配上优美动听的音乐，可以升华宴会的主旨，给与宴者带来超值的美学享受。在为宴会选择席间音乐的过程中，有如下注意事项：

（1）与宴会的主题相符，如国宴上乐队演奏的两国国歌、婚宴上的《婚礼进行曲》、生日宴会上的《祝你生日快乐》、中餐宴会上的民族音乐《茉莉花》《百鸟朝凤》等。西餐宴会上的西方古典音乐，如肖邦的《小夜曲》等。

（2）与宴会的进程相一致，如迎宾时的《迎宾曲》、开席时的《祝酒歌》、席间的《步步高》和送客时的《欢送进行曲》。

（3）符合与宴者的欣赏水平。

（4）与宴会的环境气氛相协调，注意民族特色和地方特色。

2. 表演活动

表演活动即根据主办单位的需要提供的文艺表演、时装表演或音乐演奏。文艺表演包括地方戏、小品、相声、快板、演唱、评书等，可配以小型乐队伴奏，演唱时可伴舞。时装表演对宴会厅的场地、灯光、音响及布置有较高的要求。音乐演奏是指针对宾客的欣赏水平，结合宴会主题，演奏世界名曲、轻音乐、爵士乐、民乐的表演活动。表演活动的关键是活泼、轻松、丰富多彩、和谐连贯，既有观赏性，又有娱乐性，同时注意舞台、灯光、音响的设计和控制，不能影响宴会的主要活动，喧宾夺主。

3. 自娱自乐

宴会席间的娱乐活动，还可根据主办者的要求采用自娱自乐的方式。如唱歌、有奖竞猜游戏、即兴表演、跳舞等。设计的关键是场地和灯光、音

9

响、设备的布置，兼顾服务员及服务过程的协调配合。

（四）突发事件处理方案的设计

餐饮服务过程中的突发事件有很多，如服务失误引起客人受伤、食物中毒、财物丢失、火灾等；建筑物倒塌、坠物和设施设备故障；地震、水灾、风灾、雷电及其他自然灾害。随着人们观念的改变以及互联网的高速发展，信息的传播对社会舆论的影响日渐增强。从某种意义上说，现代信息传播不再是媒体的专利。对这些突发事件处理不当，将会造成难以估量的后果。

突发事件处理得当，会给客人、公众留下关于酒店管理制度完备、应急预案健全的印象。对于突发事件，只有总经理或由经总经理授权的相关负责人才有资格回答媒体的问题。对于公开发表的文字资料或网络信息，酒店更应该予以重视，一定要在相关负责部门核实无误后再对外发布。在重大突发事件发生后，酒店应立即将相关信息上报上级主管部门，避免信息发布不一致，引起公众的不信任，进而引发更大的危机。记住：只要有错就绝对不要辩解，寻求补救与帮助的态度会让事态不至走向极端，诚实坦荡地面对一切是十分重要的。

遇到突发事件时，员工应在第一时间向上级汇报，提供的信息应尽可能地保证客观、准确，尤其是事件发生的时间、地点、涉及人员、简要经过以及可能的原因。相关人员应尽快赶赴现场开展实地调查，并视严重程度汇报上级部门进行讨论，及时分析各种信息。

总而言之，在遭遇突发事件时，最忌讳的是只靠直觉临时处理，如果没有制定相关的危机处理预案，管理者仅凭主观经验判断事态并制定对策，这是不可取的。此外，餐饮服务业是劳动密集型行业，事发越是突然、意外，越是需要团队合作。有效的培训是团队合作的重要基础。只有在制定健全的应急预案、做好全员培训的基础上，我们才能够最大限度地"以防万一"。

任务二　中餐宴会服务管理

中餐宴会牵涉的面积大，接待人数多，消费水平高，是酒店餐饮收入的重要来源之一，同时也是提高酒店知名度的重要途径。出席宴会的宾客的身份地位大多比较重要，对宴会服务流程、服务标准也有非常高的要求。中餐宴会的服务流程包括以下内容。

一、中餐宴会预订工作

（一）宴会预订的联络方式

1. 电话预订

电话预订是与客户进行联络的主要方式，常用于预订小型宴会、查询

9

中餐宴会
服务流程

和核实细节、促进销售等。涉及大型宴会，需要面谈时，电话预订也有助于确定会面的时间、地点等。

2. 面谈预订

这是较为有效的预订方法。宴会预订员与宾客当面洽谈，讨论所有的细节，解决宾客提出的特别要求，讲明付款方式，填写订单，记录宾客信息资料，以便日后用信函或电话的方式与客户联络。

3. 传真预订

对于所有客户传来的询问传真，我们都必须立即作出答复，并附上建议性的菜单，此后，以信函或面谈的方式与其达成协议。

4. 信函预订

对于所有客户寄来的询问信，我们都必须立即作出答复，并附上建议性的菜单。回信时，字迹要工整。

(二) 宴会预订程序

宴会预订业务都要遵循一定的程序进行，这对于接受预订以及计划、安排好一场宴会是十分必要的。这些程序使宴会得以有步骤、按计划地顺利办好。

1. 热情接待

宴会预订员应热情、礼貌地接待每一位前来预订宴会的客人。看到客人前来，预订员应起身相迎。在客人入座后奉上茶水和毛巾，自报姓名和职务并询问客人的姓名。在得知客人姓名后，应以姓尊称客人。在客人讲述宴会要求时认真倾听，作好记录，不要随意打断客人的谈话。同时，应主动向客人介绍餐厅的宴会设施和宴会菜单，做好推销工作，回答客人的所有提问。

2. 认真记录

向客人了解所有与宴会有关的要求，如举行宴会的日期、参加宴会的人数、宴会的形式、人均消费标准以及所需提供的额外服务和物品；在宴会登记本上把所有预订好的宴会和与之有关的事项记录下来。对未定下的宴会，预订员要与主办方保持联系。对于已确定的宴会，预订员同样需要与甲方保持联系，以便及时了解宴会相关事项，如人数、日期的变更等信息。

3. 签订宴会合同书

一旦宴会安排得到确认，经过认可的菜单、饮料、场地布置示意图等细节资料，应立刻以确认信的方式送交客人，并附上一联、二联宴会合同书，经双方签字后生效。

4. 收取定金

定金通常为合同金额的 10%，付完定金才表示该宴会场地确实已被定下。否则，一个大型宴会若被临时取消，势必对餐厅造成重大损失。因此，预收定金对餐厅而言实属一种自保方式。

5. 确认和通知

在宴请活动举行的前几天,必须与客人再次联系,进一步确认已谈妥的所有事项,确认后提前填写"宴会通知单"(表9-1)并将其送往各有关部门;若确认的内容与原先有异,应立即填写"宴会变更通知单"并发送有关部门,注明预订单的编号。

6. 督促检查

宴会预订员在活动举行的当日应督促检查大型宴会活动的准备工作,及时发现问题并加以纠正。

7. 反馈信息并致谢

宴请活动结束时,应主动向宴会的主办单位或主办人征求意见,发现问题后,及时补救改进,并向他们表示感谢,以便今后加强联络,为开展进一步的合作奠定基础。负面的信息反馈可指出需要改进的地方,正面的信息反馈则能够提升餐厅的信誉度与形象。

表9-1 宴会通知单

编　　号＿＿＿＿＿

宴会名称＿＿＿＿＿＿＿＿＿＿　预订者＿＿＿＿＿＿

地　　址＿＿＿＿＿＿＿＿＿＿　联系电话＿＿＿＿＿

宴请时间:由＿＿＿＿至＿＿＿＿　星期/日期＿＿＿＿

宴会类别＿＿＿＿＿＿＿　宴会场地＿＿＿＿＿＿

菜单价格＿＿＿＿＿＿＿　饮料价格＿＿＿＿＿＿

预订人数＿＿＿＿＿＿＿　最低人数＿＿＿＿＿＿

定　　金＿＿＿＿＿＿＿　其他费用＿＿＿＿租金＿＿

结账方式＿＿＿＿＿＿＿　注意事项＿＿＿＿＿＿

预订单发送日期＿＿＿＿　发送人＿＿＿＿＿＿

菜单与临时酒吧:	宴会厅布置: 宴会指示牌: 台型摆放: 布件: 花草: 工程装潢: 宴请设备要求: 签到台 演讲台 麦克风 黑板 文具 会议桌 摄影机 电视 录像机 幻灯机 电影机 银幕 射灯 表演台 舞池 音响 台花 照相员 指示板

发送部门:前厅　总机　总经理室　财务部　工程部　客房部　餐饮部　安全部　酒吧　厨房　行李部　公关部　采购部　宴会部

8. 建立宴会预订档案

将客人的有关信息和活动资料整理归档,着重记录客人对菜肴、场地布置等事项的特殊要求。对常客更要收集详细资料,如场地布置图、菜单、有关信件等,以便下一次有针对性地提供服务。

(三) 注意事项

若客人在宴会前临时提出变动申请,预订员应迅速填写"宴会变更通知单",发往相关部门,注明原预订单的编号,写清更改的具体内容;若客人取消预订,预订员应及时填写"预订取消报告",迅速发送相关部门,注明原预订单的编号;最后,对不能向客人提供服务表示遗憾,希望下次有机会合作。

二、中餐宴会准备工作

中餐宴会的要求较高,其准备工作一定要认真、细致。在举办宴会前,我们要做好以下准备工作。

(一) 掌握情况

1. 宴会服务的"八知"和"三了解"

"八知"是指知台数、知人数、知宴会标准、知开餐时间、知菜式品种及出菜顺序、知单位或房号、知收费办法、知邀请对象。

"三了解"是指了解客人的风俗习惯、了解客人的生活忌讳、了解客人的特殊需要。对于外宾,我们还应了解其国籍、宗教信仰和口味偏好。

2. 规格较高宴会的注意事项

宴会的目的和性质,宴会的正式名称,客人的年龄和性别,有无席次表、座位卡、席卡,有无席间音乐或表演活动,有无主办者的指示,有无特殊要求和想法,司机的接待方式等都要注意。

(二) 明确分工

餐饮部经理或宴会经理应当召开简短的班前会,在准备阶段向服务人员讲意义、提要求、宣布人员分工及服务注意事项。具体包括宴会的要求、形式、程序以及主台、致辞者对服务人员的要求。宴会服务人员在参加会议接受任务后,要明确自己工作岗位的职责要求,明确本岗位工作的内容、程序和方法。

(三) 宴会布置

宴会布置工作应按照预订信息开展。

1. 场地布置

宴会的接待规格较高,形式较为隆重,中餐宴会多使用大圆桌。我们应该根据餐厅的形状和大小以及赴宴的人数安排场地,桌与桌之间的距离以方便服务人员提供服务为宜。主桌应该位于面向餐厅正门的位置,使主人可以纵观整个餐厅或者宴会厅。主宾入席和退席的线路应设为主行道,比其他的通道宽一些。不同桌数下,布局方法应有所区别,但一定要做到"台布铺置一条线,桌腿一条线,花瓶一条线",突出主桌,使各桌相互照应。宴会场地的布置模式如图 9-1 所示。

9

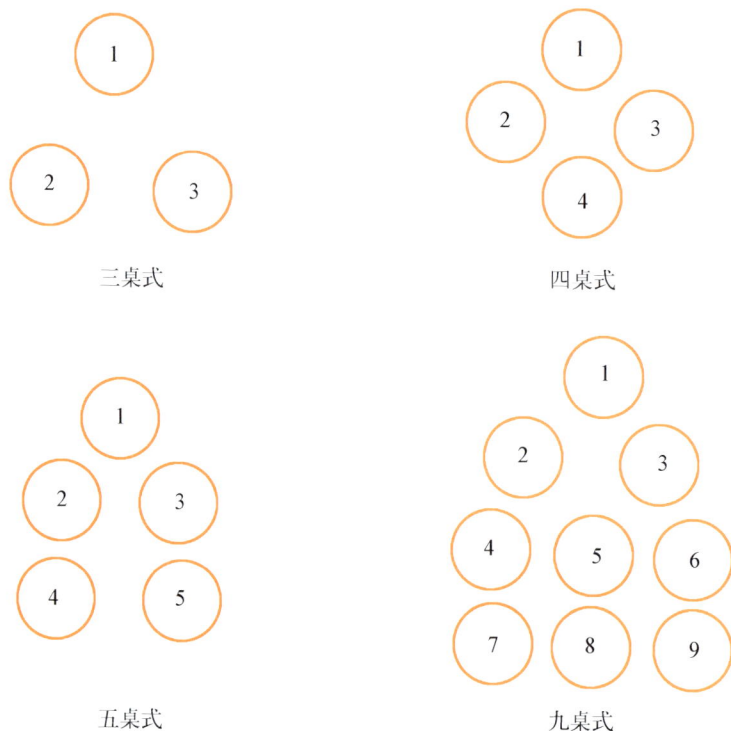

图 9-1 宴会场地的布置模式

2. 席次安排

在宴会中,席次是指同一张餐桌上席位的地位关系。中餐宴会中,席次安排的具体规则有四:其一,面门为主;其二,主宾居右;其三,好事成双;其四,各桌同向。中餐宴会座次安排如图 9-2 所示。

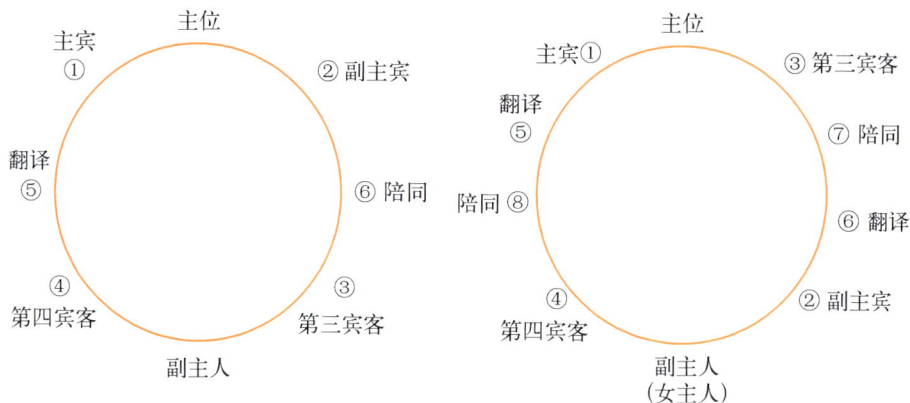

图 9-2 中餐宴会座次安排

中餐宴会通常涉及主人、副主人、主宾、副主宾及其他陪同人员,座次安排相对固定。

(1) 背对着餐厅重点装饰面、面向众席的是"上首",主人在此入座,副主人坐在主人对面,主宾坐于主人右侧,副主宾坐于副主人右侧,或者主人左侧。

（2）当客人在餐厅举行高规格的中餐宴会时，餐厅员工要协助主办人按主次排好座次，或将来宾姓名按位次高低绘制在平面图上，张贴到餐厅入口处，引导宾客入席就座。

3. 餐具摆设

餐具摆设应从主位开始，服务人员左手托盘，右手摆放餐具。个人席位上，摆放餐具的宽度不应窄于 40 cm 或者餐椅宽度。在摆放餐具时，如果宴会人数众多，餐具较多，我们也可以采用多人流水作业的方式摆放餐具，一个人摆一种，依次摆放。

在摆放餐具时，还应注意一些小问题：汤勺应该放入汤碗或者调味碟内；消毒的筷子应该用筷套封装；桌面上使用的花瓶或者台花，其高度以不阻挡视线为准；主位的口布造型应该比其他座位上的略微高一点；每个餐桌的餐具应该多备出 20%，以备不时之需。中餐宴会的详细摆台规则见项目八任务一中的内容。

4. 熟悉菜单

服务人员要熟悉本次宴会菜单的内容和各菜式的制作方法、口味特点、历史典故，做好上菜、分菜和回答宾客询问的准备。

5. 物品准备

根据宴会要求，准备好各式服务用具，备好菜肴应跟配的佐料，备好鲜花、香烟、水果等物品。

6. 铺设餐台

宴会开始前 1 小时，按宴会通知单上的具体要求摆台，面向宴会厅的入口摆放桌签，在每个餐位的水杯前放立式席次卡。

7. 摆放冷盘

大型宴会中，为了防止开餐时的忙乱，一般在宴会开始前 5～10 分钟摆上冷盘。

8. 全面检查

准备工作就绪后，服务人员要对自己的本职工作加以认真检查，最后由领班或者主管做进一步全面检查。

三、中餐宴会迎宾服务

中餐宴会的宾客通常比较多，我们不能因此而忽视或降低了服务标准。宴会迎宾服务的具体程序如下。

（一）热情迎宾

服务人员应站在餐厅门口，保持正确的站姿，礼貌地迎候客人；当客人来到餐厅时，热情礼貌地问候客人，基本用语有："您好"或"你好"。清晨（十点钟以前）可使用"早上好""您早"等，其他时间可使用"您好"或者"欢迎光临"。

9

（二）接挂衣帽

小型宴会一般不专设衣帽间，只在宴会厅门旁放置衣帽架，由服务员接挂衣帽。规模较大的宴会，专设衣帽间，由专人负责接挂衣帽。重要客人的衣帽应挂在较为明显的位置。衣帽间服务员要凭记忆进行准确服务，挂衣时握紧衣领，避免衣袋内的物品滑出。

（三）拉椅让座

各值台人员应和迎宾员一起为客人礼貌地拉椅让座。

（四）递巾送茶

客人入座后，值台人员应按"先客后主、先女后男"的顺序为客人递上香巾并斟倒茶水，茶水倒七分满即可，随后奉上湿毛巾，冬季奉上热毛巾，夏季奉上凉毛巾。服务时，毛巾必须整齐置于毛巾篮内，由服务人员左手提毛巾篮，右手夹取，逐一送给客人。有些餐厅则预先摆放一个毛巾碟于餐盘左手边，等全部客人就座后，再于上菜前奉上毛巾。

（五）餐前服务

客人入座完毕，服务员应从主宾开始按顺时针方向依次为每位客人落餐巾、撤筷套；紧接着撤走座位卡，根据就餐人数补充或撤去餐具；及时（主人讲话时）通知厨房做好相关热菜的出菜准备工作；通知收银台做好结账准备以便随时应对客人结账。

四、中餐宴会席间服务

（一）斟酒

客人就座后，服务人员须趋前询问其欲饮用的酒水饮料，务必在前菜尚未上桌前倒好酒或饮料，保证在主人敬酒时，宾客可以马上举杯。在客人杯中的酒水所剩不多时，要适时（如客人干杯后，或白酒、葡萄酒余下 1/3，或软饮料余下 1/2 时）为客人续酒，直至客人示意不需要为止。酒水用完后，应征询主人是否添加。

（二）上菜

从厨房端出菜肴后，在翻译与陪同之间上菜，将其轻放于转盘边缘，以顺时针的方向将菜肴转到主宾、主人面前，报出菜名并简要介绍特色。在上最后一道菜的时候，服务人员要告知客人"菜已上齐"，以便主人安排相关事项。

（三）分菜

根据客人的需求，为客人进行分菜服务。具体内容见项目八任务一中的相关内容。

（四）撤换餐具

进餐过程中，要根据服务方式的要求及时为客人更换餐碟。高档宴会中,每一道菜都必须更换餐碟。一般宴会中,根据进餐情况适时更换即可。撤换时,若餐盘中还有未吃完的食物,应征求客人意见,或撤走,或留下,或并入新换上的餐碟。

进餐过程中要勤巡视,细心观察客人的表情和需求,主动提供服务。例如,主人、主宾离席讲话或敬酒时,服务员应立即将相关酒水用托盘放好,站在主人或主宾之后准备斟酒。客人席间离座,应主动帮助拉椅,整理餐巾,客人回座时,再次拉椅让座,递铺餐巾等。

(五)更换湿巾

一餐当中应供应毛巾三次,在就座、餐中与上点心时进行。现在,出于卫生、安全的考虑,各大餐厅已尽量减少湿毛巾的使用,避免大量荧光剂对人体造成伤害。

(六)供应洗手盅

遇到需以手辅助食用的菜肴(如带壳的虾类或螃蟹类)时,洗手盅必须随菜供应。贵宾式服务中,服务人员应为每位宾客准备一只洗手盅。在西餐中,洗手盅皆盛以温水,再加上柠檬片或花瓣,在中餐里则常用温茶加柠檬片或花瓣。

(七)供应点心前需清理桌面

鱼通常是最后一道主菜,在客人用完鱼之后、上点心之前,服务员应先将客人面前的骨碟、筷架、筷子、小味碟等整理干净,转盘上的配料及剩余的菜肴也需一并收拾,将餐桌约略整理后,为每位宾客换上新骨碟和点心叉,然后方可上点心。

(八)奉上热茶

上完点心和水果之后,服务员必须再为客人奉上一杯热茶。

五、中餐宴会结束工作

(一)结账服务

(1)清点酒水、香烟、水果,核对宴会人数以及菜单外的额外消费,如陪同和驾驶员的工作餐费等,及时通知收银台,以免漏账。

(2)付账时,现金现收,交收款员;若是住店客人签单,要核对住房卡,请客人签名后交收款员;如果是单位宴请,签单时,核对签单人的单位工作证,然后将账单交给收款员;账单票据及找回的零钱,应用小托盘呈送给客人,然后向客人表示感谢并收回小托盘,退一步再转身。

(二)礼送客人

(1)在客人提出宴会结束时,服务员要提醒客人带好携带的物品,并将代为保管的物品交给客人,拉椅送客。

(2)遵循"迎客走在前,送客走在后"的原则,热情地欢送客人,礼貌地向每位客人道别,欢迎其再次光临。

9

（三）收台清扫

（1）客人离去后，及时检查地毯、台布、椅面上有无燃着的烟头。

（2）检查桌子及地面有无客人遗留的物品，拾到后及时还给客人，无法追送时，应交餐厅领班及主管处理。

（3）将餐巾、毛巾、杯具、餐具、银餐具等按顺序分类收拾、叠放整齐并送到餐务组洗涤，防止杯具、餐具因摩擦和摆放不当而破碎。银餐具要进行清点，及时清理并妥善保管。

（4）将剩余的酒水如数退还给吧台，办好领退手续。

（5）按要求清理现场，重新铺台，准备迎接新的客人。

（6）整理各类用具，按规定位置摆放整齐。

（7）整理工作台，关闭各种电气设备，接受领班检查，关灯、锁门后，将钥匙交保安部。

任务三　西餐宴会服务管理

一、西餐宴会准备工作

（一）掌握宴会的具体内容

策划者应当掌握宴会的时间、地点、人数、费用、菜肴、酒水、设施、名称、布置、预订单位的名称等具体信息。

西餐宴会
服务流程

（二）布置宴会会场

策划者应调试好音响等设施，并检查灯具有无损坏，根据宴会通知单的要求提前布置好宴会厅，宴会厅内要设有相适应的装饰品，如壁画、油画、书法作品、花草等。宴会厅环境应当协调、清洁、美观、大方，使宾客一进入宴会厅既有优美、舒适、愉快的感觉，又有豪华、高雅之感。西餐宴会厅墙壁装饰的图案要有西方特色，一般挂有各种油画、水彩画，内容也应符合相应的欣赏习惯和艺术特色。台型要依据宴会通知单摆好，宴会前的环境卫生、餐具卫生、宴会厅员工的个人卫生也应当得到保障。

西餐宴会一般使用长台，长台可以是拼接的。台子的大小和台型的排法可根据宴会的人数、宴会厅的形状和大小、服务的组织方式、宾客的要求来进行设计，保证尺寸对称、出入方便、图案新颖；椅子之间的距离不得少于20厘米，餐台两边的椅子应对称摆放。常见的台型有"1"字形长台、"T"字形长台、"I"字形长台、倒"U"字形长台以及"M"字形长台，具体如图9-3所示。总的要求是左右对称，出入方便。确定台型后，我们要按就餐人数安排座椅，主人的座位应正对厅堂入口，保证视线能够纵览全厅。

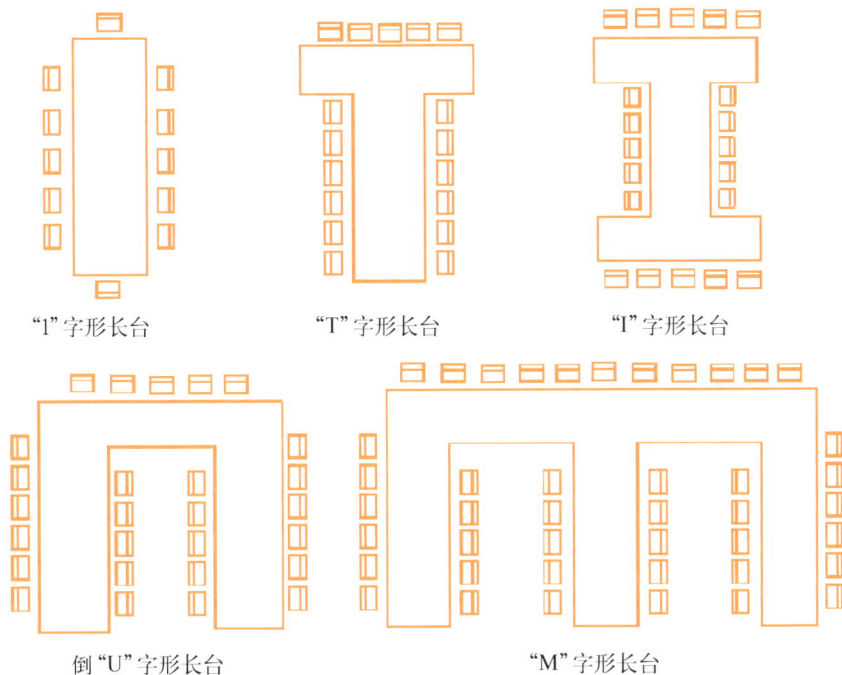

"l"字形长台 "T"字形长台 "I"字形长台

倒"U"字形长台   "M"字形长台

图 9 - 3　西餐宴会台型设计

（三）分菜服务人员

服务人员应根据宴会的规格配备，宴会的规格越高，服务人员就应越多。高档宴会中，每 10 人配备 2 名值台人员、1 名传菜员。一般情况下，在正式的西式宴会开始之前，应先安排半小时至一小时的简单鸡尾酒会，让参加宴会的宾客有交流的机会，相互问候、认识。在酒会进行的同时，服务该宴会的员工必须分成两组，一组负责在酒会现场进行服务，另一组则在晚宴会场进行餐前的准备工作。

（四）摆台

服务员在摆台前应先洗手，保持餐具光亮，无破损，注意餐具的拿取方法。具体摆台方法参见项目八任务一中的内容。

（五）物品准备

（1）大小托盘及服务布巾。

（2）面包篮、夹子、冰水壶、咖啡壶等器具。

（3）晚宴所需使用的餐盘、底盘等器具。

（4）冰桶，放在各服务区，同时将客人事先点好的白酒打开，置放于冰桶中。

（5）备置红酒篮，将红酒提前半小时打开，斜放在红酒篮中，使其与空气接触。

（6）在客人入座 5 分钟前，准备好冰水。

9

（7）在客人入座 5 分钟前，将黄油摆放在餐桌上。

（8）在客人入座 3 分钟前，服务员点亮桌上蜡烛，并站在各自工作岗位上，协助客人入座。

二、西餐宴会餐前服务

西式宴会的餐桌服务方式有着特定的服务流程与准则，具体包括如下内容。

（一）引领客人进入休息室

根据宴会通知单的要求，服务员在宴会开始前半小时或 15 分钟左右，在宴会厅门口迎接先到的客人，礼貌热情地表示欢迎并引领客人前往休息室休息。

（二）餐前送酒服务

服务员用托盘将饮料、鸡尾酒送到休息室，巡回请客人选用。客人坐饮时，服务员要先在茶几上放杯垫，后放饮料杯；客人立饮时，服务员要先送上餐巾纸，后将饮料送给客人。茶几或小桌上要备有虾片、干果仁等小吃。

（三）引领入席服务

在客人到齐、主人表示可入席时，服务员应引领客人前往宴会厅入席。入席时，女士优先，服务员应帮助宾客拉椅子、打开餐巾。

三、西餐宴会就餐服务

西餐宴会多采用美式服务，有时也采用俄式服务，个别宴会采用法式服务。

（一）面包

（1）将面包放入装有口布的面包篮中，然后将其从客人的左手边送入面包盘上。

（2）正式宴会中，客人食用完面包后，必须再次送上面包，直到客人表示不需要为止。

（3）在宴会中，无论面包盘上有无面包，面包盘皆须保留到收拾主菜盘后才能收掉；若菜单内包含奶酪，则需等到服务完奶酪后，或于服务点心前，才能将盘子收走。

（二）头盘

服务人员应从宾客右手边进行服务。上头盘时，手指朝盘外拿盘，切记不能将手指头按在盘上。正式宴会时，服务员在该桌所有客人皆食用完毕后，才可同时将使用过的餐具撤下。餐盘及刀叉的收拾工作应从客人右手边进行。头盘上好后，需要跟配料时，服务员要逐位请示，根据客人的需要服务。

（三）汤

从客人右手边送上汤，待整桌同时用完汤后，将汤碗、底盘连同汤匙从客人右手边收掉。此时,服务人员须注意客人是否有添加面包或酒水的需要。注意,若汤碗有双耳,摆放时应使双耳平行面向客人。

(四)副菜

副菜一般是中等分量的鱼类或海鲜。上副菜前,服务员应先斟好白葡萄酒,上好海鲜或鱼类后应请示客人是否需要胡椒或芥辣。

(五)主菜

主菜如果是肉类(如牛扒),服务人员应事先逐位请示客人对菜品生熟程度的意见,根据每位客人的需要通知厨房进行扒制。给客人上扒制品时,要告诉客人扒制品的成熟程度,千万不能上错;上主菜前,应斟倒红葡萄酒;上菜的同时,要请示客人需不需要胡椒、芥辣,然后根据客人的需要提供佐料。酱汁应由服务人员从左手边递给有需要者。主菜用完后,餐桌上的胡椒、芥辣等应当同时收掉。

服务人员必须在所有客人都用完餐后再从宾客右手边收拾大餐刀、大餐叉及餐盘,面包盘必须等到面包全部吃完后才能收掉。

(六)甜点

上甜点之前,除了水杯、香槟杯、烟灰缸及餐具外,桌上全部餐具与用品皆需清理干净。未用完的酒杯,应在征得客人同意后方可收掉。若备有香槟酒,须先倒好香槟酒才能上点心。餐桌上的点心叉、点心匙应分别移到左右两侧以方便客人使用。甜点应从客人右手边上桌,餐盘、餐叉及餐匙也应从客人右手边收拾。在咖啡、茶水上桌之前,服务员应先将糖盅、鲜奶及水盅放置在餐桌上。

(七)咖啡或红茶

上咖啡时,若客人面前尚有点心盘,咖啡杯则可放在点心盘右侧。如果点心盘已收走,咖啡杯便可直接置于客人面前。倒咖啡时,服务人员应左手拿服务巾,除方便随时擦掉壶口滴液外,亦可用来护住热壶,以免烫到客人。方糖、糖粉和凉奶应与咖啡或茶同时上桌,由客人自行取用。

(八)餐后酒

餐后酒应在咖啡或茶后提供,提供方式与餐前酒相同。通常情况下,宴会厅都备有装满各式餐后酒的推车,由服务人员推至客人面前推销。以现品供客人选择,较具说服力。

四、西餐宴会结束工作

(一)结账

完成就餐服务后,服务员要请示主人还需要什么帮助。若客人表示还有需要,则要按客人要求即刻帮客人办好;若客人表示没有需要,并表示可以结账,则要即刻为客人结账。无论客人付现金、签单还是使用信用卡或电子支付,服务员都要尽快按程序为客人办好结账手续。

(二) 欢送客人

宴会结束,客人离席时,服务员要为客人拉椅让位,方便客人离开,并为客人检查是否有遗留物品,将保管的衣物还给客人。

送客人到餐厅门口时,服务员应向客人表示感谢,欢送客人离开,并欢迎他们下次光临。

(三) 清洁工作

餐厅的清洁工作非常重要。餐厅里的铜器、装饰、家具及其他设施要由清洁人员擦亮,保持餐厅的洁净美观。

【项目回顾】

在本项目中,我们主要学习了宴会组织管理的相关知识。学生应当了解宴会的种类、特点和服务要求,熟悉宴会场景设计、菜肴设计工作的相关知识,掌握中、西餐宴会的服务流程以及相关工作内容,从而做好宴会的服务及管理工作。

【项目测试】

1. 宴会场景设计的要求有哪些内容?
2. 简述中餐宴会的服务程序。
3. 西餐宴会常见的台型布置方式有哪几种?
4. 简述西餐宴会准备工作的内容。
5. 简述西餐宴会的服务流程。

案例分析

喜 宴 风 波

一、案例介绍

王先生和陶小姐在大酒店办喜宴,饭店上菜时忘记上了一道名为"清蒸富贵"的菜,令婚宴不够完满。可是王先生和陶小姐最终却反而被饭店告上法庭,这到底是怎么回事呢?

2022 年 2 月 5 日,王先生和陶小姐在某酒店举办婚礼,大宴宾客。保险起见,婚宴前,王先生与酒店签订了一份合同,约定婚礼当天,店家准备 21 桌宴席,其中必须有一道名为"清蒸富贵"的鱼以示喜庆,每桌宴席的价格为 2 088 元。

然而,喜宴结束时,有亲友不解地拉着新郎问:"为什么整场喜宴连条鱼都没有?这可与我们的风俗不相符啊!"醉意之下,王先生也恍然大悟,刚才饭桌上的确没有鱼。送走亲友后,王先生上前找到酒店方进行理论,才得知原来是店方疏忽,忘记了上这道菜。最后,一番争执之下,店方自知理亏,同意作出让步,每桌少收 1 000 元,并且按实际到场的 18 桌进行结算。

　　本来此事到此就结束了,谁曾想,事后,店家越想越觉得吃亏:就算是因为自己的失误少上了一道菜,那也不能每桌扣掉1000元的费用啊! 一道鱼原本只值100多元,怎么能变得这么贵! 几经思考,酒店将王先生和陶小姐诉至法院,要求他们按照实际消费的价格,补齐少支付的餐费。

　　二、案例思考

　　如果你是法官,将如何审理呢?

【项目延展】

酒会服务流程

一、准备工作

　　(1) 会场及餐台布置。

　　❶ 布置会场。结合宴会通知单了解参加人数、酒会形式、台型设计、菜肴品种、布置主题等事项,准备所需的各种设备,如立式麦克风、横幅等。

　　❷ 餐台的摆放。餐台的摆设方式应为方便宾客选取菜肴以宜,注意宾客的流动方向。餐桌的摆放方式要突出主桌并留有通道,环境要符合宴会主题。

　　❸ 餐台的布置。布置餐台时,先在餐台上铺台布,然后围上装饰用的桌裙和装饰布,将足够数量的餐盘、刀叉(数量一般是到席人数的三倍)放在餐台的一端或两端。台中央可布置冰雕、黄油雕、鲜花、水果装饰物点缀,以烘托气氛,增加立体感。

　　(2) 摆放小桌。桌上按规定放好花瓶、餐巾纸、牙签盅等物品。

　　(3) 准备齐全各种调酒专用工具。

　　(4) 参加酒会服务的人员检查自己的着装仪表。

　　(5) 酒会前的分工。宴会厅主管根据酒会规模配备服务人员,一般以一人服务10~15位宾客的比例配备员工,派专人负责托送酒水、菜点并提供各种饮料。

　　(6) 酒会开始前,服务员托带有酒水的托盘站在宴会厅入口处,准备欢迎宾客并送上迎宾酒。

二、酒会开始时的服务

　　(1) 恭迎宾客。

　　❶ 服务员按指定的位置站立就位,恭候宾客到来。

　　❷ 宾客到达餐厅,迎宾员面带笑容向宾客问好。

　　❸ 统计来宾人数。

　　(2) 开始服务前,先请负责人清点人数,确认实际的酒的使用量。常用的计费方式有两种:依实际消费来计价;设定一个固定价格,在一定时间内,与会者可以按照事先约定的酒单内容无限畅饮。

　　(3) 酒会开始之前10分钟是宾客进入的高峰时段,客人一下子涌入会场,大都会拿取一杯酒水,供应不及时,将会造成客人排队等候,甚至引发混乱。因此,要事先准备大量酒水,不断将酒水传送到客人手上,务必在最短时间内让所有宾客人手一杯酒,使酒会得以顺利开场。

（4）现场服务人员要注意协调工作量及人力,并依照现场主管的调度来服务客人。

三、酒水服务

（1）酒水服务要迅速提供到位。酒会进行时,客人手上的饮料是进行社交时不可或缺的,空手或是空杯都是失礼行为。当宾主祝酒时,酒水服务员要及时托送酒水,香槟酒要保证祝酒时人手一杯。

（2）负责托送酒水的服务员,用托盘托送斟好酒水的杯子,自始至终在宾客中巡回,由宾客自己选择托盘上的酒水或另点鸡尾酒。

（3）若是托盘上没有符合客人要求的酒水,服务员应先接受客人的点订,回吧台准备后,再将其送到客人手中。有些客人会直接到吧台来点订酒水,服务人员应当立刻服务。

（4）对于鸡尾酒,宾客应在吧台直接向调酒服务员点订,由吧台服务员现场调制。

（5）酒水服务员行走时如遇拥挤,确实不能通过时,应礼貌地对宾客说"对不起,请让一下好吗",待宾客让开后再通过。

（6）空酒杯要由专人负责回收,以保持桌面清洁,不能边上酒边收空杯,那样很不卫生。宾客有时会把刚用过的酒杯主动放在服务员的托盘上而另换一杯酒水,遇到这种情况,也不必制止宾客,以免造成误会或引起反感。

（7）准备第二轮酒杯。在保证所有宾客都有酒水之后,吧台的压力会稍减轻些,这时要开始准备第二轮所需要的杯具,在最短时间内将空杯准备好。

（8）服务第二轮酒水。将酒水倒入酒杯,整齐地排放在吧台上,通常情况下在第一杯拿走后 15 分钟左右,客人会需要第二杯。要督促绕场人员协助客人将手上的空杯收走,以便送洗。

（9）酒会高潮的服务。吧台要注意整个酒会节目的进行流程,在酒会活动中的高潮活动,如宣布事项、演讲、举杯同饮时,尽快供应酒水,以达到宾主的要求。

（10）酒会将要结束时要集中力量托送冰激凌,可留少数服务员继续托送酒水;冰激凌必须在酒会结束前 10 分钟上齐。

（11）其他注意事项。

❶ 供客人放置餐具餐盘的小圆桌必须随时整理,避免脏乱或堆积。

❷ 随时注意会场地面上是否有掉落的物品,以及打翻的餐点酒水,若有,则须立即处理,以保持会场整洁。

❸ 在客人提出要求或询问事情时,服务人员应主动给予协助。

四、小吃服务

（1）在酒会开始前半小时,把各种干果摆在小桌上。在酒会开始后十分钟内,把各式面包托摆在小桌上。

（2）酒会开始后,陆续将各种热菜、热点上齐,随时注意撤回空盘,保持桌面清洁。

（3）小吃服务员最好跟在酒水服务员的后面,以便宾客取食小吃。

（4）在酒会结束前,在每张小桌上摆放一盘湿巾。

五、结束工作

（1）酒会结束前，要对所销售的酒水进行清点，计算实际使用量。该工作应在结束前完成，供宾客结账使用，同时整理吧台，并将账单整理好，请主办单位有关负责人签字。

（2）酒会结束时，服务人员应热情礼貌地欢送宾客，并表示欢迎宾客再次光临。

（3）清洗餐饮用具，清扫场地，为下一餐作好准备。宾客结账离去后，服务员应撤掉所有物品，将余下的酒品收回酒吧存放，将脏餐具送至洗涤间，将干净餐具送至工作间，撤下台布，收起桌裙带，为下一餐作好准备。

9

项目十

服务质量管理

学习目标

1. 具有创新思维和管理能力,有效开展事前控制。
2. 具有管理思维和大局观念,灵活处理客人投诉。
3. 具有品牌意识和质量观念,组织完成工作任务。

典型任务

1. 进行事前控制,列出餐前准备工作条目。
2. 做好事中控制,记录质量监管相关内容。
3. 重视事后控制,发现问题提出改进建议。
4. 运用分析方法,撰写服务质量提升报告。

【项目导入】

第 24 届冬季奥林匹克运动会,又称 2022 年北京冬季奥运会,是中国历史上第一次举办的冬季奥运会。北京成为第一个举办过夏季奥运会和冬季奥运会以及亚洲运动会三项国际赛事的城市,也是继 1952 年挪威的奥斯陆后时隔 70 年的第二个举办冬奥会的首都城市。

2021 年是筹办北京冬奥会的决战之年,在奥运村工作方面,北京冬奥组委会将细化完善餐饮和住宿服务,完成深化设计,与餐饮服务商进行采购签约,与餐饮服务商和相关专家共同审议运动员及随队官员的菜单,制订完善的食品安全管理制度,提升服务品质,强化餐饮风险应急措施。

冬奥组委会通过事前控制工作,有效组织,全面布局,为奥运会提供高质量的餐饮服务。在满足需求的基础上,坚持"以我为主,兼收并蓄",讲好中国故事,在传承与创新中,立体展现有中国特色的餐饮文化软实力,打造"中国年"文化特色餐饮体验,融合各个赛区特色元素,营造浓厚的中国饮食文化互动体验氛围,在全球掀起"看冬奥,过大年"的风潮。

请思考:我们应当从哪些方面落实餐饮服务的质量管理工作呢?

【知识储备】

一、餐饮服务质量的影响因素

酒店餐饮业务经营活动主要包括两个方面的内容:一是为宾客提供食品、饮料等有形产品;二是在提供上述有形产品的同时,为宾客提供面对面的餐饮服务等无形产品。前者通过餐饮产品的形状、质量、装饰、声誉及其本身的食用价值,使客人获得生理上的满足;后者则通过餐饮工作人员热情的服务态度和娴熟的服务技巧,使客人获得精神上的满足。

餐饮服务质量,即餐厅以其所拥有的设施、设备为依托,为客人所提供的服务满足客人期望的程度。餐饮服务是有形产品和无形劳务的有机结合,餐饮服务质量则是有形产品质量和无形劳务质量的完美统一,有形产品质量是无形劳务质量的依托,无形劳务质量是有形产品质量的完善和体现,两者相辅相成,共同构成完整的餐饮服务质量。

餐饮服务质量会受到多方面因素的影响,根据饭店服务的构成要素,我们可以得知,餐饮服务质量主要受以下因素的影响。

(一) 服务内容与程序

服务内容是在客人和餐厅服务人员交往的过程中,与服务工作相关的行为方式,是由餐厅事先加以规定的。服务内容也在一定程度上显示了服务方应当完成的任务及客人需要满足的心理需求。服务方事先设定的服务内容与程序对餐饮服务质量有很大影响,例如,过分强调标准化、缺少针对性及个性化的服务内容,反而会造成客人的不满。

（二）客人与员工的特点

在面对面服务中，客人与服务人员同样重要，双方的行为方式与主观感觉也是影响餐饮服务质量的重要因素。餐厅员工的特点、态度、技能和行为方式，很大程度上是由餐厅的培训、指导形成的。客人的特点、态度、技能和行为方式受自身的文化水平、社会经历以及对服务的熟悉程度、期望、选择余地等因素影响。客人与员工对彼此的感觉、反应也直接影响餐饮服务的质量。

（三）酒店企业文化、组织结构的特点

酒店的企业文化和组织结构也是影响酒店服务质量的重要因素，组织结构的设计及企业文化的创建都应满足优质服务的需要，管理人员应支持、指导、激励员工提供优质服务。

（四）环境及情境因素

环境和情境因素包括有形环境和服务时间，也包括与客人、员工有关的一些特殊情况，例如交往双方的心情、疲劳程度、客人时间的紧迫程度等。

二、餐饮服务质量管理工作的内容

（一）全面的餐饮服务质量管理理论基础

"工欲善其事，必先利其器"。成功的餐饮服务质量管理需要科学管理理论、行为科学理论、质量管理理论等作为理论基础。同时，我们还应当选择恰当的管理方法和分析方法，不断改进，不断完善，以实现质量管理的目的。

（二）健全的服务质量管理体系

无论是新筹建的酒店，还是正在运营中的酒店，都必须首先建立起一套健全的餐饮服务质量管理体系。完备的体系、健全的制度是酒店人员管理、经营管理、服务质量管理工作的核心，是保障酒店良好运营，给客人提供优质服务的关键。国内许多知名酒店，如南京金陵饭店、广州白天鹅宾馆、北京王府井大饭店等，在筹建之初就着手制定了完善而严密的服务质量管理规章制度，这些制度保证了酒店服务管理体系的良好运行和服务工作程序的落实到位。

（三）全员高度服从质量管理的思想观念

餐饮服务质量管理体系一旦建立，企业就必须教育全体员工自觉树立"优质服务"的思想，力争做好对客服务的每一项具体而细小的工作，服从餐饮质量管理工作的思想理念。只有在全员树立高度服从质量管理的思想理念的情况下，酒店的各项服务质量管理工作、检查考评制度才能落实到位，才能保证整个酒店质量管理体系的良好运行。在出现问题的时候，面对质监部门发现的问题，中层管理人员应该正视问题，积极解决，完

10

善自身,提高管理水平。各部门工作人员都必须无条件地对本部门存在的服务质量问题加以改进、完善和提高。只有在"层层管理、逐级负责、垂直领导"的体系中,全员高度服从质量管理的思想理念才可得到树立,酒店的管理水准、服务质量才能提高。反之,"有令不行、政令不畅、落实不力",都会破坏餐饮服务质量。

(四) 高度负责的管理队伍

决定餐饮服务质量、管理水平的最关键的因素是造就一批有高度质量意识、服务意识,对质量工作高度负责的管理队伍,这是保证餐饮服务质量的灵魂。广州白天鹅宾馆、南京金陵饭店、深圳南海饭店、成都西藏饭店、北京王府井大饭店等知名酒店之所以能在多年的发展历程中保持服务质量的优质化、精品化、一致性,是因为有一批对餐饮服务质量检查工作、督导工作、管理工作高度负责、常抓不懈的高层管理队伍和职业经理人。他们在进入酒店前,就进行了严格的专业技能和服务质量标准化、规范化、优质化的教育培训,视酒店的优质服务为自己工作的生命线,具有高度敬业的精神、开拓意识和质量意识。

(五) 完善的信息反馈系统

任何企业产品的成功都离不开一整套完善的产品质量信息反馈系统,人们利用反馈信息,不断改善产品。餐饮产品也同样需要反馈质量信息,对存在的服务缺陷进行有针对性的培训。另外,信息反馈还有助于我们及时了解宾客的个性需求,为这些宾客提供个性化的服务,这既完善、提高了服务质量,又有利于酒店不断提高自身的服务质量标准,适应市场需求的变化。

毋庸置疑,一家酒店若想在激烈的市场竞争中站住脚,要考虑的因素有很多,其中最根本的就是产品质量。若想抓好产品质量,质量管理工作是关键。在制定明确的质量标准和严格的质检制度的同时,全面强化全员服务质量意识,努力提高员工素质水平,以准确的质检反馈信息为依据,有利于餐饮企业不断改正产品缺陷,达到保证和提高产品质量的目的。

三、餐饮服务质量的特点

餐饮服务质量包括有形的设施设备质量、实物产品质量、服务环境质量。由于同时受到客人的服务期望与服务感知,以及企业文化、员工素质等多种因素的影响,呈现出下列特点。

(一) 餐饮服务质量评价的主观性

服务质量的最终检验者是酒店的客人,因此,尽管餐饮服务质量有一定的客观标准,但客人对酒店的评价仍是主观的。客人的满足程度越高,对服务质量的评价也就越高,反之亦然。因此,酒店管理者在酒店服务过程中,要重视客人对餐饮服务质量的评价,要通过细心观察,了解并掌握

10

客人的物质和心理需要,不断改善对客服务质量,为客人提供有针对性的个性化服务,用符合客人需求的服务提高客人的满意度,从而确保酒店的服务品质。

(二)餐饮服务质量呈现的一次性

虽然酒店服务质量是客人吃、住、行等一系列行为的综合体现,但是餐饮服务质量是由一次次的内容不同的具体服务组成的,而每一次具体服务的使用价值只有短暂的显现时间,这种现象被称为使用价值的一次性,如微笑问好、介绍菜点,在极短的时间内发生、迅速结束。这类具体服务不能储存,一结束就失去了其使用价值,留下的也只是客人的感受而非实物。因此,餐饮服务质量的显现是短暂的,不像实物产品那样可以返工、返修或退换,服务后的调整,也只能在下一次的具体服务中进行。也就是说,即使客人对某一服务感到非常满意,评价较高,我们也不能保证他在下一次服务中也能给出好评。因此,饭店管理者应督促员工做好每一次服务工作,争取使每一次服务都能让客人感到非常满意,从而提高酒店的整体服务质量。同时,这种一次性应该更多地表现为初次性,第一次的印象非常重要,第一次有了良好的印象,即便日后小有不快,客人仍可予以谅解。如果初试不爽,日后弥补也难,况且很可能由此而没有了任何补救的机会。

(三)餐饮服务质量内容的关联性

客人对餐饮服务质量的印象,是在从他进入酒店直至他离开酒店的全过程中形成的。在此过程中,客人得到的是各部门员工提供的具体服务活动,但这些具体服务活动不是孤立的,而是密切关联的。在连锁式的服务过程中,只要有一个环节的服务质量发生问题,客人对酒店的整体印象就会破坏,进而影响其对整体质量的评价。因此,在餐饮服务质量管理界有一个流行的公式:$100-1\leqslant0$,即在 100 次服务中只要有 1 次服务不能令客人满意,客人就会全盘否定以前的 99 次工作,产生极为强烈的负面效应。

(四)餐饮服务质量构成的综合性

与生产单一产品的工业企业不同,饭店的产品呈多样性。这些产品既涵盖了衣食住行等人们日常生活的基本内容,同时也包括办公、通信、娱乐、休闲等更高层次的活动。因此,有人曾用"一个独立的小社会"来形容酒店。酒店产品的多样性,决定我们在质量管理的过程中要"面面俱到",不能有所疏漏。酒店应该发展自己的强项和特色,不能有明显的弱项和不足,否则,就会影响服务质量的整体水平。因此,要提高服务质量,酒店必须实行全员控制、全过程控制和全方位控制。尽管各家酒店有着不同的具体服务标准,但是总的宗旨是不变的,那就是"宾客至上"。客人衡量酒店服务质量的标准就是"物有所值"和酒店是否可以最大限度地满足客人的要求。

10

（五）餐饮服务质量构成的情感性

在现实生活中，人们恐怕都有这种体会：当矛盾出现在两个平时感情基础良好的人之间时，双方比较容易取得相互的谅解。相反，同样的矛盾如果出现在平时关系不很融洽的人之间，就很容易小题大做或是借题发挥。这种生活常识也同样适用于描述酒店和客人之间的关系。酒店工作实践告诉我们，无论作出何种努力，服务质量方面的问题还是会存在于任何时间和任何空间中，所不同的无非是问题的数量和层次。因此，酒店员工要主动、热情、耐心、周到地为客人提供服务，尽可能地建立起良好、和谐的客我关系，使客人能够谅解酒店工作可能发生的一些小失误。

【项目实施】

任 务 一　事 前 控 制

一、事前控制的内容

所谓事前控制，也称预先控制，就是为使服务结果达到预定的目标，在开餐前所做的管理上的努力。事前控制的目的是防止开餐服务中使用的各种资源在数量和质量上产生偏差。事前控制的主要内容如下。

事前控制

（一）人力资源的事前控制

酒店应当合理地安排班次及人员数量，使服务人员以饱满的热情进入工作状态。在餐前，指挥队伍排列整齐，清点人数，检查各区域应到人数；检查员工的个人卫生、仪表仪容，确认所有员工按规定着装，穿着整齐。员工头发应当梳理整齐，发型美观，男士发不及领，不留胡须，女士发不披肩。管理人员应向员工交代当天宾客的订餐情况，介绍宾客的生活习惯和要求；根据订餐的宾客人数、时间、地点，指导服务员按位布置好餐台，并注意检查调味料、茶叶是否够用，如有不足，及时通知后厨做好相关补充；向员工介绍当天客人进餐的菜单，了解菜肴的风味特点，客人的禁忌、口味偏好，以及用餐规模等，以便更好地为客人服务；根据当天的工作任务和要求分配部署工作。开餐前十分钟，所有员工必须进入指定的岗位，姿势端正地站在最有利于服务的位置，女服务员将双手自然放于腹前或自然下垂于身体两侧，男服务员将双手放到背后或贴近裤缝线。全体服务员应面向餐厅入口等候宾客的到来，为宾客留下良好的第一印象。在服务期间，若某区域人员过于集中，管理者应及时合理地调配服务人员。

（二）物质资源的事前控制

开餐前，服务人员必须按规格摆好餐台；准备好餐车、托盘、菜单、点

10

菜单、预订单、开瓶工具及工作车小物件;备足相当数量的"翻台"用品,如桌布、餐巾、餐纸、刀叉、调料、火柴、牙签、烟灰缸等;盘点物品储备情况,务必做到设备完好、整齐排列;按照既定数量核查物品,并确保质量。损坏的物品应当及时加以维修并追查责任。最后,服务人员应当规范摆台,检查台面物品及桌椅摆放情况。

(三) 卫生质量的事前控制

开餐前半个小时,服务人员对餐厅的环境卫生(从地面、墙面、柱面、天花板、灯具、通风口到餐具、餐台、台布、台料、餐椅、餐台摆设等)都要仔细检查,对于不符合要求的地方,要安排迅速返工;协调监督各职能部门的工作,确保备餐间、工作间、杂物间物品齐全整洁;检查厨房用品、餐具是否洁净;检查餐厅布局是否整齐划一、各项布置是否整齐美观。

(四) 事故的事前控制

开餐前,餐厅主管必须与厨师长联系,核对前后台所接到的客情预报或宴会通知单是否一致,以免因信息的传递失误而引起事故,还要了解当日的菜肴供应情况,如个别菜肴缺货,应让全体服务员知道。如此,一旦宾客点到该菜,服务员就可及时地向宾客道歉,避免引起宾客的不满和投诉。进行餐饮服务质量控制的目的,是使餐厅的每一项工作都以"为客人提供满意的服务"为中心。

餐厅主管应当指挥监督员工做好餐厅环境的部署工作,温度、灯光、音响及清洁卫生达到餐厅规定的标准,营造良好的就餐环境;协调和沟通餐厅、传菜部及厨房的工作,检查餐具、调料、饮料等是否齐全,烹调操作是否就绪。开餐前,服务区域应当"分片包干,定桌到人"。最后,餐厅主管应当指导监督引座、值台、上菜、结算等工作,保证员工各司其职,同时按照操作规程对员工的工作进行考评。

二、事前控制的基础

若想进行有效的餐饮服务质量控制,饭店必须满足若干基本条件。

(一) 制定服务质量标准

餐饮服务质量标准即服务规程标准。服务规程标准是对于餐饮服务所应达到的规格、程序所制定的规定。为了保证和提高服务质量,我们应该把服务规程标准视作工作人员应当遵守的准则和服务工作的"内部法规"。

餐饮服务规程必须根据消费者的生活水平和服务需求的特点来制定。此外,我们还要考虑市场需求、酒店类型、酒店等级、酒店风格等因素的影响,结合具体服务项目的内容和服务过程来制定适合本酒店的服务规程标准。

餐厅涉及的工种较多,各岗位的服务内容和操作要求各不相同。为

10

了检查和控制服务质量,餐厅必须分别就零点餐厅、团体餐厅、宴会厅以及咖啡厅、酒吧等的服务过程制定迎宾、引座、点菜、酒水服务等事项的服务规程。

制定服务规程时,我们首先要确定服务的环节和顺序,再确定每个环节中服务人员的动作、语言、仪态、时间以及对用具、手续、意外处理、临时措施的要求等,应在每套规程开始和结束处设有与相邻服务过程相互联系、相互衔接的事项的规定。

在制定服务规程时,我们不能照搬其他酒店的服务规程,而应该在广泛吸取国内外先进管理经验、接待方式的基础上,紧密结合本酒店大多数客人的饮食习惯和本地的风味特点等,推出全新的服务规范和程序;要注重服务规程的执行和控制,特别要抓好各服务过程之间的薄弱环节;要用服务规程来统一各项服务工作,达到服务质量的标准化、服务过程的程序化和服务方式的规范化。

1. 标准化

标准化是指员工在向宾客提供各种具体服务时必须遵循事前制定的标准,令行禁止。

(1)设施、设备的质量标准必须同餐厅的等级和规格相适应。

(2)产品质量标准必须同企业价值相吻合,体现"质量和价格相符"的原则。

(3)服务质量标准必须以"宾客至上,服务第一"为基本出发点并加以细化。制定服务质量标准是一项非常复杂的工作,主要涉及8个方面内容:设备、设施质量标准;产品质量标准;接待服务标准;安全卫生标准;服务操作标准;礼节、仪容标准;语言、动作标准;工作效率标准。

2. 程序化

程序化是指接待服务工作的先后次序应当以标准化的程序为基础,通过程序使各项服务工作有条不紊地进行。在制定接待程序的过程中,我们应做好下列基础工作。

(1)研究服务工作的客观规律,在制定标准程序的同时,分析各项工作的先后次序,使之形成一个整体。

(2)考虑企业的人力、财力、物力,扬长避短。

(3)程序化是规范化而不是公式化,因此在执行中要保持相对的灵活性。

(4)分析宾客的生活习惯和生活需求,根据不同接待对象和服务项目来制定具体的程序。

(5)各项服务工作程序的制定不可一蹴而就,而要多加修订。

总之,服务程序的制定工作要以宾客感到舒适、方便、满意为原则,而不能仅以服务人员自己的方便、轻松为基点。因此,程序要经过试行,逐步修改,力求完善,最后达到科学合理、提高服务质量的目的。

3. 制度化

制度化是指用规章制度的形式把餐饮服务质量的一系列标准和程序固定下来，使之成为质量管理工作的重要组成部分。

餐饮企业的制度分两种：一种是直接与为宾客服务相关的规章制度，如餐饮产品质量的检验制度以及餐具更新、补充制度等。这些制度全面而具体地规定了我们在各项服务工作中必须遵循的准则，餐饮工作人员应当共同执行；另一种是间接与为宾客服务相关的规章制度，如餐饮交接班制度、工作记录制度、客史档案制度、考勤制度等。这类规章制度主要用以维护劳动纪律、保证直接对客服务制度的贯彻执行。

（二）收集质量信息

餐饮管理人员应经常对服务的结果进行评估，内容主要包括宾客对餐饮服务是否感到满意、有何意见或建议等，从而制定改进服务、提高质量的措施。同时，管理人员应当根据餐饮服务的目标和服务规程，通过巡视、定量抽查、统计报表、听取客人意见等方式，收集服务质量信息。

（三）抓好全员培训工作

企业之间的竞争在实质上是人才的竞争、员工素质的竞争。员工的素质对服务质量的影响很大，只有经过良好训练的服务员才能提供高质量的服务。因此，新员工在上岗前必须进行严格的基本功训练和业务知识培训，未经职业技术培训、没有取得上岗资格的员工不得上岗。对在职员工，企业必须利用淡季和空闲时间进行培训，以不断提高其业务技术、丰富业务知识，最终达到提高酒店服务质量的根本目的，使企业在竞争中更具实力。

三、事前控制检查

根据餐饮服务质量对服务员礼节礼貌、仪表仪容、服务态度、清洁卫生、服务技能和服务效率等方面的要求，我们可将餐饮服务质量归纳为"服务规格""就餐环境""仪表仪容""工作纪律"四个大项并按顺序制定详细的检查表。这种服务质量检查表既可以作为餐厅常规管理的细则，又方便量化，为在餐厅与餐厅之间、班组与班组之间、个人与个人之间开展竞赛评比提供标准，作为考核餐饮服务员的依据。

在使用餐厅服务质量检查表时，我们可视酒店本身的等级和本餐厅的具体情况增加或减少检查项目，将四大类的检查项目分四张检查表，在不同场合使用。在"等级"栏目中，可将"优、良、中、差"分别改为得分，如将"优"改为4分，将"良"改为3分，将"中"为2分，将"差"为1分，最后将四大项各细则的得分加总并进行比较。就餐环境检查表（样表）如表10-1所示。

表 10 - 1　　　　　　　　就餐环境检查表(样表)

_____餐厅

序 号	检 查 细 则	等　级			
		优	良	中	差
1	玻璃门窗及镜面是否清洁,有无灰尘、裂痕?				
2	窗框、工作台、桌椅有无灰尘和污渍?				
3	地板有无碎屑及污渍?				
4	墙面有无污痕或破损?				
5	盆景花卉有无枯萎、带灰现象?				
6	墙面装饰品有无破损、污痕?				
7	天花板是否清洁,有无污痕?				
8	天花板有无破损、漏水痕迹?				
9	通风口是否清洁,通风是否正常?				
10	灯泡、灯管、灯罩有无脱落、破损、污痕?				
11	吊灯照明是否正常? 吊灯是否正常?				
12	餐厅内温度和通风是否正常?				
13	餐厅通道内有无障碍物?				
14	餐桌、椅有无破损、灰尘、污渍?				
15	广告宣传品有无破损、灰尘、污痕?				
16	菜单是否清洁,是否有缺页、破损?				
17	台面是否清洁?				
18	背景音乐是否符合就餐气氛?				
19	背景音乐音量是否过大或过小?				
20	总体环境是否能够吸引宾客?				

检查者_____

任务二　事　中　控　制

餐饮经营的特点使餐饮服务工作的质量仅在服务现场体现出来。服务现场是服务工作得以开展的场所,也是服务工作全面质量管理的主要责任领域。

10

一、事中控制的内容

事中控制也叫现场控制，是指监督现场正在进行的餐厅服务，使其程序化、规范化，保证意外事件可以得到迅速妥善处理的工作过程，是餐厅管理者的主要职责之一。餐厅部经理也应当将现场控制作为管理工作的重要内容。

事中控制的主要内容如下。

（一）服务程序的控制

开餐期间，餐厅主管应始终站在第一线，通过亲身观察，判断、监督、指挥服务员按标准程序服务，及时发现偏差并纠正。

（二）上菜时机的控制

上菜时机要根据客人用餐的速度、菜肴的烹制时间来确定，力求恰到好处，既不要让客人等候太久（一般不宜超过 5 分钟），也不能将所有菜肴迅速上齐。餐厅主管应时常注意并提醒服务员掌握上菜时间。开展大型宴会时，每道菜的上菜时间应由餐厅主管亲自掌握。

（三）意外事件的控制

餐厅服务是服务员与客人面对面直接交往的服务工作，极容易引起宾客的投诉。投诉一旦发生，主管人员一定要迅速地采取弥补措施，防止事态扩大，影响其他宾客的用餐情绪。如果是由服务员的原因引起的投诉，主管在向宾客道歉以外，还可在菜肴饮品上给予一定的补偿。发现醉酒或将要醉酒的宾客时，主管人员应告诫服务员停止添加酒精性饮料；对已经醉酒的宾客，要设法让其早点离开，保持餐厅氛围的和谐。

（四）开餐期间人力成本的控制

一般餐厅在工作期间实行服务员分区看台负责制，在固定区域服务（可按照每位服务员每小时能接待 20 名散客的工作量来安排服务区域）。主管可根据客情变化，对服务员在班中进行第二次分工、第三次分工……如果某一区域的宾客突然来得太多，则应该从其他服务区域抽调人力来支援，待情况正常后再将其调回原服务区域。用餐高峰过后，应让一部分员工先休息一下，留下另一部分员工继续工作，到了一定的时间再进行交换，这样有助于提高员工的工作效率。这种方法对于营业时间长的散台餐厅和咖啡厅特别有效。

二、事中控制的基础

餐饮服务现场质量管理以满足客人的物质需求和精神需求为目的。换言之，就是通过服务，尽可能地满足客人对餐饮产品的功能性、经济性、安全性、时间性、舒适性和文明性的要求。为满足宾客的这些要求，我们应对物资、设施、安全、卫生、环境、质量信息进行管理。

（一）物资供应质量管理

客人饮食需求的满足首先从原材料的提供开始，原材料是服务的物质条件。它可以分为两类：一类是客人直接需要的，如食品、物品等；另一类是餐饮服务需要的，它是宾客需求得到满足的必要条件，相对于宾客来说，也可称作间接需要，如各种服务设施、工具和用品等。这两类物资的供应工作非常重要，是餐饮服务得以进行的重要保证。

（二）设施质量管理

各项餐饮服务设施、用具的维护保养工作十分重要，这是服务的重要保障条件之一，餐饮企业必须建立相应的维护保养管理制度，严格执行，主要包括以下几点。

（1）设施和用具由专人负责，专人专管，职责分明，岗位清楚。

（2）明确设施、用具的检查项目，定期、定时进行检查。

（3）建立、维护保养档案卡片、用具账目及损坏情况卡片，积累数据，掌握规律。

（三）安全质量管理

在服务过程中，保证客人和员工的人身、财物安全是第一任务。在服务过程中，避免人身伤亡事故、盗窃和其他突发事件，是现场安全质量管理工作的主要内容。因此，餐饮企业要注意以下事项：

（1）有目的、有组织地分析服务全过程，尽可能地抓住可能引发重大事故的关键事项，制定预防对策。

（2）认真观察，全面管理，聚焦事故发生的苗头，及时采取相应的措施。

（3）制订应急计划和措施，做好各种准备，尽量减少损失。

（4）把安全教育作为质量管理教育的重要内容之一。

（四）卫生质量管理

直接服务现场属公共场所，讲究卫生、防止各种疾病交叉感染是现场质量管理的重要内容，如餐厅、厨房用具消毒，分开生熟食品等。餐饮企业应制定具体的条例加以贯彻执行，防止因制度不严、执行不力而引发食物中毒等事故。

（五）环境质量管理

环境的质量管理是指创造一个整洁、美观、舒适、方便、有秩序的服务场所。它可以起到两个作用：首先，满足客人的需要，良好的环境将获得客人的好感和信任，使他们愿意再次光临，有利于企业兴旺发达。其次，一个好的服务环境，会使服务者精神焕发，不易疲劳，提高工作效率。管家部要安排专人负责，及时清理。

（六）质量信息管理

服务现场对服务需求质量和服务工作质量的反应最为灵敏，是各方面质量信息的汇总中心。质量信息的管理工作主要包括以下内容。

（1）及时分类、整理、分析客人对服务需求质量和工作质量的意见和建议，这是最宝贵、最真实、最直观的质量信息。

（2）充分发挥所有员工在信息收集工作上的积极性。

（3）尽量利用统计方法或者其他方法，结合各种简易图表、排列图、因果图、对策表等，收集并分析各种信息。

（4）原始记录和凭证要准确完整，我们应充分利用所有信息，得出符合实际的结论。

（5）及时发布质量信息。

三、宾客投诉的处理

宾客投诉是客人对酒店所提供的产品或服务不满意而产生的情绪所引起的反应。

对于酒店而言，为客人提供完美无缺的产品和服务自然是最理想的，但失误总是在所难免的。失误发生以后，如果客人向酒店提出投诉，那么酒店对客人投诉的处理情况就成为强化或恶化客我关系的关键因素。及时处理并有效化解客人的投诉，不仅能补救酒店当前的失误，还可以使客人重新建立信心，增强客人的满意度和忠诚度，维持客人与酒店的长期关系，从而提高酒店的经济效益。

（一）宾客投诉的原因

在日常工作中，尽管我们希望为客人提供完美的服务，但难免会出现差错和误解，进而导致客人投诉。妥善处理好客人的投诉，是在已经引起客人不满的情况下尽力弥补过失的最后一个机会。就酒店服务工作而言，引起客人投诉的原因可分为以下几种。

1. 主观原因

主观原因主要表现为不尊重客人和工作不负责任两种情况。

（1）不尊重客人。不尊重客人是引起客人投诉的重要原因，主要表现在以下方面：工作懒散、怠慢，与规范服务相差甚远；不注意语言修养，有意无意冲撞客人；讽刺、挖苦、侮辱、责骂客人；不尊重客人的生活习惯；无端怀疑客人或对客人有不礼貌的言行。

（2）工作不负责任。工作不负责任是指服务员在工作时马虎、粗心等。主要包括以下几点：服务不主动、不热情，不用心工作；忘记或搞错客人交代办理的事情；损坏、遗失客人物品；卫生工作不认真，食品用具不洁净；服务应答不及时，又没有合理地加以解释；服务项目残缺不全，名存实亡，与应体现的档次相去甚远；没有从方便客人的角度出发考虑或处理问题，而是力求自己方便了事。

2. 客观原因

引起客人投诉的客观原因主要有：设备损坏、短缺又不及时加以维修;服务收费不合理,或在结账时发现应付款项有出入;没能协助呼叫出租车;同外界通信联络困难;遗失物品等。

3. 客人自身的问题

首先,客人的期望在他对酒店的产品和服务的判断中起着关键的作用。一般情况下,客人的期望值越大,购买产品的欲望就越强;客人的期望值越高,就会使得客人的满意度相对减小;客人的期望值越低,客人的满意度相对越高。

其次,在面对同样的服务失误时,客人会采取不同的行为。是否采取投诉行为、采取何种投诉行为与他们的年龄、收入、价值观、个性、态度等因素都有关系。有些客人爱提意见,似乎已成为一种习惯;有些客人的投诉是没有根据的抱怨,客人也许最近心情一直不舒畅,为某些事感到沮丧,精神受到刺激,情绪进一步恶化,产品和服务就成了投诉的导火线;有些客人可能因对设备的使用方法不当而误认为酒店产品有问题,进而投诉。

(二)宾客投诉的心理分析

1. 求尊重的心理

虽然客人的投诉动机可能是自尊心受到伤害,自身利益蒙受损失,甚至是误会、误解,但在采取投诉行动之后,客人都希望别人认为他的投诉是对的,他是有道理的,希望得到理解、同情、尊敬和重视,希望有关人员和部门立即受理,向他表示歉意并立即采取相应的行动。

2. 求发泄的心理

客人遇到令他不快、烦恼、沮丧的事情时,或者是被讽刺、挖苦甚至辱骂之后,心中充满了怒火,要利用投诉的机会加以发泄,以维持其心理平衡。

3. 求补偿的心理

客人在受到物质和精神损失时,希望通过投诉得到补偿。例如,弄脏了衣服,希望酒店免费为他们洗干净,丢失了东西希望得到补偿,遇到不礼貌的待遇希望得到道歉。

(三)投诉的处理流程

我们要坚持"宾客至上"的服务宗旨,依据专门的制度原则,及时、快速地处理投诉,处理流程如下。

1. 带离现场,安抚客人

客人在公共场所投诉时,容易引起围观,干扰正常工作秩序,故在场服务人员的首要任务是客气、机智、灵活地把客人引离现场,将其带到办公室或其他安静场所,避免进一步造成不良的影响。

客人发怒时,管理者要控制自己的情绪。客人进行投诉时,往往心情不好,失去理智,客人的语言或行为会让员工感到受侮辱或是受攻击,产生不耐烦的情绪,从而被惹火或感到难过,容易冲动,这就使得事态的发展变得更加复杂,店面服务和酒店信誉严重受损。这种情况下,我们可以

10

先请客人坐下,递上一杯冰水,缓解客人的情绪。

2. 认真倾听,及时核查

客人在谈问题时,我们要表现出十分认真的态度,不时地表达对客人的同情,如"我们非常遗憾,非常抱歉地听到此事""我们理解您现在的心情"等。客人给我们提意见时,我们要态度诚恳、心平气和、认真倾听,鼓励客户倾诉,让他把意见说完。即使在客人提出不实意见时,我们也不要辩驳,而应该认真倾听。

在仔细记录之后,我们要快速核查客人的投诉事件,及时解决问题。这一方面可以让客户感觉受到尊重,表示企业解决问题的诚意;另一方面也可以防止客户的负面渲染对企业造成更大的伤害,力争把损失降到最低。

3. 感谢投诉,快速解决

一位明智的经理会经常感谢那些对酒店服务水平或服务设施水准提出批评意见的客人,因为这些批评、意见、投诉,有利于酒店提高管理水平和服务质量。假若酒店不知道客人为什么不满,那就无从改进或提高管理水平了。

核查清楚之后,我们应该及时对客人作出补偿,补偿的方式可分为精神补偿和物质补偿。精神补偿包括给予求宣泄、求尊重的客人以真诚的聆听和道歉。物质补偿包括折扣、优惠券、加赠水果等。具体的补偿方式可根据实际情况选择,但重要的一点是使客人感到这种补偿能够弥补他们遭受的损失,并且这种补偿至少与同等情况下酒店对其他客人的补偿相当。此外,我们还应该尽可能地允许投诉者自己来选择补偿的方式,以便协商解决。

4. 追踪服务,记录在案

投诉客人最终的满意程度,主要取决于我们对他的关怀程度。对饭店富有感激之情的客人,往往是那些曾产生投诉并得到满意处理的客人。若要获得良好效果,最重要的一环便是落实、监督、检查已经采取的纠正措施。

餐厅经理应将客人投诉做好记录,定期总结补救性服务工作的情况,了解客人的愿望,奖励工作出色的员工;分析、总结造成服务差错的原因,帮助服务员改进服务方法和服务技巧;利用计算机软件技术,建立"无差错服务"记录制度,对有关数据进行处理和分析,以便管理人员制定具体的改进措施,提高服务的可靠性。

任务三 事后控制

一、事后控制的内容

餐饮服务质量的事后控制,就是以客人感知差距模型为基础,通过质量信息的反馈，找出服务工作在准备阶段和执行阶段的不足，采取措施加强预先控制和现场控制，提高服务质量，使宾客更加满意的工作过程。

事后控制需要建立并健全员工内部信息反馈系统和顾客信息反馈系统，只有如此，餐厅服务质量才能不断提高，从而更好地满足宾客的需求。

（一）工作总结

员工完成收拾清理工作后，管理者要进行全面检查，将开餐中出现的问题做好记录；召开简短的总结会，总结当天的工作情况，尤其是将客人的投诉信息及时地与员工分享、分析、总结；听取员工关于工作的信息反馈，及时做好记录。定期检查，清点餐厅设备财产，确保财产安全也是极为重要的工作，有助于我们不断改进服务工作，提高服务质量。

（二）员工考核

在一定范围内对员工予以奖惩、晋升是非常重要的。做好员工工作记录，将其作为评价其表现的依据也有助于提升整体工作水平。管理者应当根据实际情况，定期对员工进行绩效评估，提出奖惩建议。

（三）客人信息反馈

管理者应当根据客人反馈的信息，对客人的投诉予以高度重视，切实保证以后不再发生类似的服务质量问题，同时及时进行服务补救，提高宾客满意度。

二、事后控制的管理方法

在餐饮服务质量管理中的事后管理阶段，管理人员要通过信息收集工作，进行餐饮服务质量分析，找出存在的问题，采取有效的措施加以解决，以提高餐饮服务质量。当下，餐饮部门常用的分析方法主要包括以下三种。

（一）"ABC"分析法

"ABC"分析法也称为"ABC"管理法或重点管理法，是经济学家维尔弗雷多·帕累托（Vilfredo Pareto）在分析社会人口和社会财富的占有关系时采用的方法。质量管理学家约瑟夫·朱兰（Joseph M. Juran）把这一方法应用于质量管理工作中。"ABC"分析法有助于找出饭店存在的主要质量问题。

1. "ABC"分析法的含义

"ABC"分析法以"关键的是少数，次要的是多数"这一原理为基本思想，通过对影响餐饮服务质量的诸多因素开展分析，以质量问题的个数和质量问题发生的频率为两个相关的标志，进行定量分析。采用该方法时，我们先计算出每个质量问题在质量问题总体中所占的比重，然后按照一定的标准把质量问题分成 A、B、C 三类，以便找出对酒店质量产生较大影响的一两个关键的质量问题，把它纳入酒店当前的"PDCA"循环（内容见后），从而实现有效的质量管理，既保证重点质量问题得以解决，又兼顾一般质量问题。

2. "ABC"分析法的运用流程

用"ABC"分析法分析酒店质量问题的流程分为三个步骤。

（1）确定酒店质量问题信息的收集方式。具体依据包括质量调查表、客人投诉和各部门的检查记录等。

（2）对所收集的有关质量问题信息进行分类，如把餐饮服务质量分为服务态度、服务效率、语言水平、清洁卫生、菜肴质量、设备设施等几项，然后统计出每类质量问题出现的次数并计算每类质量问题在质量问题总体中所占的比重。

（3）进行分析，找出最主要的质量问题。对现存的质量问题进行分类，如将其分为清洁卫生问题、服务态度问题、外语水平问题、设备保养问题、安全问题、娱乐设施问题等，并按问题存在的数量和发生的频率，把上述质量问题分为 A、B、C 三类。A 类问题的特点是项目数量少，但发生的次数多，约占投诉总数的 60%。B 类问题的特点是项目数量一般，发生次数也相对较少，占投诉总数的 20%～25%。C 类问题的特点是项目数量多，但发生的次数少，占投诉总数的 10%～20%。分类以后，我们可先致力于解决 A 类问题，使餐饮服务质量得到明显的改善；同时，控制 B 类问题的发生，并对 C 类问题加以适当注意，这是因为 C 类问题往往带有偶然性或不可控性，如失窃现象和设备被损现象等。

以上逻辑可以归纳为帕累托曲线图，如图 10-1 所示。

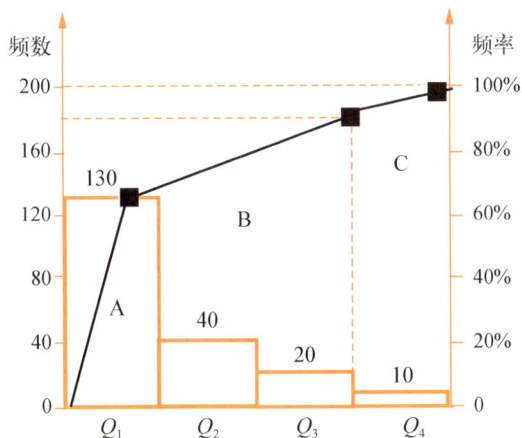

图 10-1 帕累托曲线图

在运用"ABC"分析法进行质量分析时，我们要注意：A 类问题包括的具体质量问题项目不宜太多，最好仅有一两项，至多只能有三项，否则将失去突出重点的意义。问题的类别也不宜太多，可将不重要的问题分出，专门设立一个"其他"栏对其加以归集。

10

（二）因果分析法

"ABC"分析法虽然有助于找出酒店的主要质量问题,但是却不找出这些质量问题产生的原因。在进一步的分析中,因果分析法是分析质量问题产生原因的简单而有效的方法。

1. 因果分析法的含义

因果分析法是利用因果分析图对质量问题产生的原因进行分析的方法。因果分析图形为鱼刺状或树枝状,因此又称为鱼刺图、树枝图。

在酒店经营过程中,影响餐饮服务质量的因素是多方面的,并且是错综复杂的。因果分析图对影响质量(结果)的各种因素(原因)之间的关系进行整理分析,使用这种图表分析质量问题,可以产生直观、清晰、准确的效果。

2. 因果分析法的程序

（1）确定所分析的质量问题,即通过"ABC"分析法找出 A 类质量问题。

（2）发动酒店全体管理人员和员工共同分析,寻找 A 类质量问题产生的原因。在这种情况下,我们可以采取"5W1H"（when,where,who,why,what;how)的方法进行分析,集思广益,充分发扬民主。

（3）找出原因后,我们还需进一步分析以查明这些原因得以形成的机制。在分析时,有关专业人员必须共同参加,听取不同的意见。对原因的分析应保证细致深入,直到对引起质量问题的各种原因都能够找到相应的解决办法,从根本上防止类似事件的再次发生。

因果分析图如图 10-2 所示。

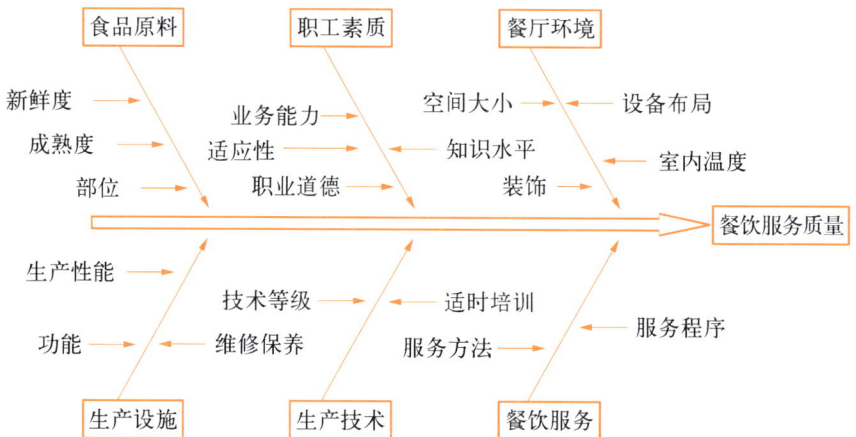

图 10-2 因果分析图

（三）"PDCA"循环法

"PDCA"循环法是保证质量管理活动得以有效进行的基本方法,在质量改进工作中有着较为广泛的运用。

1. "PDCA"循环法的内容

餐饮服务质量管理工作是一个循环的过程,可以按照计划(plan)、实施(do)、检查(check)、处理(act)四个阶段来开展,这四个阶段形成一个循环,不停地进行下去,这种方法因此被称为"PDCA"循环法。这种方法告诉我们:提高饭店的服务质量需要我们不断地认识、实践和总结。

第一阶段:计划。针对餐饮服务质量的现状进行分析,提出一定时期内服务质量活动的主要任务与目标,制定相应的标准。

第二阶段:实施。根据已制定的目标任务与标准提出完成计划的各项具体措施并予以落实。

第三阶段:检查。严格检查计划的执行,检查工作可通过自查、互查、抽查与暗查等多种方式进行。

第四阶段:处理。最关键的一环,对发现的服务质量问题及时予以纠正,对餐饮服务质量的改进提出建议,将餐饮服务质量管理工作提高到一个新的水平。

"PDCA"循环法是一个不断循环往复的动态过程,每循环一次,餐饮服务质量都应该提高到一个新的水平。

2. "PDCA"循环法的运用

运用"PDCA"循环法来解决酒店服务问题的过程,可分成八个步骤。"PDCA"循环图如图 10-3 所示。

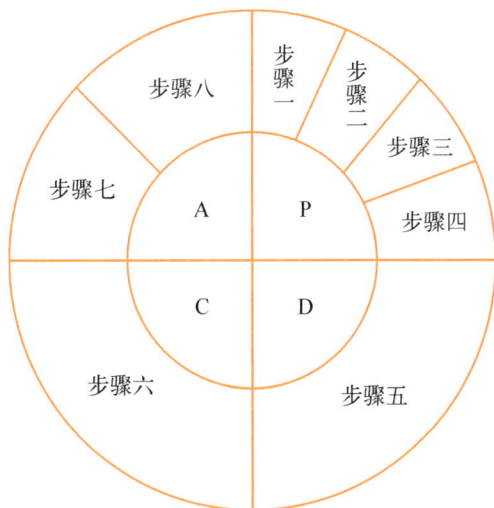

图 10-3 "PDCA"循环图

(1)计划阶段。

步骤一:对餐饮服务质量的现状进行分析,运用"ABC"分析法找出主要的质量问题。

步骤二:运用因果分析法分析质量问题产生的原因。

步骤三:在分析出的原因中找到最为关键的原因。

10

步骤四：制订解决质量问题要达到的目标和计划,提出解决质量问题的具体措施、方法以及责任者。

在将计划的内容加以落实的过程中,我们需要将方案、步骤加以具体化,逐一制定对策,因此,我们必须明确回答关于计划内容的"5W1H",即：

❶ 为什么制定该措施(Why)?

❷ 需要达到什么目标(What)?

❸ 在何处执行(Where)?

❹ 由谁负责完成(Who)?

❺ 什么时间完成(When)?

❻ 如何完成(How)?

(2)实施阶段。

步骤五：按已确定的目标、计划和措施加以执行。

(3)检查阶段。

步骤六：在步骤五得以执行之后,再次运用"ABC"分析法对饭店的服务质量进行分析,并将分析结果与步骤一中所发现的质量问题进行对比,检查在步骤四中提出的提高和改进质量的各种措施和方法的效果,同时检查是否还存在其他问题。

(4)处理阶段。

步骤七：对已解决的质量问题提出巩固措施,防止同一问题在下次循环中再次出现;对已解决的质量问题给予肯定,并使相关措施标准化,制定或修改服务操作标准,检查和考核标准以及各种相关的规程与规范;对已完成步骤五但未加以检查的问题,也要总结经验教训,提出防止这类问题再度发生的方法。

步骤八：提出在步骤一中发现但尚未解决的其他质量问题,并将这些问题转入下一个循环求得解决,从而与下一循环步骤加以衔接。

【项目回顾】

在本项目中,我们主要学习了餐饮企业服务质量管理的相关内容。通过本项目的学习,学生应当了解餐饮服务质量的含义及影响因素,熟悉餐饮服务质量的内容和特点,掌握餐饮服务质量事前控制的内容;熟悉事中控制的内容,了解宾客投诉的原因和心理,掌握宾客投诉的处理流程;熟悉事后控制的内容,掌握"ABC"分析法、因果分析法、"PDCA"循环法等质量管理方法,从而积累经验,为今后在岗位上开展服务质量管理工作打下良好的基础。

【项目测试】

1. 餐饮服务质量的内容和特点包括哪些内容?

2. 餐饮服务质量事前控制包括哪些内容?

3. 餐饮服务质量事中控制包括哪些内容?

4. 宾客投诉处理流程包括哪些内容？

5. "ABC"分析法的使用流程是什么？

6. 因果分析法的使用流程是什么？

7. "PDCA"循环法的使用流程是什么？

案例分析

高质量的服务

一、案例介绍

导引小姐引导几位客人从门口过来。几位客人簇拥着一位爱挑剔的老妇人。

服务员为她斟上红茶，她却生硬地说："你怎么知道我要红茶，告诉你，我喜欢喝绿茶。"

服务员不为人察觉地一愣，客气而又礼貌地说："这是餐厅特意为你们准备的，餐前喝红茶消食开胃，尤其适合老年人，如果您喜欢绿茶，我马上单独为您送来。"

老妇人脸色缓解下来，矜持地点点头，顺手接过菜单，开始点菜。

"喂，水晶虾仁怎么这么贵？"老妇人斜着眼看着服务员："有什么特别之处吗？"

服务员面带着微笑，平静、胸有成竹地解释："我们的虾仁都符合严格的质量标准，一斤120粒。水晶虾仁有四个特点：亮度高、透明度强、脆度大、弹性足，其实我们这道菜利润并不高，主要是用来为饭店创牌子。"

"有什么蔬菜啊？"老妇人又说了："现在蔬菜太老了，我不要。"

服务员顺水推舟："对，现在的蔬菜是咬不动，不过我们餐厅今天有炸得很软的油焖茄子，菜单上没有，是今天的时新菜，您运气真好，尝一尝吧？"服务小姐和颜悦色地说。

"你很会讲话啊。"老妇人动心了。

"请问喝什么饮料？"服务小姐问道。

老妇人犹豫不决。

"我们这里有椰汁、'粒粒橙'、芒果汁、可乐……"

老妇人打断服务员的话："来几罐'粒粒橙'吧。"

用餐过程中，服务员仔细地观察老妇人的需求，及时斟倒饮料，做好上菜、分菜和席间服务工作，老妇人的面部表情终于从严肃转向了平静……

用餐结束后，老妇人微笑着对服务员说："你反应敏捷，态度亲切，服务周到，我很满意。"

二、案例思考

1. 面对挑剔的客人，服务员是如何做的？

2. 服务员又是如何恰当地进行服务营销的？

【项目延展】

客人意见的收集方法

收集客人的意见信息，对提高企业的管理水平、提升企业的服务质量、满足客人的需求，进而达到"客人满意、企业获利"的经营目标,有十分重要的作用和意义。酒店只有全面、客观、科学地了解客人的意见信息,才能真实地了解和把握客人的需求与期望,才有可能针对客人的意见信息,制定符合客人需求与愿望的服务标准和服务程序,客人的需求与期望才有可能得到真正的满足和实现。

客人意见信息的收集与获取,是酒店服务质量管理工作的起点,也是酒店服务工作的终点和目标。酒店必须重视对客人意见信息的收集,利用各种渠道,尽可能地从客人那里获取酒店需要的信息。目前,收集、获取客人意见信息的方法主要包括以下五种。

一、客人意见调查表

客人意见调查表是被广泛采用的一种信息获取方式。其具体做法是将设计好具体问题的意见征求表格放置于易被客人取到的地方,由客人自行填写并投入意见收集箱或者直接交给餐厅经理。

客人意见调查表的好处在于:信息的提供完全由客人自愿进行,是对客人打扰最少的一种收集方式;信息收集的范围广泛,几乎所有的客人皆可容易地取到此表;信息可以由客人在没有任何酒店工作人员在场的情况下提供,客观性比较强;放置于餐厅内的意见收集表往往列明了整个酒店的主要服务项目,可以获取的信息量比较大。

客人意见调查表的缺陷在于:客人对此种方式太过司空见惯,习以为常。某些酒店对于客人意见的态度也较为消极,使客人提供意见的热情大大减小,同时,获取信息的深度不够。由于客人大多只能在收集表上画几个钩或叉,餐饮企业往往很难进一步了解客人的感受与想法;对于部分信息,尤其是涉及服务过程(如态度)的信息,客人没有直接给出具体的服务人员姓名或由于服务行为已成"过去时",核实的难度比较大;所收集信息的准确性及收集的频率也容易受到客人情绪的影响,如客人倾向于在特别不满或特别满意时才填写意见收集表,这使得信息在客观性上存在一定的偏差。

二、电话拜访

电话拜访这种方法可以单独使用,也可以结合销售电话同时使用,或为了了解或澄清一项特别的事情而使用。有些电话拜访活动是根据设计好的问题进行的,有些电话拜访活动的自由度与随意性比较大,如总经理或公关部经理打给老客人的拜访电话。

电话拜访的好处是:如果时间允许且客人与酒店的关系较好,我们可以与客人谈到层次比较深的问题,更详细地了解客人的想法;效率比较高,节省信息收集费用。

电话拜访的缺陷是:对客人的扰动比较大,有些客人可能不耐烦回答信息收集者的问题;信息收集的准确性受到收集者主观愿望与素质的影响较大,对收集者能力的要求较高;由于只能凭声音沟通,我们有时会误解对方的意思,或对对方表述的理解停留在较浅的层次。

三、现场访问

现场访问又称突击访问,抓住与客人会面的短暂机会尽可能多地获取客人的意见、看法。现场访问是客人意见的重要收集方法之一,一名成熟的管理者应善于抓住并创造机会展开对客人的现场访问。

　　针对特殊客人的现场访问包括：对客人在迎来送往中的现场访问；对某营业时段内消费大户的现场访问(如餐厅经理对大单客人的礼节性拜访)；对特殊敏感人群的现场访问(有些客人对酒店服务质量的重视与热心程度可能不亚于酒店自身，而且信息来源比较广，具有代表性)，如会议的组织者、旅游团导游等，对这类特殊敏感人群的现场访问是必要的。对在各营业场所偶然遇到的老朋友、熟客的现场访问也十分必要。

　　现场访问的最大优点在于它就发生在服务与消费的现场，客人对服务产品的印象还十分鲜活、深刻，往往能提出一些平时被忽略但又十分重要的细节问题。现场访问是与客人建立长期关系、维持客人忠诚的重要方法，在客人感到受到特别的礼遇或客人反映的问题被很好地解决时，这方法有很好的成效。管理人员对客人的现场访问给酒店工作人员传递了一个明确的信息：本酒店是重视客人与客人的意见的。

　　现场访问的难度和弊端在于：现场访问收集到的信息不易保存，若没有一套科学的信息收集、反馈系统，很可能随着访问人的遗忘而消失得无影无踪；现场访问掌握得好，可以沟通感情，掌握得不好，则无疑是一种打扰。因此，我们一定要掌握好尺度，注意区分时间、场合、气氛、对象是否适合进行现场访问，把握好谈话的时间与分寸；现场访问由于时间条件的限制，往往不能全面、深刻地展开。对于酒店业来讲，现场访问往往需要由一定层次的管理人员(有时甚至是酒店总经理)亲自出面进行，这对于日常工作繁忙及部分更习惯于阅读客人意见信息反馈报告的管理人员来讲，构成了一种体力和心理上的压力，有时甚至受到管理人员的刻意回避。

四、小组座谈会

　　小组座谈会是指酒店邀请一定数量具有代表性的客人，以聚会的形式就有关酒店产品或客人需求的问题进行意见征询、探讨与座谈。酒店利用小组座谈的方式征求客人意见时，一般宜结合其他公关活动同时进行，如酒店贵宾俱乐部会员的定期聚会、节日聚餐，不宜搞得过于严肃。参与聚会的店方人员应尽可能与被邀请的客人相互熟悉，同时不要忘记向被邀请客人赠送礼物或纪念品。

　　小组座谈的好处在于：酒店与客人可以面对面地，广泛而深入地交换意见，获得的信息比较丰富，质量较高。许多客人甚至比酒店的管理人员还要见多识广，是酒店不可多得的良师益友。座谈中，酒店与客人、客人与客人之间开展互动式讨论，有利于我们从多方面、多角度听取建议。此方法特别适合在酒店的新服务产品、服务方式推出前使用。

　　小组座谈法的缺陷在于：组织工作较为复杂，成本较高；对参与信息收集的店方人员及客人的要求都比较高，收集的效果受双方素质的影响较大；小组座谈的记录、归纳与分析工作需要较高的专业素养和技术能力。

五、神秘客人法

　　神秘客人法是酒店获取客人信息的另一种方法。具体做法是由酒店出资邀请专业人士或资深客人以普通客人的身份来酒店进行消费，并就酒店产品存在的问题以专题报告的形式向店方反馈。

　　神秘客人法由专业人员以专业的眼光，对酒店服务产品进行全方位的审视与检查，其结果全面、客观、建设性强，涉及大量的采用其他收集方式所无法得到的细节问题。一份高质

10

量的"客人经历报告书"往往是很值得"不识庐山真面目,只缘身在此山中"的酒店管理人员警醒的。神秘客人法最大的好处在于可以保证收集信息的真实性,酒店服务人员并不知神秘客人是何许人也,不会刻意地伪装与掩盖,收集所反映的情况与酒店服务产品的日常质量情况是高度一致的;收集者会提供完整的"经历报告"给企业,并且会提出许多专业性的评价与建议,这对于据此进行相应的整改、培训工作,以及评价各部门的服务质量情况都提供了宝贵的参考。

神秘客人法的缺陷是:费用较高;收集人员往往过分强调专业眼光与专业水准,有时对客人的需求与自身的具体情况考虑较少。

此外,个别深度访谈法(经理陪同客人在包房内长时间闲聊)、上门访问法以及邮寄问卷调查法也可以发挥较为积极的作用,我们应根据所需调查的内容及调查工作的具体要求等情况来灵活选择。

10

主要参考文献

［1］汪东强.餐饮服务与管理［M］.3版.北京:中国科技出版传媒股份有限公司,2021.

［2］孙娴娴.餐饮服务与管理综合实训［M］.3版.北京:中国人民大学出版社,2021.

［3］田园,匡家庆.餐饮服务与运营管理［M］.武汉:华中科技大学出版社,2022.

［4］李勇平.餐饮服务与管理［M］.6版.大连:东北财经大学出版社,2021.

［5］谢红霞.餐饮服务与管理:理论、实务、技能实训［M］.2版.北京:中国人民大学出版社,2021.

［6］孙宗虎.餐饮企业运营与管理全案［M］.北京:人民邮电出版社,2021.

［7］蔡万坤,蔡华程.餐饮管理［M］.北京:高等教育出版社,2018.

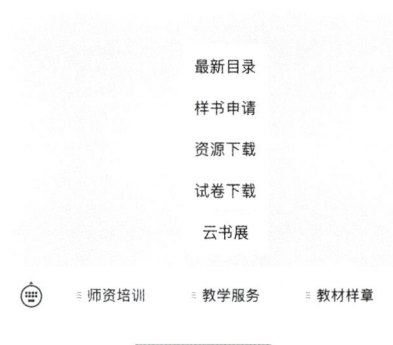